Julio Garmendia

Relatos

Barcelona **2024**
Linkgua-ediciones.com

Créditos

Título original: Relatos

© 2024, Red ediciones S.L.

e-mail: info@linkgua.com

Diseño de cubierta: Michel Mallard.

ISBN rústica: 978-84-9007-845-7.
ISBN ebook: 978-84-9007-543-2.

Sumario

Brevísima presentación

La vida

Julio Garmendia nació cerca del Tocuyo (Estado Lara), 9 de enero de 1898 y murió en Caracas, 8 de julio de 1977. Fue escritor, periodista y diplomático. En 1909 publicó un pequeño ensayo en el diario *El Eco Industrial*. Y en 1914 estudió en el Instituto de Comercio de Caracas, y poco tiempo después trabajó como redactor en el *Diario El Universal*. Por entonces se relacionó con integrantes de la llamada generación del 28.

En 1923 se fue a Europa, y fijó residencia en Roma, luego en París y más tarde en Génova. Allí fue cónsul de Venezuela. Durante su estadía en esta ciudad, publicó su primer libro, *La tienda de muñecos*, en 1927. La mayoría de los críticos coincide en atribuir a esta obra la inauguración del género fantástico en Venezuela; aunque reconocen que otros autores le preceden. De lo que no hay duda es que el libro transgrede la corriente literaria predominante en el país, que aún se encontraba muy apegada a las formas y temáticas propias del criollismo y el modernismo.

Desde los años cincuenta su obra comenzó a ser revalorizada. A través del cuento fantástico, el cual cultivó en sus dos siguientes colecciones de relatos, *La tuna de oro* (1951) y *La hoja que no había caído en su otoño* (1979), reaccionó contra la ficción del modernismo y el criollismo. Garmendia escribió además estudios críticos sobre los temas de su escritura, que fueron reunidos en los volúmenes *Opiniones para después de la muerte* (1984) y *La ventana encantada* (1986).

La obra

La obra de Julio Garmendia puede considerarse como una de las primeras manifestaciones que anuncian un cambio en la literatura de Venezuela, a los artistas vanguardistas.

Hasta entonces la literatura venezolana estaba anclada en el drama social; y el indigenismo. Fue necesario que pasara un cierto tiempo para que nuevos preceptos literarios, que tenían como pilares la fantasía y la imaginación, empezaran a ocupar un espacio en la narrativa del país. Julio Garmendia escritor atípico y reacio a pertenecer a ninguna casta literaria, nos legó uno de los estilos más propios y novedosos de la época.

«Sin zarandajas ni floreos retóricos, su prosa es sobria y clara y su verdadero mérito consiste en exponer sus ideas veladas por un manto diáfano, a través del cual vemos chispear la malicia. Ello testimonia que Garmendia concibe con claridad y precisión lo que quiere expresar o sugerir, sin la vaguedad o confusión tan comunes hoy en nuestras letras ... La fantasía de Garmendia denota poseer un íntimo orden lógico que le imprime a su producción cierta unidad intrínseca, la consistencia de una obra engendrada en la perseverante cavilación, no fortuitamente concebida en intermitentes devaneos de fiebre literaria.»

Jesús Semprum

PRIMEROS CUENTOS (1917-1924)

Una visita al infierno

Supone generalmente el vulgo, y aun gente docta y discreta, que para ir al infierno no hay más que ser malo y cometer una larga serie de disparates. Pero esto no pasa de ser una cándida simpleza de nuestra vanidad. Para ir al infierno es preciso tener muy altos merecimientos, poseer muchos títulos y haber hecho grandes cosas. Sin embargo, no creo que sea esto razón para que los tontos y los zánganos se alegren, diciendo: «Si no van para el infierno aquellos que constituyen la admiración y el orgullo de la humanidad, ¿cómo hemos de merecerlo nosotros, que nunca fuimos orgullo ni admiración de nadie? Alabado, por tanto, sea Dios, que puso en nuestros corazones la humildad y la insignificancia, abriéndonos así en la penumbra de la vida el camino de la eterna claridad». Mejor sería que pensárais, pobres almas, y así andaríais menos mohínas, en la hora de vuestra muerte, que si tan grandes cosas hay que obrar para merecerse el infierno, ¡cuánto mayores habrán de ser las que puedan ganarnos el cielo! Cuanto a mí, trabajo me costó franquear la puerta del infierno, y hube de valerme de mil juramentos y argucias para persuadir a los que la guardaban de que yo no aspiraba a permanecer largo tiempo en sus dominios, ni mucho menos a radicarme en ellos.

Tanto celo me causó extrañeza, porque yo venía pensando que las puertas del infierno estaban abiertas para el mundo entero, y más para nosotros los habitantes de la tierra. La aparición de un hombre —pensaba— seguramente será allá un suceso extraordinario, y aun no será tan difícil que me tomen por algún semidios. Y de tal modo arraigada estaba en mí esta creencia, que en diversas ocasiones pugné por revolverme, no conociendo la conducta que en presencia de semidioses observan los diablos.

Vamos —me dije al fin— si tratan de hacerme daño yo les convenceré de que no soy más que un mortal. Y con gran desenfado, aunque ya con malicia por hallarla cerrada, llamé a la puerta. Tardaron bastante en abrirme, y secamente me preguntaron después qué deseaba, lo cual me dio a entender que no me tomaban por semidios alguno, y desde luego me creí excusado de persuadirles de una cosa que parecía ser tan notoria. Peroré entonces largamente para exponerles mis intenciones, que no eran otras —les dije— que conocer aquella bellísima comarca, para combatir luego en la tierra la idea tan falsa que de ella se tenía. No me demostraron la menor gratitud ni me dieron las gracias por tanta bondad, pero inmediatamente el paso quedó libre delante de mí, y entré, muy complacido por mi elocuente discurso, bien que después, reflexionando sobre esta aventura, me vi en la necesidad de confesarme que lo que más me valió semejante permiso no fue precisamente lo bien sino lo mal que hablé, y que en los ojos de los diablos hubiera podido leer muy bien con menos vanidad un pensamiento irónico.

Apenas había dado algunos pasos cuando hallé en mitad de mi camino un sillón grande y negro. Pensé primeramente echarme en él a descansar del viaje, que había sido largo y monótono, pero luego me di a reflexionar si no sería aquello un demonio con apariencia de silla. El más ligero examen, sin embargo, bastó para quedar convencido de que, aun siendo demonio, era sumamente difícil, si no imposible, volverse silla con tanta naturalidad y circunspección. Caso que en realidad fuese un demonio, y me sintiese sentado en su lomo —pensé—, mi error, lejos de enojarle, seguramente le halagaría, y se pondría muy orgulloso pensando hacer muy bien su papel de silla. Con este razonamiento volvió la calma a mi espíritu y a poco, sin saber cómo, dormía ya profundamente en la silla.

No sé cuánto tiempo duró este sueño, mas lo cierto es que de pronto experimenté una violenta sacudida y, despertándome, quedé otra vez como adormecido y lelo ante la vista de la tremenda realidad... ¿Cómo medir la magnitud de mi desgracia? ¿A qué cosa compararla? ¡Ah! ¡Tan solo con la misma rapidez con que, durante mi sueño, había echado a andar aquella maldita silla en que me hallaba, y que ahora, a cada segundo que pasaba, parecía ir adquiriendo mayor velocidad! ¡Terrible era ciertamente el trance! ¿Qué hacer? Indignarme contra la silla por su estupenda hipocresía y aparente mansedumbre, fuera pasatiempo o cosa infernal su movimiento, era harto peligroso y difícil. ¿Y cómo, por otra parte, sentado en ella en tan pacífica actitud, manifestarle convenientemente mi enojo y mi indignación? Pensándolo mejor, resolví más bien dirigirle a la silla algunas palabras amistosas, y le dije con voz insinuante y suave.

—Señor, ¿por qué se da usted tanta prisa? Mas entonces —¡oh, infinita misericordia de Dios!— oí totalmente embargado por la emoción, la salutífera voz de un demonio que también venía sentado en la silla y en quien no reparé yo hasta aquel momento.

—Caballero —murmuraba dulcemente a mi lado aquella voz del cielo— usted se equivoca, no llevamos mayor prisa.

—Pero, ¿en qué vamos, diga usted; qué es esto? Guardó silencio el diablo, y su silencio me pareció una eternidad, al cabo del cual dijo, cambiando su asombro en sonrisa:

—¿Conque no sabe usted qué es esto?

—¡Dígalo usted pronto, por favor! —clamé yo con voz compungida. Y el diablo soltando una estridente carcajada, exclamó:

—No se preocupe usted, buen hombre. ¡Es el ascensor! Sus elocuentes palabras desvanecieron como por ensalmo mi espanto. Y aquel diablillo tan amable me hizo incontinenti una revelación extraordinaria. ¡Tan alto grado de civilización había alcanzado, que el infierno había venido a ser de varios pisos, rascacielos, conviniendo muchos gramáticos infernales en pluralizar su nombre! En aquel momento una gran claridad lo invadió todo y yo, cerrando y abriendo tontamente los ojos, sentí ponérseme de punta los cabellos al ver por primera vez la antiquísima y célebre luz de los infiernos.

Pero el diablo, siempre solícito, acudió en mi socorro.

—Es la luz eléctrica —me dijo—. Y añadió, procurando disimular mi aturdimiento.

—Vengo de mi trabajo. Un gran bazar donde encontrará usted todo. ¿Necesita usted algo? ¿Es usted viajante de comercio?

—No, señor.

—¿Qué opinión tiene usted del infierno?

—¡Es admirable!

—¡Oh! No tanto; exagera usted. ¿Cómo es la tierra? ¿Moderna y cosmopolita como el infierno?

—¿Cosmopolita el infierno? Dispense usted caballero, pero más bien sospecho que no se mira aquí con cariño a los extranjeros; se nos dificulta mucho la entrada.

—¡Oh! no, de ningún modo, se equivoca usted. Aquellas gentes que vengan a radicarse aquí, sí habrán de ser, ciertamente por muchos títulos, acreedoras al derecho de residencia en el infierno; pero las puertas de éste estarán siempre abiertas de par en par, sin ningún requisito para aquéllas como usted, que vienen de tránsito no más, de paseo o en asuntos de negocios.

—La verdad, caballero, trabajo me costó franquear la puerta y tuve que valerme de mi bastón para llamar y hacerme oír.

—¡No diga usted eso, por favor! —exclamó el diablo impaciente—. ¡No lo repita usted, caballero! ¡Estropear su lindo bastón! ¡Qué tontería! Ja... Ja... Ja... ¡Pero si no tocó usted el timbre!...

Esta maligna carcajada del diablo hirió como un pinchazo mi sensibilidad y me hizo experimentar cierto disgusto contra aquel que hasta entonces había sido tan indulgente conmigo.

Hoy en día, sin embargo, juzgando los hechos al través del tiempo y la distancia, comprendo que solo motivos de reconocimiento puedo tener para con tan excelente sujeto, porque aun esta misma carcajada que en el momento me hirió, luego, despertando mi malicia, me sirvió para no cometer más yerros durante mi excursión por los infiernos ni caer más en aquellas lamentables equivocaciones que hasta entonces sufrí. Y esto de tal manera, que aquí creo poder muy bien poner término a la relación de mi aventura. Pero no será sin antes añadir dos palabras para descargar mi conciencia del juramento que hice a las puertas del infierno de combatir en la tierra la falsísima idea que de él y sus habitantes tenemos. El infierno no es esa horrible comarca fantástica, de cromo, que llevamos en nuestra imaginación desde niños. Es, por el contrario, uno de los puntos más avanzados del universo entero, y aun podríamos considerarlo, en cierto modo, como colocado a la cabeza de la civilización del mundo. No es cierto que reine allí hostilidad ni prevención contra los hombres. Los diablos son gente normal, inteligente y sin «pose» alguna. Tanto me impresionaron la sencillez de sus costumbres y lo amable y correcto de sus procederes, que ahora, cuando tiene por casualidad algún amigo la complacencia de llamarme pobre diablo, un elevado y puro sentimiento de gratitud viene a llenar mi corazón, sin que ningún medio me parezca suficiente a demostrárselo. Y, además, puesto de rodillas delante del cura, persona fidedigna y verídica, escucho con toda la reverencia del caso el pronóstico feliz de que a mi muerte habré de bajar derechamente a los infiernos, sin ser detenido en parte alguna.

En cuanto al descrédito a todas luces absurdo en que desgraciadamente ha caído el infierno entre nosotros, nada definitivo en realidad puedo decir. ¿Quién estaría en condiciones de explicar sus orígenes con toda exactitud? Sin embargo, en vista de que los más sabios historiadores y los más profundos eruditos se han declarado incompetentes en la resolución de este problema, y de que, por consiguiente, no parecen ser dichos orígenes material para eruditos ni historiadores ni asunto para sabios, yo, que no soy autor de historia, libro ni cuento alguno, después de haberme hundido en profundas reflexiones, perdiendo por completo la noción de lo real, he supuesto que la mala fama de que el infierno goza en la tierra es únicamente debida a la ojeriza y mala voluntad de algún inicuo mortal de los tiempos primitivos. Éste, no pudiendo alcanzar el infierno con sus escasos méritos, seguramente juró tomar venganza de él, levantándole un falso testimonio, y propaló enseguida todos los horrores y tonterías que aún hoy corren entre nosotros como monedas de ley.

Historia de mi conversión

Realizado felizmente el primer ideal de mi vida, que fue trabar conocimiento y amistad con el Demonio, y cumplidas y colmadas todas mis esperanzas juveniles a este propósito, según se cuenta en mi Visita al Infierno, ninguna otra aspiración señoreó mi alma con tanta violencia como la santa aspiración de una visita al Paraíso, la cual debía purificar mi fe, librarme de nuevas sugestiones del Demonio y darme fuerzas y valor para volver a la tierra enmendado y en ella darme a obras de misericordia, en espera de la muerte y la bienaventuranza eterna. Esta loable ambición fue día a día cobrando vigor, hasta hacérseme casi irresistible el deseo de abandonar resueltamente, como Francisco de Asís, todas aquellas cosas terrenas que por entonces llenaban mi vida; a lo cual, sin duda alguna, hubiera accedido desde el primer instante que nació en mí aquel celeste sentimiento, si otra voz del exterior no se hubiera opuesto poderosamente al reclamo de la voz de mi conciencia, para que no cumpliera lo que ésta me mandaba. Me refiero a la voz de mi mujer, que ni esperaba ni perdía ocasión de aconsejarme la pacífica permanencia en la tierra, a su lado y al de nuestros hijos. No conoció este obstáculo el buen San Francisco, y por eso, cuando más tarde quiso buscar lo opuesto y contrario a la hermana agua y a la hermana oveja, no se le vino a la mente más que el recuerdo del lobo.

Durante mucho tiempo, pues, logró sujetarme todavía esta voz mundana, apartándome del camino del Reino Celestial, hasta que un día memorable en los anales de mi vida, dándole a mi mujer un violento puntapié, resolví aprovechar este afortunado rasgo de mi ingenio y emprender bajo tan buenos y prósperos auspicios mi peregrinación a los Reinos de la Gloria. Por este medio inesperado vino la realización de mis deseos y me vinieron así mismo muchos y muy saludables pensamientos, a tal punto que poco tiempo después del incidente de mi partida, mientras andaba en la distancia que media entre la tierra y el cielo, pude remontarme al alto grado de serenidad que denotan estas reflexiones: «Mi desgraciada mujer —pensaba— me cerró largo tiempo con sus brazos el camino de la santidad. Pero ahora mi deber es perdonar su malicia o su torpeza y hasta bendecirla, porque cuanto más ella se hubiese obstinado en cerrarme el paso y más de su parte hubiera puesto para mantenerme en la sombra, tanto más valeroso fui, sin duda, en este trance y tanta será más grande la corona de mis merecimientos, cuando mi alma, santificada y libre de la carne mortal, se levante por segunda vez al Paraíso, pura y sutil entonces como ahora enterrada y apenas viva dentro de esta envoltura».

Tampoco dejaron por eso tristes y bajas ideas de venir a acordarme a trechos lo humano de mi condición, poniendo en duda el éxito final de aquella santa empresa que no era otra que la santificación de mi alma. Las alejaba yo cada vez diciéndome que cuantas más dudas venciera y mientras más, en vida, quebrantara escollos y obstáculos, tanto, a mi muerte, habría de ser mayor y más hermosa la corona de mis merecimientos; pero tantas veces, en mis dudas, me confortó y animó a vencerlas la esperanza de esta corona, que luego me puso a cavilar también lo crecida y desproporcionada que estaría con tantos y tan seguidos aditamentos y soldaduras; a tal extremo que supuse que llegaría al cabo a no venirme bien en la cabeza y habría de verme en el caso de llevarla en la mano, con mucha mengua de mi gloria; sospechas que vinieron a llenarme de tristeza y amargura el corazón. Pero este mal tuvo también su remedio y presto llegó el consuelo adecuado al pesar, y así me dije que de muy diversos medios podía valerse Dios, Nuestro Señor, para lograr sus fines y dar cumplimiento a sus designios, y que no sería pues, cosa extraña que mis recientes y no esperados merecimientos no se tradujesen en anchura y agrandamiento de mi corona, sino más bien en artísticas y valiosas incrustaciones que realzarían infinitamente mi gloria y atraerían sobre mí las miradas de los santos, los ángeles y las vírgenes.

Embargábanme estos consoladores pensamientos cuando, en un recodo del camino, a la puerta de un palacio, vi un anciano de aspecto venerable y luengas barbas.

—Podríais decirme —le dije— ¡oh anciano!, ¿cuándo llegaré al cielo por este sendero? Hacia allá me encamino venciendo mil tropiezos y por él he dejado mi hogar en desamparo, no porque pretenda merecer en cuerpo y alma la Gloria de los bienaventurados, sino, antes bien, porque quiero fortalecer mi poca fe con el espectáculo de semejante maravilla y cobrar nueva energía para ganar mi salvación.

—¡Ah! —exclamó el anciano—. Muy cerca del Señor os encontráis ¡oh hijo mío!, pero al Paraíso no pueden penetrar más que las almas purgadas de toda culpa y miseria y no los mortales como vos, por más santos que pudieran ser sus propósitos. De no ser eso así, tendría yo mucho gusto en conduciros a la presencia del Señor; pues sabed que estáis hablando con Pedro, el Apóstol, que aquí, como de ordinario, guardo la Puerta del Cielo.

A estas palabras, lleno de estupor y con lágrimas de emoción, me postré a los pies del venerable anciano y le besé devotamente las sandalias.

—¡Alabado y ensalzado sed por los siglos de los siglos! —clamé— ¡Oh, vos, que poseéis la llave del Paraíso y que a vuestro paso por la tierra dejasteis bautizada con vuestro nombre a aquella que a todos, aunque indignos, nos acoge en su seno y nos salva y recoge en los naufragios del mundo: la sacratísima barca de San Pedro! San Pedro me invitó a levantarme y exclamó:

—Cuán cierto es, hijo mío, que soy yo quien cuidadosamente guarda la llave del Paraíso. En cuanto a lo que apellidáis mi barca, cuidado no os haga ello incurrir en error o confusión, porque no es más que una feliz metáfora de que se valen muchos cuando quieren referirse cariñosamente a la Iglesia del Señor; y la ambigüedad en apariencia más insignificante y mínima sobre este particular daría margen a lamentables errores y graves confusiones que menoscabarían notablemente mi honra y oscurecerían, en la mía, la gloria del Señor.

—Dispensadme ¡oh Apóstol! —le contesté— pero tengo para mí que es infinita la Gloria del Señor, y la vuestra muy grande, para que logre empañarlas el error ni el engaño y las metáforas oscurecerlas.

Estas sencillas palabras asombraron profundamente a San Pedro, quien me interrogó acerca de mi origen, procedencia y condiciones de vida en la tierra. Yo accedí gustoso a sus deseos y le describí minuciosamente mi vida, haciéndole notar que toda ella había transcurrido hasta entonces en medio de la paz del hogar, a lo que él respondió:

—Solamente así puedo tener la clave de vuestra gran fe; porque la vida entre la familia y en el seno del matrimonio es propia para conservar puras las almas y evitar su eterna perdición.

—Me confundís ¡oh Apóstol! —repuse— pues nunca creí tener una fe en Dios, Nuestro Señor, tan grande y meritoria como vos decís benévolamente; antes por el contrario, me juzgo indigno siervo suyo y tardío y mezquino adorador de su Gloria.

—¡Ah, hijo mío! —suspiró San Pedro— es que ahora, en la tierra, son contados aquellos que buscan, como vos, las huellas del Señor; y así esta Puerta, que en pasados y mejores tiempos vio pasar un largo cortejo de almas gloriosas, ¡ahora permanece constantemente triste y desolada! Quise consolar a San Pedro del pesar que mostraba en aquellos momentos y le pregunté con acento cariñoso, por qué, ya que nada tenía que hacer allí, no se alejaba para siempre de aquella Puerta que le mantenía vivo el recuerdo de los tiempos pasados. Pero mi pregunta cayó sobre otro gran dolor del Santo:

—¡Dolorosa pregunta la vuestra! —exclamó—. ¡Y cuánto diera por no haberla escuchado! Pero sin duda el Demonio la puso en vuestros labios; y ya que así lo queréis, sabed, pues, que mi oficio ha cambiado en los últimos tiempos, y no consiste ya, como solía, en conceder o negar el acceso al Reino Celestial, sino en impedirles la salida a los hijos ingratos del Señor que quieren abandonarle en su Reino. Y no penséis que sea fácil empresa el contenerlos; tened en cuenta, antes bien, que hay entre ellos sabios e ilustres letrados de todos los tiempos; reyes, guerreros y emperadores de todas las naciones, monjes y religiosos de todas las órdenes y vírgenes y santas milenarias, los cuales no todos válense de las mismas armas para tentarme, seducirme o hacerme fuerza, sino que cada cual tiene las suyas, y las vírgenes, por ejemplo, esgrimen otras que los monjes y los guerreros...

El Apóstol San Pedro lanzó un profundo suspiro.

—Sin embargo —añadió luego— no vayáis a creer que sean tan inicuos todos los hijos del Señor: entre los santos varones, son millones y se cuentan por ejércitos los que permanecen fieles a los divinos mandatos; y entre las vírgenes, sabido es que hay vírgenes prudentes y vírgenes locas.

Las dolorosas palabras del Apóstol produjeron en mi espíritu una profunda impresión y abrieron en él un ancho surco de piedad, donde no ha dejado de crecer y desarrollarse desde entonces la buena simiente del amor a Dios. Ellas derritieron los últimos hielos de mi indiferencia y mis postreras dudas. Por eso, al escribir estas líneas que relatan el hecho culminante de mi vida, no he vacilado en titularlas Historia de mi conversión, por más que yo nunca figuré entre los infieles, ni jamás fui verdaderamente impío ni descreído. Pero únicamente quiero dar a entender con esto que desde aquel instante empecé a caminar con paso firme y seguro por la verdadera senda de la luz y la eterna verdad. Y menos tendré escrúpulos de precisión literaria para poner esta palabra conversión en el mote de este relato, si añado, como paso a hacerlo, la última parte de la conversación que sostuve con el Apóstol San Pedro, en la cual me exhorta él a consagrar mi vida al servicio del Señor, a lo que yo accedí gustoso, y me da algunas instrucciones necesarias a este propósito.

—Hijo mío —me dijo—: Juradme ser en lo venidero soldado de la causa del Señor y regresad inmediatamente a la tierra a cumplir vuestra promesa, con la seguridad de que, desde aquí, Él guiará sabiamente vuestros pasos e iluminará vuestros pensamientos.

Lleno de unción cristiana, prometí regresar apresuradamente a la tierra y consagrar allí mis humildes esfuerzos, durante el resto de mis días, a la mayor difusión y esplendor de la Religión de Cristo.

Entonces el Apóstol, viendo mi gran fe y el milagro de enardecimiento que habían obrado en mí sus palabras, prosiguió de este modo:

—En cuanto al mejor medio, hijo mío, y el más grato a los ojos del Señor para cumplir debidamente vuestra promesa, os diré algunas palabras invalorables para vuestro gobierno y aprovechamiento espiritual en la tierra. Así, sabed que Él siente marcada inclinación por las gentes que conocen la vida y saben del valor de la tranquilidad y el eterno reposo: la experiencia, por lo que os tengo dicho, ha mostrado no ser deseable en la eternidad la presencia de jóvenes que conservan, virgen todavía, el maligno germen de la curiosidad. Por esto son tan recomendables los monasterios y los conventos, porque los que en ellos pasan su vida son por lo general gentes expertas que en sus celdas y en sus cavas arrastran con frecuencia todas las consecuencias de los placeres y prueban diariamente el dolor de los excesos. Pues habéis de saber que los placeres fueron instituidos para que los hombres ganasen, por medio de sus desastrosas consecuencias, el Reino Celestial. Pero, a la vez, como no están ellos al alcance de todos los vivientes ni pueden todos proporcionárselos con la debida abundancia ni la frecuencia requerida para que llenen su objeto, la divina providencia ha decretado las penas y los dolores que naturalmente se sufren en la vida, los cuales no tienen su origen en placer o exceso alguno sino que son anejos y propios a la misma existencia y en ella tienen su raíz.

Son ellos, entre otros —concluyó diciendo el Apóstol—, los reveses de la fortuna, las vicisitudes de la vida, las inclemencias del cielo, las guerras, plagas, pestes y epidemias, los embates del mundo y los elementos desencadenados.

Estas fueron las sublimes palabras del Apóstol San Pedro, con las cuales quiero cerrar mi relato, porque después de este grande acontecimiento a nada más puedo atribuirle importancia en la vida. Solamente añadiré que el Apóstol mismo, como acostumbran los magnates, se dignó ponerle término a nuestra plática. Después recibí su bendición, plena el alma de gracia y de fe, y según su mandato, regresé inmediatamente a la tierra, donde he escrito estas líneas.

Opiniones para después de la muerte

Ella, de quien hablan los poetas en tantas páginas memorables, me llevará a los reinos desconocidos, cuyo nombre ignoro. Entonces me acecharán muchos espíritus curiosos de inquirir cuanto hice en la tierra. Abrigarán la secreta esperanza de escuchar el relato de asombrosas aventuras y acontecimientos inauditos y sintiéndose defraudados me tomarán por un imbécil o un impostor... Suponen, indudablemente, que en nuestro mundo suceden cosas tan extraordinarias como las que atribuimos nosotros a su mundo invisible.

Largas horas he invertido en la resolución de este problema. En la florida juventud, hoy tan lejana, estudié con un entusiasmo sin límites, a fin de realizar algo notable en la tierra y acopiar hechos y anécdotas ilustres. Si algo soy y si algo he aprendido, a este período de afán lo debo enteramente. Porque más tarde, habiendo caído enfermo, resolví que achacaría mi insignificancia y oscuridad en este mundo a mis enfermedades, cuya curación, muy laboriosa, me causó la muerte. También deseché esta excusa. En la suposición de que desaparecería aún en plena juventud, opté por atribuirlo todo a lo imprevisto de mi muerte: solución que a la vez quedó relegada al olvido en la edad madura, porque los años continuaban pasando y comprendí que Dios no tenía precipitación en llamarme a su lado.

Al cabo, no la razón, sino un sueño, me ha dado a conocer el secreto del futuro bienestar de mi alma. Fue una noche reciente. Caminaba por una pradera cubierta de asfodelos y me dirigía a un país muy distante. De pronto recordé que había muerto hacía ya mucho tiempo... Me asediaba el terrible coro de los espíritus curiosos, pero yo contestaba a sus preguntas fingiendo menosprecio por la existencia terrenal. Ellos —pobres espíritus inexpertos— se juntaban en corrillos a interrogarme ansiosamente, y yo les decía con suficiencia indescriptible: «La tierra... Viví allí hasta mi muerte. Alcancé el ápice de la felicidad mundana porque no tuve a mi cuidado propiedades numerosas que me robaran la despreocupación. Nunca, sin embargo, logré comprender el objeto que se propuso Dios al enviarme a la tierra, y es muy probable que no se haya propuesto ninguno. El traje de los seres terrestres es en extremo incómodo; aunque el vulgo le da el nombre de «cuerpo», los místicos jamás dejan de llamarlo despreciativamente la «carnal envoltura». Se fabrica esta envoltura con un material llamado «carne» que, según refiere la tradición, proviene del barro, de donde fue extraído por las propias manos del Creador. Pronto los hombres aprendieron también su industria, y ésta vino a ser una de las más florecientes de la tierra.

«La realidad terrestre, en suma, almas mías, es muy diferente de lo que suponéis vosotras en el seno de la sobrenatural ignorancia que os adorna. Considerad que uno de los mayores atractivos que existen en la tierra es el trabajo. Como vosotras no sabéis qué es el trabajo, os diré que es un monstruo abominable. Durante siglos se ha enseñado allá que el hombre nace predestinado para él.

«También yo participé de tan erróneas teorías cuando estuve en la tierra, pero os aseguro que solamente lo hice por conveniencia, por mera fórmula, y que nunca descendí hasta el vicioso extremo de llevarlas a la práctica. Si alguna vez lo hice, fue contrariando mis íntimas convicciones.

«De acuerdo con las observaciones que comienzo a hacer en este otro mundo, me tomo la libertad de opinar justamente lo contrario de lo que allá se cree, esto es, que el objeto de la aparición del hombre sobre la tierra no consiste en el trabajo, que nada produce capaz de traerse consigo a este lado del mundo y susceptible de valor e importancia hasta más acá de la muerte. Dada la brevedad de la existencia humana, es lógico creer que se nos envía allí a descansar. Enseguida llega el término fijado para morir y es entonces, a raíz de este suceso, cuando empieza vuestra verdadera obligación de trabajar. Os excito, almas mías, a no titubear un instante ese día ni oponer resistencia alguna al cumplimiento del supremo llamado. Partid inmediatamente, aunque os halléis postrados en cama, gravemente enfermos, aunque abandonéis a la ruina todos vuestros asuntos, aunque seáis el sostén de la familia y la dejéis en la miseria. «Como se ve, solo concibo el descanso mientras dura la brevedad de la existencia humana y acepto que se nos obligue a laborar activamente después de muertos. Entonces comenzaremos el trabajo con tareas tan repugnantes como la descomposición física...

«En épocas normales se muere en la tierra con calculada regularidad. Las estadísticas demográficas, que acusan el promedio de las defunciones, comprueban suficientemente este hecho. Pero también suelen ocurrir mortandades extraordinarias. Como he dicho, se nos llama metódicamente a unos después de otros para que ejecutemos los trabajos ultraterrenales, que son los únicos que estamos en el deber de ejecutar. De resto no debemos ejecutar nada. Pero sucede a veces que el número de defunciones que se producen ordinariamente en la tierra no es suficiente para cubrir el total de las bajas, vacantes, licenciamientos, desapariciones y deserciones que sobrevienen en las filas de trabajadores ultramundanales. Es ese el momento en que se desencadenan, en un lugar cualquiera del globo terráqueo, esas guerras inexplicables en que fallecen tantos desgraciados y que no son, en suma, sino el resultado de la escasez de brazos en el otro mundo. Son supercherías establecidas por lo Alto para enganchar violentamente gran número de obreros. El Supremo Dispensador de las guerras las reviste de pretextos y apariencias agradables a los ojos de los hombres. Concibe a este respecto expedientes portentosos para atribuirlas a causas humanas, capaces de enardecer a los mortales y excitar su entusiasmo. Hacen ostentación de una inventiva que quisieran para sí muchos autores de novelas fantásticas. Producen invenciones que sirven para una sola guerra; pero otras, obras maestras verdaderamente geniales y reveladoras de un vasto conocimiento de la psicología humana, perduran incólumes sin perder la maravillosa virtud de inducir a los hombres a matarse durante generaciones sucesivas. Alcanzan asombrosa elasticidad y admiten infinidad de interpretaciones diferentes, de acuerdo con el espíritu de las épocas. Tales son, entre otras admirables creaciones, la razón de Estado, las aspiraciones imperialistas, la necesidad de procurarse un "puesto bajo el Sol", la "Marsellesa" y el "Deutschland über alles", la Alsacia y la Lorena, Tacna y Arica, etc., etc. Esto en lo que se refiere a los tiempos modernos. Antiguamente hubo otras que alcanzaron una longevidad muy vecina de la inmortalidad.

«La duración e intensidad de una guerra está matemáticamente calculada en razón directa del número de muertos que se desea adquirir. A este fin se sitúan ellas en países más o menos densos de población y más o menos inflamables. Una guerra en Inglaterra, por ejemplo, no producirá nunca el mismo rendimiento que en Francia o en Italia, porque los franceses y los italianos se hacen matar más fácilmente que los ingleses...».

Libre de la carnal envoltura, la elocuencia fluía de mi espíritu con una facilidad incomparable. Los espíritus estaban evidentemente pasmados, y si no abrían la boca, era sin duda, porque no la tenían. En tales condiciones proponíame continuar indefinidamente el desarrollo de mi tesis, cuando advertí con profundo sobresalto la aparición del espíritu de un erudito a quien había conocido antes en la tierra.

Recordando que la misión de los eruditos consiste en destruir todas las hermosas leyendas, temblé por la suerte que correría mi fábula en su presencia. Sentí un pavor indescriptible. Se detuvo el sueño, próximo a romperse y desperté inmediatamente en la Tierra, donde he escrito este Sueño.[1]

---

1 Demás está añadir que no soy responsable ni mucho menos puedo hacerme solidario de las opiniones emitidas en el transcurso de un sueño tan profundo.

La tienda de muñecos (1927)

Al doctor Antonio Álamo en testimonio de reconocimiento dedico estas páginas.
Julio Garmendia París, 1927

Carta preliminar
Querido Garmendia:
Refiere usted las aventuras de alguien que por socorrer unas enaguas que se iban a los aires, se fue naturalmente a las nubes, en donde, acurrucado en el vientre de una de ellas, se le disiparon la persona y los años vividos hasta que la brisa lo devolvió, recién nacido, a la tierra. Luego presenta usted al personaje del «Cuento inverosímil» que reivindica su indiscutible preeminencia respecto de los héroes de historias verosímiles y ordinarias. Emplea usted una noche entre nuestros amigos los duendes y, a poco, tienta usted al Diablo y logra hacer, a costa de él, un viaje de ida y vuelta hasta las puertas del cielo. Enseguida tiene el espíritu suyo que mudarse de su propio cuerpo, porque lo desaloja su doble, su «otro yo», y de toda esta gente ficticia pasa usted, sin duda reencarnado, a la gente facticia agolpada en una «Tienda de Muñecos».

Al volver la última página se pregunta uno si no es usted, mi querido Garmendia, el personaje del más inverosímil de los cuentos. Sucede que entre lo que tenemos de distintivo los venezolanos está el hábito de ahogar en zumba lo serio o lo tedioso. Si en París todo concluye o concluía en canción, allá todo remata en chiste o epigrama. Cultivamos sin descanso el arte sutil de embromarnos; pero, a no ser en prosa o verso festivos y fáciles, o entre dardos y aguijones nada áticos de polémica, historia y crítica «rotativas» ¿quién oyó nunca revolar la abeja en nuestras letras? Y ahora la sonrisa de usted viene a romper aquella flagrante y pertinaz contradicción entre lo que se escribe y lo que se habla en Venezuela, entre lo campanudo de aquello y lo chispeante y retozón de esto.

No cabe en esta carta la averiguación del origen de tanta solemnidad y compostura, real o convencional, en lo escrito. Sobran motivos, sin duda, y no es ocioso buscarlos, para que la sonrisa se haya mantenido inédita entre nosotros, hasta cuando fue caso de reír el de que adaptáramos al modo clásico el tono romántico y otros más recientes tonos literarios. No es difícil explicar por qué la risa y familiaridad que han llegado al teatro, a la novela y al periódico han sido, aparte las obligadas confirmaciones de la regla, callejeras, desaforadas o desapacibles.

El diputado que al grito de «muramos como romanos» del 24 de enero, contestó: «Yo soy del Guárico», fijó en nuestros anales parlamentarios el hondo sentido de aquel hábito zumbón y jaranero que, lejos de denotar superficialidad, o de ser siempre trivial o maligno, expresa aquel sano desenfado optimista que le deja al Tiempo el cuidado de remediar lo remediable, y le pide al segundo que pasa una canción de salud y de esperanza. Esta disposición crítica que, sin excluir el acto necesario, mide serenamente el esfuerzo requerido, y ni teme que toda ráfaga de tormenta hunda el barco, ni cree que todo indicio de costa en lontananza es puerto de gracia, viene a ser una valiosa reserva de buen sentido y aun de conciencia colectiva.

Con esta sensibilísima flema tropical nos lleva usted en amable viaje por el tan olvidado, viejo y siempre nuevo país de lo Azul, donde todo nos comprueba la engañosa fantasmagoría de lo real y la generosa realidad de lo ilusorio y fantástico. Es al doblar la última página cuando vuelve uno a sentirse en el cautiverio de Realilandia, en la perpetua Tienda de Muñecos, o de títeres, que es la Vida desde antes de que el primer Adán tuviera andanzas con la primera Eva; tienda en la cual cada ser animado goza precisamente del mismo ilimitado albedrío de la buena dama que, al acabar de escribirle al primo Basilio regañándolo por haber osado darle cita galante, sale derechamente a acudir a la cita pecaminosa, llevada por la misma fuerza «que mueve al Sol y las demás estrellas».

Y burla burlando recuerda usted que no hay otro refugio contra el tropel del inevitable muñequismo, sino las nubes; ni más prometedora ciencia que la que, mientras se cumplen lentas y sabias evoluciones reales, nos enseña a ver en lo Azul, destacarse de la rolliza y mofletuda Aldonza, olorosa a ajos, la lírica Dulcinea, sabrosa a ambrosía.

Siempre fue útil, pero rara vez tanto como hoy, decirles sonriendo a los que abominan de la fantasía porque esteriliza, dicen, la acción o le resta fuerzas, que las nubes sirven para algo más que regar sementeras: que de una radiante niebla original viene cuanto se palpa y existe, y de las nubes vino, recién nacida, la Fábula con el regalo de sus mitos, y pobló de divinidades cielos y tierra: que hijos de la Fábula son todos los personajes surgidos de la mente del hombre asilado en las nubes, y que, divinos o no, son ellos los que, hechos idea o símbolo, han modelado y moldean civilizaciones; los que guían razas y pueblos y los sobreviven; flotan, ellos no más, sobre las edades y son el alma de la especie.

Los muñecos olvidan que el acto esencial es la Idea y, después de 1914, sopla en la Tienda, por el mundo todo, un vendaval de aquella impertinencia y fachenda, ahora llamada esnobismo, que barre a granel la escoria moral y mental de los autómatas hacia la región de la crónica menuda y mundana, hacia los lindes del escándalo o del presidio. Vaga, ciega, fatalmente, a lo que aspiran sin presentirlo los engreídos, es a pasar por personajes de cuento inverosímil, a poder conversar amigablemente con un Diablo asequible, de buena pasta, y a aprender a librarse, o a condolerse, o a reírse de ellos mismos.

Como el mecanismo de unos muñecos es más complicado que el de otros y el de los impertinentes es demasiado simple para permitirles lanzarse escoteros por los aires, ni crear diablos que no tengan la misma contextura satánica de ellos, hay que dejarlos en sus nubes de cartón o de pergamino de feria y quizás no sea dable ni siquiera enseñarles a verse risibles.

Pero la ironía de usted no ha de ser golondrina íngrima, sino presagio del temperamento de una generación risueña, vigorosa, resuelta a desanimar a los imitadores y copistas, y a exigir, al fin, y a dar, como lo hace usted, substancia original en molde propio.

Consiéntame decirle que se han hecho ustedes esperar.

C. Zumeta Roma, 1926

Prólogo

Julio Garmendia no tiene antecesores en la literatura venezolana. Durante un siglo nuestras letras han oscilado entre el lirismo delirante y etéreo y la más pesada chacota, sin conocer apenas los matices intermedios. Los «costumbristas» chapoteaban en el barro; los líricos se quedaban en las nubes. Nuestros escritores abren la boca para carcajear en recias explosiones de burla; o ponen los ojos en blanco para suspirar fementidas delicadezas; o fruncen el ceño para prorrumpir en campanudas y falsas contumelias. Aquí y allá pueden recogerse algunas flores de ironía y de buen humor, que apenas alcanzan para formar un ramillete exiguo.

Algunos mozos, sin embargo, están revelando que poseen el don de la ironía genuina, fenómeno a todas luces consolador. Los contrastes humanos ya no los exasperan, amilanan ni entristecen: antes por el contrario, los mueven a curiosidad primero, a tolerancia luego y finalmente a piedad o a risa. Según que descubren lo extraño y absurdo de la vida y de las palabras de los hombres, van llegándose a la raíz de las desventuras humanas, van conociendo que la herencia del error y de la injusticia nos toca a todos por igual; y de la fraternidad del infortunio surge la piedad, como esas flores que nacen en los terrenos húmedos y sombríos y que pintan en la lobreguez de su habitación un reflejo del cielo remoto. Podemos esperar que al lado de la ironía prospere, no enclenque como su melancólica hermana, sino enérgico y vivaz, el amor a la verdad y a la justicia.

Julio Garmendia llegó a Caracas hace pocos años, frisando con los veinte, y fue a parar a la redacción de un diario. Es el caso más curioso de afición a las letras que puede darse. Entró a trabajar en el diario no por necesidad ni por ambición política, como los demás, sino por vocación desinteresada. Entre nosotros, la estrecha puerta del periodismo es la única que conduce a la literatura. Pero lo más curioso es que el periodismo no le marchitó su juvenil amor a las letras puras, ni su preocupación por la claridad y el orden, ni el humor sarcástico, que son las cualidades literarias que resaltan en su temperamento. El periodismo fue para él piedra de toque de la vocación, porque aun metiéndose a periodista, no se metió dentro del rebaño. En Venezuela todo el que escribe hoy día escribe como periodista, con muy contadas excepciones. Hay quienes pretenden tratar las más graves cuestiones científicas y filosóficas en las páginas de los diarios. Los escritores olvidan, en la premura de la labor urgente, el cuidado de la forma y aun el respeto debido a la lengua. Así, por una especie de desquite, los que disfrutan de la calma necesaria para atildarla, caen en el extremo del preciosismo, en el amor desaforado por la frase linda, así sea impertinente o impropia. Y así han pasado dos generaciones por nuestra historia literaria, prorrumpiendo en vanos concentos que se desvanecieron pronto en el olvido.

El hecho es que el periodismo no ha contaminado a Garmendia, y que sigue siendo literato antes que periodista. No tiene el desdén de los periodistas por las ideas, no está encenagado en el lugar común, no respeta las frases hechas ni los matrimonios de palabras. Conserva la libertad, la agilidad, la frescura y la delicadeza del espíritu.

En vez de ponerse a pintar cromos claros, cielos turquíes con nubecitas de carmín y vuelos de golondrinas, y a regoldar nostalgias apócrifas en prosa empedrada de adjetivos inertes, Garmendia se metió dentro de sí mismo, dentro de su corazón, dentro de su espíritu. Su instinto le avisó que no es contemplando crepúsculos, ni viajando en ferrocarril, ni atravesando el océano, ni pintando acuarelas confusas como se encuentra la inspiración; y por eso fue a buscarla en las profundidades de su ser mismo, a los inagotables manantiales de la conciencia. Encontró su camino; y este libro en que nos cuenta sus primeras aventuras de viandante es una ventana encantada que se abre sobre un valle fresco, donde comienzan a dibujarse, con el alba, siluetas expresivas y simbólicas.

Lo que ha escrito Garmendia son cuentos fantásticos, divagaciones desenfadadas, en las cuales nos presenta personajes que son nuevos porque el autor les asigna rasgos peculiares, pero que tienen una dilatada parentela en el mundo de los libros. Su diablo, por ejemplo, es característico. No es un demonio emblemático ni filosófico: es un diablo popular, un diablo afable y de buen humor. El pueblo no ha visto nunca a Pateta con malos ojos. Le profesa cierto temor, pero sabe que en el fondo es su amigo, como fue amigo del siervo medioeval en las noches del sábado. En este sentido digo que el diablo de Julio Garmendia es un diablo popular, un diablo a veces lerdo, no enemigo sino compinche, y a veces víctima del hombre; un demonio sin trascendencia, aunque a veces da señales de agudeza y malicia. Así, la aventura del hombre que se propone engañar al diablo y lo consigue, es una conseja antiquísima que Garmendia remoza en El alma, uno de los mejores cuentos del libro. Pero el autor sabe dejar sembrada en el ánimo la sospecha de que acaso fue el diablo quien se burló del hombre, porque tal vez no era menester concederle al hombre el don de la mentira, que fue quizás la substancia del barro del paraíso con que Jehová modeló a Adán. Este diablo no es ni siquiera emprendedor. Ronda la habitación de su víctima con incertidumbres de enamorado tímido, y es necesario que el hombre mortal lo tiente con su invitación para que se decida a hacerle al tentador la proposición tradicional de que le venda el alma. Por donde se ve que Satanás no se presenta sino allí donde lo invitan con el deseo: es claro que Satanás es el mal pensamiento que cobra cuerpo fuera del hombre que lo concibe: Satanás es el reflejo del alma humana en el espejo de las cosas.

El diablo es el espíritu de la curiosidad, de la inquietud y de la rebeldía; aunque es poderoso, puede engañarse y engañarnos, pero es preferible engañarse andando con el diablo que no permanecer inmóviles sin él; es preferible la compañía del demonio a la viciosa y estéril contemplación estática. La verdad para el hombre es la acción, y toda acción es diabólica. El hombre es por excelencia un ser en acción, y por eso el diablo es tan buen amigo del hombre; por eso el diablo que Garmendia concibe o inventa es un espíritu afable, a veces tímido, y nunca siniestro y protervo, como la sombra de Dios, como el diablo que resplandece con fuego de furor, ira y envidia en el fondo del averno imaginado por las religiones. Es más o menos el mismo demonio que hace algunos años conversó con el italiano Papini, recién convertido hoy a la fe de Cristo; aunque el del italiano es un demonio con ribetes metafísicos, mientras el de Garmendia es el verdadero diablo algo simple, concebido no por los teólogos sino por los siervos oprimidos y los campesinos supersticiosos. En la sencillez con que el hombre de Garmendia trata con el príncipe de las tinieblas no deja de haber socarronería. Diríase que lo sabe contagiado de humanidad: el hombre que ha humanizado a los dioses para deificarse él mismo, humaniza al demonio para explicar y acaso para excusar sus propios rasgos diabólicos.

En cuanto a la forma literaria, Garmendia no parece un escritor venezolano de hoy día. Lo que impera en nuestros círculos más o menos literarios es la despreocupación chabacana por la dignidad y limpieza del lenguaje, la garrulería, el afán de palabras pintorescas, el vocabulario de toreros, tiples y conferenciantes madrileños, germanía grotesca e innoble. Sin zarandajas ni floreos retóricos, su prosa es sobria y clara y su verdadero mérito consiste en exponer sus ideas veladas por un manto diáfano, al través del cual vemos chispear la malicia. Ello testimonia que Garmendia concibe con claridad y precisión lo que quiere expresar o sugerir, sin la vaguedad y confusión tan comunes hoy en nuestras letras.

En estas narraciones la ironía asume a veces cierto sabor de sátira. Es natural. Probablemente las letras venezolanas pasarán del tono sentimental y élego de hoy a la serenidad de la salud por un puente de sarcasmos. Los sarcasmos destruirán los embustes y sofismas de muchos años y permitirán reanudar el hilo de la tradición, continuar la obra de los antepasados.

La fantasía de Garmendia denota poseer un íntimo orden lógico que le imprime a su producción cierta unidad intrínseca, la consistencia de una obra engendrada en la perseverante cavilación, no fortuitamente concebida en intermitentes devaneos de fiebre literaria.

En nuestra literatura, poblada ahora de ceños encapotados, de ayes y de suspiros en el claro de Luna, la sonrisa de Julio Garmendia parecerá sin duda incoherente y profana. Aquellas quejumbres, si apócrifas, son máscara de hipocresía; si verídicas, señales de endeblez. Esta sonrisa es testimonio de sano equilibrio. Contrasta en su esplendor ingenuo y jovial con las oscuras muecas de la sensualidad, del escepticismo y del desconsuelo: denota vida, salud y esperanza.

Jesús Semprum Nueva York, 1925

La tienda de muñecos

No sé cuántos, dónde ni por quién fue escrito el relato titulado «La Tienda de Muñecos». Tampoco sé si es simple fantasía o si será el relato de cosas y sucesos reales, como afirma el autor anónimo; pero, en suma, poco importa que sea incierta o verídica la pequeña historieta que se desarrolla en un tenducho. La casualidad pone estas páginas al alcance de mis manos, y yo me apresuro a apoderarme de ellas. Helas aquí: LA TIENDA DE MUÑECOS «No tengo suficiente filosofía para remontarme a las especulaciones elevadas del pensamiento. Esto explica mis asuntos banales, y por qué trato ahora de encerrar en breves líneas la historia —si así puede llamarse— de la vieja Tienda de Muñecos de mi abuelo, que después pasó a manos de mi padrino, y de las de éste a las mías. A mis ojos posee esta tienda el encanto de los recuerdos de familia; y así como otros conservan los retratos de sus antepasados, a mí me basta, para acordarme de los míos, pasear la mirada por los estantes donde están alineados los viejos muñecos, con los cuales nunca jugué. Desde pequeño se me acostumbró a mirarlos con seriedad. Mi abuelo, y después mi padrino, solían decir, refiriéndose a ellos:

—¡Les debemos la vida! No era posible que yo, que les amé entrañablemente a ambos, considerara con ligereza a aquéllos a quienes adeudaban el precioso don de la existencia.

Muerto mi abuelo, mi padrino tampoco me permitió jugar con los muñecos, que permanecieron en los estantes de la tienda, clasificados en orden riguroso, sometidos a una estricta jerarquía, y sin que jamás pudieran codearse un instante los ejemplares de diferentes condiciones; ni los plebeyos andarines que tenían cuerda suficiente para caminar durante el espacio de un metro y medio en superficie plana, con los lujosos y aristocráticos muñecos de chistera y levita, que apenas si sabían levantar con mucha gracia la punta del pie elegantemente calzado. A unos y otros, mi padrino no les dispensaba más trato que el imprescindible para mantener la limpieza en los estantes donde estaban ahilerados. No se tomaba ninguna familiaridad ni se permitía la menor chanza con ellos. Había instaurado en la pequeña tienda un régimen que habría de entrar en decadencia cuando entrara yo en posesión del establecimiento, porque mi alma no tendría ya el mismo temple de la suya y se resentiría visiblemente de las ideas y tendencias libertarias que prosperaban en el ambiente de los nuevos días.

Por sobre todas las cosas, él imponía a los muñecos el principio de autoridad y el respeto supersticioso al orden y las costumbres establecidas desde antaño en la tienda. Juzgaba que era conveniente inspirarles temor y tratarlos con dureza a fin de evitar la confusión, el desorden, la anarquía, portadores de ruina así en los humildes tenduchos como en los grandes imperios. Hallábase imbuido de aquellos erróneos principios en que se había educado y que procuró inculcarme por todos los medios; y viendo en mi persona el heredero que le sucedería en el gobierno de la tienda, me enseñaba los austeros procederes de un hombre de mando. En cuanto a Heriberto, el mozo que desde tiempo atrás servía en el negocio, mi padrino le equiparaba a los peores muñecos de cuerda y le trataba al igual de los maromeros de madera y los payasos de serrín, muy en boga entonces. A su modo de ver, Heriberto no tenía más seso que los muñecos en cuyo constante comercio había concluido por adquirir costumbres frívolas y afeminadas, y a tal punto subían en este particular sus escrúpulos, que desconfiaba de aquellos muñecos que habían salido de la tienda alguna vez, llevados por Heriberto, sin ser vendidos en definitiva. A estos desdichados acababa por separarlos de los demás, sospechando tal vez que habían adquirido hábitos perniciosos en las manos de Heriberto.

Así transcurrieron largos años, hasta que yo vine a ser un hombre maduro y mi padrino un anciano idéntico al abuelo que conocía en mi niñez. Habitábamos aún la trastienda, donde apenas si con mucha dificultad podíamos movernos entre los muñecos. Allí había nacido yo, que así, aunque hijo legítimo de honestos padres, podía considerarme fruto de amores de trastienda, como suelen ser los héroes de cuentos picarescos.

Un día mi padrino se sintió mal.

—Se me nublan los ojos —me dijo— y confundo los abogados con las pelotas de goma, que en realidad están muy por encima.

—Me flaquean las piernas —continuó, tomándome afectuosamente la mano— y no puedo ya recorrer sin fatiga la corta distancia que te separa de los bandidos. Por estos síntomas conozco que voy a morir, no me prometo muchas horas de vida y desde ahora heredas la Tienda de Muñecos.

Mi padrino pasó a hacerme extensas recomendaciones acerca del negocio. Hizo luego una pausa durante la cual le vi pasear por la tienda y la trastienda su mirada ya próxima a extinguirse. Abarcaba así, sin duda, el vasto panorama del presente y del pasado, dentro de los estrechos muros tapizados de figurillas que hacían sus gestos acostumbrados y se mostraban en sus habituales posturas. De pronto, fijándose en los soldados, que ocupaban un compartimiento entero en los estantes, reflexionó:

—A estos guerreros les debemos largas horas de paz. Nos han dado buenas utilidades. Vender ejércitos es un negocio pingüe.

Yo insistía cerca de él a fin de que consintiera en llamar médicos que lo vieran. Pero se limitó a mostrarme una gran caja que había en un rincón.

—Encierra precisamente cantidad de sabios, profesores, doctores y otras eminencias de cartón y profundidades de serrín que ahí se han quedado sin venta y permanecen en la oscuridad que les conviene. No cifres, pues, mayores esperanzas en la utilidad de tal renglón. En cambio, son deseables las muñecas de porcelana, que se colocan siempre con provecho; también las de pasta y celuloide suelen ser solicitadas, y hasta las de trapo encuentran salida. Y entre los animales —no lo olvides—, en especial te recomiendo a los asnos y los osos, que en todo tiempo fueron sostenes de nuestra casa.

Después de estas palabras mi padrino se sintió peor todavía y me hizo traer a toda prisa un sacerdote y dos religiosas. Alargando el brazo, los tomé en el estante vecino al lecho.

—Hace ya tiempo —dijo, palpándose con suavidad—, hace ya tiempo que conservo aquí estos muñecos, que difícilmente se venden. Puedes ofrecerlos con el diez por ciento de descuento, lo cual equivaldría a los diezmos en lo tocante a los curas. En cuanto a las religiosas, hazte el cargo que es una limosna que les das.

En este momento mi padrino fue interrumpido por el llanto de Heriberto, que se hallaba en un rincón de la trastienda, la cabeza cogida entre las manos, y no podía escuchar sin pena los últimos acentos del dueño de la Tienda de Muñecos.

—Heriberto —dijo, dirigiéndose a éste—: no tengo más que repetirte lo que tantas veces antes ya te he dicho: que no atiples la voz ni manosees los muñecos.

Nada contestó Heriberto, pero sus sollozos resonaron de nuevo, cada vez más altos y destemplados.

Sin duda, esta contrariedad apresuró el fin de mi padrino, que expiró poco después de pronunciar aquellas palabras. Cerré piadosamente sus ojos y enjugué en silencio una lágrima. Me mortificaba, sin embargo, que Heriberto diera mayores muestras de dolor que yo. Sollozaba ahogado en llanto, mesábase los cabellos, corría desolado de uno a otro lado de la trastienda. Al fin me estrechó en sus brazos:

—¡Estamos solos! ¡Estamos solos! —gritó.

Me desasí de él sin violencia, y señalándole con el dedo el sacerdote, el feo doctor, las blancas enfermeras, muñecos en desorden junto al lecho, le hice señas de que los pusiera otra vez en sus puestos...».

El cuento ficticio

Hubo un tiempo en que los héroes de historias éramos todos perfectos y felices al extremo de ser completamente inverosímiles. Un día vino en que quisimos correr tierras, buscar las aventuras y tentar la fortuna, y andando y desandando de entonces acá, así hemos venido a ser los descompuestos sujetos que ahora somos, que hemos dado en el absurdo de no ser absolutamente ficticios, y de extraordinarios y sobrenaturales que éramos nos hemos vuelto verosímiles, aun verídicos, y hasta reales... ¡Extravagancia! ¡Aberración! ¡Como si así fuéramos otra cosa que ficticios que pretendemos dejar de serlo! ¡Como si fuera posible impedir que sigamos siendo ilusorios, fantásticos e irreales aquéllos a quienes se nos dio, en nuestro comienzo u origen, una invisible y tenaz torcedura en tal sentido!... Yo —¡palabra de honor!— conservo el antiguo temple ficticio en su pureza. Soy nada menos que el actual representante y legítimo descendiente y heredero en línea recta de los inverosímiles héroes de Cuentos Azules de que ya no se habla en las historias, y mi ideal es restaurar nuestras primeras perfecciones, bellezas e idealismos hoy perdidos: regresar todos —héroes y heroínas, protagonistas y personajes, figuras centrales y figurantes episódicos— regresar, digo, todos los ficticios que vivimos, a los Reinos y Reinatos del país del Cuento Azul, clima feliz de lo irreal, benigna latitud de lo ilusorio. Aventura verdaderamente imaginaria, positivamente fantástica y materialmente ficticia de que somos dignos y capaces los que no nacimos sujetos de aventuras policiales de continuación o falsos héroes de folletines detectivescos. Marcha o viaje, expedición, conquista o descubrimiento, puestos bajo mi mando supremo y responsabilidad superior.

Mi primer paso es reunir los datos, memorias, testimonios y documentos que establecen claramente la existencia y situación del país del Cuento Inverosímil. ¿Necesito decirlo? Espíritus que se titulan fuertes y que no son más que mezquinos se empeñan en pretender que nunca ha existido ni puede existir, siendo por naturaleza inexistente, y a su vez dedícanse a recoger los documentos que tienden a probar lo contrario de lo que prueban los míos: como si hubiera algún mérito en no creer en los Cuentos Fabulosos, en tanto que lo hay muy cierto en saber que sí existieron. Como siempre sucede en los preámbulos de toda grande empresa, los mismos que se han de beneficiar de mis esfuerzos principian por negarse a secundarme. Como a todo gran reformador, me llaman loco, inexperto y utopista... Esto sin hablar de las interesadas resistencias de los grandes personajes voluminosos, o sea los que en gruesos volúmenes se arrellanan cómodamente y a sus anchas respiran en un ambiente realista; ni de los fingidos menosprecios de los que por ser de novela o novelón, o porque figuran en novelín, lo cual nada prueba, se pretenden superiores en rango y calidad a quienes en los lindes del Cuento hemos nacido, tanto más si orígenes cuentísticos azules poseemos.

Pero no soy de aquéllos en quienes la fe en el mejoramiento de la especie fíctica se entibia con las dificultades, que antes exaltan mi ardor. Mi incurable idealismo me incita a laborar sin reposo en esta temeraria empresa; y a la larga acabaré por probar la existencia del país del Cuento Improbable a estos mismos ficticios que hoy la niegan, y hacen burla de mi fe, y se dicen sagaces solo porque ellos no creen, en tanto que yo creo, y porque en el transcurso de nuestro exilio en lo Real se han vuelto escépticos, incrédulos y materialistas en estas y otras muchas materias; y no solamente he de probarles, sino que asimismo los arrastraré a emprender el viaje, largo y penoso, sin duda, pero que será recompensado por tanta ventura como ha de ser la llegada, entrada y recibimiento en el país del Cuento Ilusorio, cuyo solo anuncio ya entusiasma, de las turbas de ficticios de toda clase y condición, extenuados, miserables y envejecidos después de tanto correr la Realidad y para nunca más reincidir en tamaña y fatal desventura.

Algunos se habrán puesto a dudar del desenlace, desalentados durante la marcha por la espera y la fatiga. No dejarán de reprocharme el haberles inducido a la busca o rebusca del Reino Perdido, en lo cual, aun suponiendo, lo que es imposible, que nunca lo alcanzáramos, no habré hecho sino realzarlos y engrandecerlos mucho más de lo que ellos merecen; y como ya empezarán por encontrarlo inencontrable, procuraré alentarlos con buenas palabras, de las que no dejará de inspirarme la mayor proximidad del Cuento Irreal y la fe que tengo y me ilumina en su final descubrimiento y posesión. Ya para entonces he de ser el buen viejo de los cuentos o las fábulas, de luengas barbas blancas, apoyado en grueso bastón, encorvado bajo el peso de las alforjas sobre el hombro; y al pasar por un estrecho desfiladero entre rocas o por una angosta garganta entre peñas, y desembocar delante de llanuras, esto al caer de alguna tarde, extendiendo la mano al horizonte les mostraré a mis ficticios compañeros, cada vez más ralos y escasos junto a mí, cómo allá lejos, comienza a asomar la fantástica visión de las montañas de los Cuentos Azules...

Allí será el nuevo retoñar de las disputas, y el mirarse de soslayo para comunicarse nuevas dudas, y el inquirir si tales montañas no son más bien las muy reales, conocidas y exploradas montañas de tal o cual país naturalmente montañoso donde por casualidad nos hallaríamos, y el que si todas las montañas de cualquier cuento o país que fueren no son de lejos azules... ¡Y yo volveré a hablar de la cercana dicha, de la vecina perfección, de la inminente certidumbre ya próxima a tocarse con la mano! Así hasta que realmente pisemos la tierra de los Cuentos Irreales, adonde hemos de llegar un día u otro, hoy o mañana, dentro de unos instantes quizás, y donde todos los ficticios ahora relucientes y radiantes vienen a pedirme perdón de las ofensas que me hicieron, el cual les doy con toda el alma puesto que estamos ya de vuelta en el Cuento en que acaso si alguna vez, por único contratiempo o disgusto, aparece algún feo jorobado, panzudo gigante o contrahecho enano. Bustos pequeños y grandes estatuas, aun ecuestres, perpetúan la memoria de esta magna aventura y de la ciencia estudiada o el arte no aprendido con que desde los países terrestres o marítimos, o de tierra firme e insular, o de aguas dulces y salobres, supe venir hasta aquí, no solo, sino trayendo a cuantos quisieron venir conmigo y se arriesgaron a desandar la Realidad en donde habían penetrado. Mis propios detractores se acercan a alabar y celebrar mi nombre, cuando mi nombre se alaba ya por sí mismo y se celebra por sí solo. Los gordos y folletinescos poderosos que ayer no se dignaban conocerme ni sabían en qué lengua hablarme, olvidan su desdén por los cuentísticos azules, y pretenden tener ellos mismos igual origen que yo, y además haberme siempre ayudado en mis comienzos oscuros, y hasta lo prueban, cosa nada extraña en el dominio de los Cuentos Imposibles, Inverosímiles y Extraordinarios, que lo son hoy más que nunca... Mi hoja de servicios ficticios es, en suma, de las más brillantes y admirables. Se me atribuyen todas dotes, virtudes y eminentes calidades, además de mi carácter ya probado en los ficticios contratiempos. Y, en fin, de mí se dice: Merece bien de la Ficción, lo que no es menos ilustre que otros méritos...

Por todo lo cual me regocijo en lo íntimo del alma, me inclino profundamente delante de Vosotros, os sonrío complacido y me retiro de espaldas haciéndoos grandes reverencias...

El alma

I

¿Qué viene a buscar el Diablo en mi aposento? ¿Y por qué se toma la molestia de tentarme? Me permito creer que es cuando menos una redundancia y una inconcebible falta de economía en la distribución de tentaciones entre los hombres, el hecho de que se me acerque Satán con el objeto de rendirme a su poder. Nunca requerí su presencia para caer en pecado. En cambio, seguramente viven a estas mismas horas personas suficientemente virtuosas para que pueda el Maligno ocuparse con fruto en inducirlas a pecar. Existen sin duda muchas gentes honradas que muy bien pudieran ser digna ocupación del Diablo...

En estas reflexiones me había engolfado, viendo cómo rondaba el Maligno alrededor de mi aposento. No se atrevía a penetrar todavía, pero acercábase a la ventana y enviaba hacia adentro miradas llenas de ternura e interés. Satán, no cabía duda, procedía conmigo a la manera que con una doncella a quien temía asustar y correr para siempre si le hacía violentamente sus proposiciones. Quise, pues, adelantármele, fui a llamarle y le hice entrar. Comprendió al punto la verdadera situación en que se hallaba y tomó asiento a mi lado sin inmutarse en lo mínimo.

—Caballero —me dijo—: aspiro a compraros vuestra alma.

No podía sorprenderme su propuesta, porque bien sabía yo que se ocupaba él desde mucho atrás en esta clase de transacciones.

—¡Ah, caballero! —le dije—. ¡Con cuánto gusto accedería a vuestra demanda! Pero, decidme, ¿acaso estáis seguro de que tenga alma?

—No, por cierto —me respondió—, y antes de cerrar el pacto tendríamos que averiguarlo a punto fijo. Trátase de una compraventa y cualquier abogado, aunque no sea de los más notables, os dirá que para que una cosa pueda venderse o comprarse, es preciso que exista. Averiguaremos si lleváis alma en vuestro cuerpo (porque hay muchos que no la tienen) y, en caso afirmativo, no temáis vendérmela enseguida.

—Tampoco temería vendérosla si no la tuviera. Yo lo haría sin sombra de escrúpulo porque, no poseyendo alma perdurable, ¿cómo podría castigárseme en otra vida por una mala acción?

—Caballero —repuso el Maligno—: formalicemos nuestro negocio. Oíd: viviremos ambos como amigos y camaradas inseparables durante cierto tiempo, y, mientras tanto, os observaré cuidadosamente para ver si descubro en vos indicios de un alma libre y soberana.

Le estreché la mano con efusión.

—Si queréis —le dije— desde luego podemos empezar nuestras correrías y ver si nos presenta el azar circunstancias extraordinarias y trances excepcionales en los cuales haya ocasión para darse a conocer un alma verdaderamente inmortal.

II

—¿Podríais decirme, amigo Satán, si habéis descubierto un alma dentro de mí? Si la habéis hallado, decídmelo enseguida para que juntos determinemos su valor; y si creéis que no poseo ninguna, no temáis decírmelo francamente, porque no me ocasionaréis con ello ningún disgusto ni mucho menos me creeré ofendido porque me digáis desalmado. Al contrario, el no poseer alma ninguna me librará de infinitas preocupaciones y responsabilidades molestas. Nuestro cuerpo es inofensivo y no pretende pasar de la tumba. Pero el alma nos expone a mil peligros e incertidumbres. Por lo pronto, la sola probabilidad de tenerla me hace ya andar en vuestra compañía.

—Amigo mío —me contestó Satán, poniéndome amistosamente la mano sobre el hombro—: me veo en la obligación de manifestaros, después de tantos ensayos y experimentos infructuosos, que aún no he podido averiguar con certeza si poseéis en vuestro cuerpo esa esencia inmortal. La averiguación del alma es asunto difícil y solo dispongo de un medio que permitiría esclarecerlo enseguida. Es el siguiente, que os propongo como el mejor y más expedito, y de cuyos equívocos resultados estoy seguro: os daré muerte (el género de muerte que queráis escoger) y pasado brevísimo tiempo os haré revivir mediante mi poder satánico y volveréis a ser idénticamente el mismo. El procedimiento, como podéis apreciarlo, es muy sencillo: durante el tiempo que permanezcáis muerto, si tenéis alma, ésta se expandirá en infinitas perspectivas extraterrenas y visiones celestes e infernales, de las cuales os acordaréis perfectamente después mediante una fórmula mágica que yo tendré cuidado de pronunciar al volveros a la vida. Si, por el contrario, carecéis de alma perdurable después de la muerte, ésta se reducirá para vos a un sueño denso del que no conservaréis memoria. En cuanto a los medios más adecuados para daros muerte, opino que es preferible la cómoda estrangulación, procedimiento que no requiere instrumento ni aparato alguno.

Acepté el ingenioso expediente imaginado por Satán, quien me estranguló de manera afectuosa, en medio de la amistad más cordial y el compañerismo más estrecho, una noche del mes de enero, en el rincón de una plaza pública, a la sazón desierta bajo la Luna clara y redonda. Recuerdo con exactitud minuciosa el sitio del crimen. A pocos pasos dormitaba un guardia envuelto en su gran capucha negra, y tuve el placer de dejarme estrangular a la vista de un guardia público, sin rebajarme a pedirle socorro.

—Os recomiendo encarecidamente mi cadáver. Miradlo con ojos paternales y cuidad de que no se estropee el rostro, pues ya lo fue bastante por la impía Naturaleza, con grave atropello de la perfección física.

Tales fueron mis últimas voluntades. Al extinguirme a manos de Satán, mi mirada recayó al azar en el claro disco de la Luna, donde quedó fija hasta que perdí el conocimiento.

III

—Espero ansioso vuestro relato de ultratumba —fueron las primeras palabras que oí de Satán al volver de aquel sueño en el que nada me había sido dado contemplar ni sentir: seguramente por haber muerto con la mirada fija en la Luna llena, mi permanencia en el reino ultramundano se redujo de manera lastimosa a ver una infinidad de globos que no expresaban ningún ingenio ni mucho menos podían ser indicios por donde se coligiera la presencia de un espíritu soberano.

—No cabe duda —razonaba yo en tan críticos instantes— que ha sido éste un fallecimiento estúpido, propio más bien de alguien que hubiera muerto de fiebre delirando con globos de colores. ¡Ah, no! Satán no se desternillará de risa oyéndome contar semejantes sandeces, indignas y groseras manifestaciones del espíritu inmortal que indudablemente me anima. Porque ahora, después de este importante experimento y de tantos otros en que he dilapidado el tiempo y arriesgado la existencia, soy de opinión que no debo permanecer indiferente a los resultados, sino antes bien hacerme pasar como poseedor de un alma preciosísima, para resarcirme de este modo, con lo que Satán me entregue en cambio de ella, de las pérdidas cuantiosas que debo estar sufriendo en mis negocios durante el largo tiempo que llevo desatendiéndolos por andar con el Maligno en la averiguación de mi alma. Tanto más cuanto que muy bien pudiera ser que el propio Satán me haya adormecido fraudulentamente el espíritu perdurable, a fin de persuadirme de mi inferioridad y decidirme a venderle a precio vil un alma poco significativa.

Pero ya no era posible coordinar nada, y la voz del Maligno me apremiaba a contarle el resultado.

Resolvime, pues, a abrir los ojos.

—Quisiera tener algún tiempo para coordinar mis ideas y mis recuerdos ¡oh Satán! —le dije— porque he visto cosas inverosímiles que no me atrevo a narrar en un lenguaje improvisado e inelocuente. Os prometería componer en breve una interesante memoria, que sometería a vuestro criterio y en la cual os narraría hasta los ínfimos pormenores. Pero como seguramente estáis ya harto de este asunto, que os ha retenido bastante tiempo y que para vos debe carecer de novedad, os diré a grandes rasgos lo sucedido. Apenas muerto, pude ver unos astros que se alineaban en dos filas, como una soberbia iluminación para el paso de alguna gran Potestad. A poco me sentí impulsado por una fuerza desconocida y (cosa a que jamás me hubiese atrevido sin la intervención de un poder ajeno a mi voluntad) recorrí de manera lenta y ceremoniosa aquella galería astral y aún tuve calma para observar que, detrás de mí, las luminarias íbanse apagando sucesivamente a mi paso. Al final de la galería se abrió de pronto una Puerta de oro macizo que arrojó hacia fuera una gran bocanada de luz aún más intensa. Por aquella preciosa Puerta apareció un Pontífice (así por lo menos lo supongo en mi ignorancia) que avanzó dos pasos hasta encontrarse conmigo. Tomándome de la mano, me condujo a la Puerta y me mostró algo que seguramente debía ser admirable, pero que yo no pude ver a causa de la luz excesiva que reinaba en el recinto. Luego me atrajo suavemente e imponiéndome ambas manos sobre la cabeza se disponía a consagrarme sabe Dios de qué cosa;

pero en aquel instante recordé bruscamente que no debía permitir que se me consagrara en lo mínimo, en vista de nuestro pacto satánico. A la vez recordé en el propio instante que os había dejado en situación difícil, con un cadáver a pocos pasos de un guardia público, y que si éste despertaba de pronto, para poneros en salvo os veríais en el caso de abandonar mi cadáver, el cual sería desdorosamente conducido a un hospital cualquiera. Así, pues, me dejé caer violentamente al suelo y me escurrí por entre las faldas del gran sacerdote, en momentos en que éste tenía puestos los ojos en blanco por hallarse en éxtasis para atraer con su fervor la divina bendición sobre mi cabeza. El paso por debajo de aquel gran sacerdote fue largo y penoso, y solo puedo deciros que durante el trayecto nada me indujo a recordar la ambrosía. En carrera fantástica llegué hasta aquí y penetré rápidamente en mi cuerpo, cuya boca, dicho sea sin intención de reprochárselo, os habíais olvidado de cerrar convenientemente.

Me incorporé sin dificultad y proseguí de este modo:

—Debo ahora manifestaros, ¡oh Satán!, la gratitud imperecedera que os guardo por haberme puesto en circunstancias apropiadas para comprobar patentemente que me hallo en posesión de un alma inmortal. Gustoso comparto ahora con los creyentes la desdeñosa lástima que les inspiran los materialistas y los impíos, que nunca gozaron el soberano orgullo de saberse dueños de un espíritu perdurable. Puedo regocijarme, además, de saber que esta alma no es en modo alguno un alma adocenada y de poca monta, sino antes bien un espíritu que goza de especial estimación en el reino ultraterreno y que, por consiguiente, es verdaderamente inapreciable. Me sentiría, pues, singularmente rebajado si consintiera en vendérosla por una suma cualquiera.

Satán me hizo notar que yo estaba comprometido formalmente a venderle el alma que tuviera.

—Considerad —me dijo— que un hombre de espíritu tan elevado como es el vuestro, según decís, no puede faltar a la palabra empeñada.

—¡Cuán cierto es eso! —le dije—, ¡oh, Satán! Pero yo no he pensado en quebrantar la palabra empeñada. Si rehuso cederos mi alma por dinero, es porque, siendo tan digna y preciosa, la considero invalorable. Pero no tengo ningún inconveniente en cambiárosla por algo que sea igualmente sin precio. Os la cederé, pues, si me dais en cambio el don de mentir sin pestañear. Privado en adelante de toda alma y habiendo perdido ya de antemano el cielo, puede ser, sin embargo, que este pequeño don que os pido me sirva para hacerme con el tiempo de otra alma y otro cielo.

Satán se regocijó en extremo con esta noticia y me manifestó que, como señalada prueba de confianza y amistad, me había ya concedido de antemano el don que le pedía...

Así que no tuvimos nada más que tratar y continuamos nuestro paseo de aquella noche bajo la Luna que iluminaba como una gran lámpara el jardín. Hablábamos de cosas indiferentes. Cuando pasamos junto al guardia, que seguía durmiendo profundamente, le decía yo a Satán estas palabras:

—Lamento no haber traído de mi celeste correría, como se acostumbra después de un viaje, algún pequeño recuerdo o reliquia. Por ejemplo, varios pedazos de oro arrancados de aquella preciosa Puerta. A mi regreso, parientes y amigos se los hubieran disputado con fervoroso ardor, porque son sumamente cristianos, y todos de una gran piedad...

El cuarto de los duendes

Cayó del techo y comenzó a danzar en los rincones del cuarto. Su talla minúscula, su figurilla grotesca, sus extraños movimientos no me dejaban duda acerca de quién era.

He aquí realizado un sueño que acaricio de largo tiempo atrás. Me encuentro esta noche, por primera vez después de muchos años de ausencia, en la casa donde transcurrieron los días de mi infancia, en aquel mismo cuarto de los duendes en donde, al caer la noche, caían los duendes del techo. Nada más que a revivir cosas pretéritas he venido hasta aquí; a evocar aquellos fantasmas, aquellas vislumbres, aquellas apariencias que entonces tuvieron en mi espíritu la fuerza de grandes realidades.

¡Te doy las gracias, pequeño duende que ahora te ocultas entre los pliegues de las cortinas raídas, porque bajas esta noche a mi presencia, te muestras a mis ojos y danzas en mi obsequio! No sé si te defraudo porque te haya perdido el miedo que antaño me inspiraste y te pido perdón si ya no huyo al entrever tu personilla. Eres ahora nada más que objeto de mi curiosidad, de mi recuerdo y de mi simpatía. ¡La poderosa ilusión, el terrible miedo, el oscuro estremecimiento, ya no se apoderan de mí; la razón ha suplantado a los ingenuos impulsos de ayer; la vida y el tiempo destruyeron las candorosas creencias infantiles; y me siento cambiado, indiferente e incapaz del gran miedo o la grande alegría que solía sentir! Me acerqué al duendecillo con intención de acariciarlo como a un niño.

—A pesar de todos los sustos que me diste, hoy quiero ser tu amigo, duendecillo encantador que sabes el arte de caer de los techos sin hacerte el menor daño.

Se escurrió por entre mis piernas, al mismo tiempo que caían del techo otros innumerables duendecillos semejantes a él. Ágiles, inquietos, diminutos, de figurillas absurdas y raras, de fisonomías imposibles de fijar, agitándose siempre con movimientos rítmicos a la vez que disparatados, acabaron por tomarse de las manos y encerrarme dentro de un círculo movible, danzando en torno mío.

—¡He venido justamente a reconciliarme con vosotros, estoy encantado del buen recibimiento que me hacéis, y ya no os guardo rencor! Parecían no escuchar mis palabras, a las que no prestaban más atención que a un ruido inexpresivo. Sus círculos se hacían más numerosos, rápidos y confusos.

—¡Qué buena voluntad ponéis todavía en vuestro oficio! Fui conducido al través de la casa. En todas partes pululaban los mismos seres minúsculos; gesticulaban delante de los espejos, de los retratos de familia y de las imágenes de los santos; en los lechos hacían piruetas extravagantes; en el piano ejecutaban un aire apresurado; salían en tropel del fondo de los armarios viejos; en la despensa misma...

—¿De qué os alimentáis, duendecillos? No sé de qué podéis nutriros en esta despensa de donde ya no veo huir un ratón. Seguramente os lo habéis comido. Los ratones son para vosotros sabrosos cochinillos. ¿Y vuestras gallinas? ¡Las reemplazáis, sin duda por gordas y apetitosas arañas! Pero, en el comedor, otros duendes sentábanse a la mesa y comían no sé qué, terroncillos, creo, puestos en platos relucientes. Circularon las copas.

—¡A vuestra salud! Bebimos, y este buen trago del licor de los duendes me inspiró una idea.

—Aguardad mientras busco una botella con que quiero obsequiaros. Es un licor menos rico que el vuestro, pero os lo ofrezco con gusto.

Corrí a buscar mi botella... ¿Dónde está? ¿Dónde la he dejado hace poco, un minuto apenas tal vez?... Hela aquí, y he aquí también la copa que no sé ya cuántas veces he llenado esta noche. Al cabo, pierdo siempre la cuenta... Pero... ¡Ah! Mi asombro es inmenso y la botella cae de mis manos; me restriego los ojos, paso una mano fría por la frente, echo hacia atrás los cabellos en desorden: nada de esto es eficaz en este caso para destruir lo que veo; y de las cajas, los baúles, las valijas que he traído conmigo desde los países extranjeros, desde las grandes ciudades, desde los centros del mundo; aquellas cajas repletas de nuevos libros de crítica y filosofía; de los papeles de negocios; de las cartas de amigos; de la fotografía de una mujer inolvidable; de los horarios de ferrocarril, los itinerarios de navegación y las hojas de los periódicos, del frasco de Agua de Colonia y del jabón de afeitar, de los zapatos de goma y de la raqueta de tennis... empezaron también a salir duendecillos, ágiles, inquietos, diminutos, de figurillas no menos absurdas y raras, de fisonomías asimismo imposibles de fijar, y saltando a mi alrededor con movimientos igualmente rítmicos y disparatados, en una danza agitada y unos círculos rápidos...

Pero ya en el cuarto penetraban los primeros clarores del alba, y mi espíritu mismo también se iba aclarando; y a medida que pasaban en tropel delante de mis ojos, gesticulando y agitándose sin tregua, los duendecillos se deshacían en el aire unos tras otros, como pequeños cuerpos irreales, vaporosos e inconsistentes...

Narración de las nubes

Capítulo I. De cómo fui lanzado sin consulta a las Nubes en persecución de unas enaguas.

El origen de mi rápido viaje al país de las Nubes es completamente fortuito. Nada más ajeno a mi voluntad que esta momentánea elevación de mi persona para luego descender nuevamente. Confieso, pues, no sin rubor, que este viaje, como tantos otros, solo se debe a que un día vi unas hermosas enaguas que subían majestuosamente en el aire a pesar de los esfuerzos que su dueña hacía por retenerlas en la tierra. Fui siempre muy sensible a la vista de enaguas en los aires, y apenas veo unas en la atmósfera tengo la costumbre de acudir en auxilio y prestar gratuitamente mis socorros. Me lancé aquel día, sombrero en mano, para atraparlas como si fueran simples mariposas, y fui yo mismo arrebatado por el torbellino que provocaba estos estragos y empujado por el viento hacia las Nubes. De este modo salí de la existencia terrestre y fui lanzado sin consulta a las peligrosas aventuras del espacio. Las enaguas estaban ahora infladas por el aire y se me acercaron contonéandose con gracia. Su desenvoltura en semejantes circunstancias me reconfortó singularmente. Por su conducto recibí lecciones de energía. Las tomé en mis manos y les prodigué mil caricias. «¡Ah! —exclamé— ¡qué gran daño os hace el viento al separaros de vuestra dueña!». «¡De ninguna manera! —exclamaron—. El viento, que suele levantar los techos, es incapaz de levantarnos a nosotras, enaguas, sin nuestro previo asentimiento. ¡Estábamos ansiosas de respirar aire puro!». Momentos después se deslizaron de entre mis manos, con habilidad seguramente aprendida de su reciente posesora. Las vi ondular en el aire hasta caer, y supongo que no tardaron en persuadirse de su error y de cómo el género de vida que habían abandonado era, sin embargo, uno de los más dichosos y envidiables que pueden darse sobre la haz de la tierra.

Capítulo II. De la Conquista de las Nubes y de la destrucción de un grande y poderoso Imperio por las corrientes de aire.

Apenas tocaban el suelo las enaguas, que yo, por mi parte, tocaba la región donde se encuentran las primeras nubecillas; e ignoro si me hallaba aún sometido a su influencia estimulante o si era presa del vértigo de las alturas. Es lo cierto que no bien logré poner el pie en las Nubes, empecé a subir con ardor increíble y una fuerza incontrastable. ¡Me animaba la pasión de ascender! Me deslicé por angostos desfiladeros, al borde de espantosos precipicios. Vencí cuanto se oponía como obstáculo a mi paso. Nada pudo evitar mi ascenso y hollé la cúspide de las Nubes, a las cuales me dirigía en esta forma: «¡Oh, Nubes! he aquí que me he puesto heroicamente a la cabeza de todas vosotras...» —cuando he aquí también que, a un soplo de viento inesperado, la inmensa montaña comenzó inopinadamente a desgajarse y la nube más alta de todas (aquella desde donde yo arengaba a las demás) huyó conmigo en la dirección que el viento le marcaba...

Capítulo III. De cómo por una cuestión de fronteras se desata la guerra en las Nubes.

Oí resonar grandes truenos. Los estampidos se sucedían con violencia al través de las Nubes encendidas por cárdenos fulgores. Aturdido, apenas podía darme cuenta de cómo manaba la sangre de las Nubes, en forma de lluvia. En aquella escena de muerte comprendí todo el horror de la guerra, y la ruina y la desolación que traen consigo los odios despiadados. Tocadas por el rayo, las Nubes lanzaban rugidos atronadores, tambaleábanse un instante, y se licuaban... La guerra las tragaba sin piedad en su vorágine; y yo, pobre víctima de las calamidades, también estuve a punto de perecer, aunque nada me iba ni me venía en la contienda de que era testigo y en la cual parece ser que se zanjaba una enconada cuestión de límites entre unas y otras Nubes, que infladas estas últimas por un aire favorable habían invadido los dominios de aquéllas, en contra de los usos establecidos desde antaño. Pero mi vida estaba en riesgo. Hice acto de contrición y se me anegaron en lágrimas los ojos al recuerdo de mis innumerables pecados. Imploré a Dios que me perdonara el deseo de bienes temporales (en gracia a que estaba en las Nubes) que momentos antes había concebido. Asimismo le rogué que me dispensara, en vista de la flaca naturaleza humana, los pensamientos de otra índole que hubieran podido inspirarme las enaguas. Abrigaba el propósito de no pecar más en la vida (caso que pudiera seguir viviendo) ni apartarme otra vez de la conducta que nos hace agradables a los ojos divinos; y sin duda hubiera cumplido estos propósitos con entera fidelidad y rectitud, si extraños acontecimientos ulteriores no me hubieran puesto en presencia de tentaciones verdaderamente irresistibles para aquella misma flaca naturaleza humana de que ya antes he hablado.

Capítulo IV. De cómo perdí el mayor bien que puede concedernos la Fortuna.

No solo me fueron perdonadas mis iniquidades, sino que me fue dado conocer la misericordia celeste en su máximo esplendor. No puedo atribuir a otra causa el hecho que presencié enseguida, cuando, en tanto que el tiempo se calmaba rápidamente y que yo daba gracias a Dios por los beneficios derramados sobre mi cabeza durante la lluvia, la Nube, siempre cambiante, dibujó los contornos de una mujer que andaba con levedad (aunque iba ciega) y en quien inmediatamente reconocí sin trabajo la atrayente hermosura de la diosa Fortuna. Fue sonrosándose, iluminada por un rayo de Sol (que reaparecía después de la tormenta) y de ella fueron víctimas al punto mis mejores ideas de enmienda. Me eché a sus pies y me puse a contemplar sus formas con deleite. ¿A dónde me conducía? Pensé que me llevaba hacia algún paraje oculto, solo de ella conocido, detrás de algún denso nubarrón, y que allí se proponía concederme el mayor bien que puede concedernos la Fortuna. Tuve deseos sacrílegos, lo confieso con vergüenza. Ambicioné con locura los dones más preciados de la diosa y la estreché entre mis brazos en un instante de turbación. Olvidaba por mi mal que era de substancia etérea. En aquel brusco movimiento se le desprendieron las ligeras vestiduras, y al retirar mis brazos de su cuerpo la vi desvanecerse y desaparecer como un sueño...

Capítulo V. De cómo, al subir por una escalera, abarqué el panorama del vasto mundo vaporoso y, ya sin fortuna, no tuve inconveniente en persuadirme de la vaporosidad de todo en las Nubes.

No vacilé en subir por una escalera de tenues nubecillas que descubrí entre los restos de la Fortuna; y a medida que lo hacía iba descubriendo un vasto panorama que abarcaba el conjunto de los países que demoran en las

Nubes. Desde allí vi cuán variadas nieblas pueblan esos grandes espacios y cómo aquellas por entre las cuales había pasado solo constituyen pequeñas porciones de un mundo sin límites visibles. Allí sucédense numerosas variaciones, ocurren catástrofes insignes. Todo se agita con movimiento incomprensible, nada subsiste de ningún hecho grande o pequeño, y una vez que las cosas suceden es casi como si no hubieran sucedido. En el vasto mundo de las Nubes el soplo del viento pasajero modifica incesantemente el curso de los acontecimientos más graves. Llegando a lo más alto de la escalera, entreví en el horizonte lejano, a una luz dorada, las apariencias de una ciudad hacia donde se dirigían todas las Nubes. Hacia ella iba también yo, empujado por la brisa bonancible. Atrás quedaban los sombríos guiñapos, restos de recientes desastres, jirones de luchas desgarradoras. Todo un mundo poblado de imágenes apesadumbradas o descomunales cedía el sitio a aquel nuevo mundo poblado de sonrientes apariciones llenas de dulzura, de esperanza y de gracia. Según mis cálculos, fundados en la velocidad del viento y en la distancia, no tardaría mucho en llegar. Allí proponíame ya pasar el resto de mis días, en el olvido de viejos infortunios y al resguardo de otros contratiempos, dichoso en mi país de blancas Nubes: pronto hube de observar que la misma ráfaga que me llevaba en dirección de ella iba a la vez alejándose delante de mí, y no precisamente a igual velocidad, sino con mucha mayor rapidez, puesto que ella era de substancia brumosa en toda su inmensa construcción, en tanto que mi poco volumen era hecho de pesados materiales...

Capítulo VI. De cómo nací otra vez en las Nubes, y de cómo vine nuevamente a la Tierra porque, estando recién nacido, había perdido el uso de la razón.

Me senté a llorar mi dolor. Los codos apoyados en las rodillas y la cabeza colocada entre las manos, me abismé profundamente en la meditación de mi infortunio. Ignoro si esta posición determinó el fenómeno que paso a describir (término de mi estada en los aires), pero es lo cierto que cuando pasados algunos instantes quise levantarme para continuar mi camino al través de las nieblas, observé con angustia que me hallaba sumido en el vientre de una Nube que avanzaba lentamente. Sin atreverme a producir el menor movimiento, dada la delicada situación en que me veía, me di a mil reflexiones acerca de esta sorpresa que me deparaba la suerte. Volvería a nacer y vería por segunda vez la luz, tendría parentela en las Nubes y, cuando quisiera, me sería posible producir truenos terribles para distraer agradablemente mis ocios. Aquel fue uno de los momentos de mayor expectativa que he conocido en mi vida. Me aguijoneaba el deseo de ver las condiciones de existencia en que sería echado al mundo. «Apenas nacido —decíame a mí mismo poniéndome un dedo sobre los labios— descubriré al primer golpe de vista la alcurnia de mi nacimiento y la posición social de mis nuevos progenitores». En efecto, vine por segunda vez al mundo aquel mismo día. Por desgracia, al nacer había perdido toda curiosidad por averiguar la condición de mi cuna y la calidad de mis padres, así como el dinero de que pudieran disponer. Hallándome recién nacido, ignoraba la importancia de estas cosas. También, por la misma causa, me hallaba privado de todo asomo de reflexión, experiencia y cordura, a tal extremo que me dejé arrastrar por una corriente de aire que me trajo de nuevo a la Tierra, donde actualmente estoy y donde he compuesto esta historia.

El librero

Tiene excelentes ideas, magníficas intenciones... —murmuró el librero, como hablando consigo mismo, al entregarme el volumen que yo acababa de escoger, llevado por el hábito que tengo de escoger siempre un volumen (pero no más de uno), en las más apartadas y miserables librerías que encuentro a mi paso.

—Excelentes ideas, sí, sí, no cabe duda —repitió, mirándome en los ojos.

Solo entonces me fijé en el hombre que así hablaba, un librero, a fe mía, bastante extraño, y que exhibía sus amarillentos volúmenes en un ruinoso cascarón de otras edades, en los viejos barrios entretejidos de tortuosas y no muy claras callejuelas, por donde el azar me lleva, a veces, como de la mano, diestramente, hasta la puerta misma de alguna carcomida y nostálgica iglesita, de intrigante vetustez... o de un raro y arcaico taller de artesanía... o de algún curioso comercio inverosímil, tenido por algún inverosímil comerciante... Parecía instalado allí desde tiempo inmemorial, y no sabría yo decir a punto fijo si los estantes y los libros habían acabado por cobrar aspecto de antañones muros, o si los muros habrían tomado algo de los gastados y releídos libros. Como yo le preguntaba de qué hablaba, o a qué se refería al hablar de aquel modo, me explicó:

—Observo su fisonomía, sus gestos, su apariencia, antes de cederle este ejemplar. Me parece usted persona honrada, caritativa. ¡Sobre todo caritativa! Hay que ser caritativos —añadió, con acento apasionado, tomándome la mano—, hay que ser caritativos con los pobres seres que arrastran en las páginas de los libros una existencia desolada... Los que tiene usted en sus manos en este momento, por ejemplo. ¿Sabe usted, señor, las responsabilidades en que incurren los propietarios de obras de este género? Tienen en su poder, entre sus manos, a su completa merced, existencias o criaturas de quienes todos desconocen hasta lo más rudimentario. ¿Se sabe que padecen necesidades, preocupación, dolor, tristezas?...

Diciendo esto, iba y venía, entre los estantes, con ademanes de atender a alguien, o de ocuparse de clientes o personas, invisibles, sin embargo, para mí.

—Aquí —me dijo, en tono de confidencia, interrumpiéndose, de pronto, en sus afanes—, aquí me encontrará usted, señor, seguramente, cada día, entre héroes, protagonistas, personajes, como ve... —Pero no soy un simple librero, como pudiera creerse —añadió de inmediato—. Tampoco soy coleccionista, ni bibliotecario, bibliófilo o bibliómano. Ni mucho menos intelectual, «inteligente», o lector empedernido. No, no.

¡Lejos de todo eso! Acojo, simplemente, junto a mí, el mayor número posible de esos desdichados que se debaten en el oscuro fondo de los libros. Les brindo mi comprensión, mi simpatía. Y trato asimismo de prestarles asistencia y ayuda, en cuanto mis recursos lo permiten. ¡Pero lo hago con buena voluntad, con buena voluntad sobre todo! No soy más que una persona para quien el infortunio de los otros, existe, y que se conmueve hasta las lágrimas oyendo referir ajenas desventuras...

Estuve tentado de decirle que hay ya bastantes desventuras que aliviar en el mundo, antes que las fingidas, que solo existen en los libros.

¡Pero ya él proseguía, sin esperar de mí respuesta alguna!

—No tengo por qué ocultárselo, señor, y sin ambages se lo diré inmediatamente: son esos pequeños e insignificantes personajillos de los libros, los que a mí principalmente me preocupan, y hasta me desvelan por las noches... Esos personajillos que tan penosamente cruzan la trama de las obras, los largos párrafos, los interminables capítulos, los espeluznantes monólogos... y para quienes especialmente parecen estar hechas las páginas de horror, las escenas de angustia, las situaciones terribles, los malos desenlaces... ¿No habrá que poner término, un día u otro, a tan injustas situaciones? Y, honradamente, señor, dígame usted, ¿no habrá, también, que decidirse, alguna vez, a poner manos a una urgente Obra de Rescate y Salvamento de toda esa Infancia desamparada y perturbada que corre por entre las líneas de los cuentecillos, historietas y novelines? Esta brillante iniciativa: Casa de Maternidad para el uso de las Solteras abandonadas en avanzado estado de embarazo, en casi todas las narraciones que se conocen...; y esta otra: Cooperativa para suministrar a las Víctimas del Hambre en la literatura en general, una sana y abundante alimentación a precios reducidos..., ¿no hallarán, ambas, enseguida, todo el apoyo y el favor que se merecen? No menos necesarias son las Casas de Retiro adonde los ancianos que con tanta frecuencia vemos andar por las novelas, vayan a terminar apaciblemente sus días. No hay palabras, en fin, mi buen señor, no hay palabras con qué alabar suficientemente la defensa de los desheredados que aparecen en los cuentos cortos, o la represión de los abusos que sobreabundan en los largos... Hay en las páginas de todos esos relatos un sinnúmero de seres indefensos e infelices, que son empujados, casi a diario, a los peores abismos del crimen, del vicio o del delito. ¿Y cuántos de entre ellos no son llevados, paso a paso —o línea a línea—, hacia alguna de aquellas tremendas situaciones —angostos desfiladeros del destino—, cuyo único escape no puede ser sino el suicidio? A todos éstos, el propio autor que los ha creado, los va llevando, poco a poco, hoja tras hoja, y los precipita, de repente, en los conflictos insolubles que él mismo ha tenido buen cuidado de venirles preparando, desde episodios precedentes, con refinada maña y disimulo. Otros —otros muchos—, son lanzados al fondo del presidio —¡por causas a menudo no muy bien esclarecidas y estudiadas, señor!—; y allí languidecen y sufren largos años, en espera de una justicia y una rectificación que apenas si alguna vez viene a brillar tímidamente en las últimas líneas del último capítulo...

Estaba ya perplejo, oyendo todo esto, sin chistar (pues no intentaba ahora contradecirle nada, nada al curioso personaje y filántropo libresco). Quiso él mismo, sin embargo, sacarme de embarazo, al parecer; y por entre los sobrecargados, o más bien superpoblados estantes que se apretujaban y estrechaban unos contra otros, lo vi alejarse, de improviso, como atendiendo a una llamada. Con ágiles esguinces fue sorteando los rimeros de volúmenes dispersos por el suelo, a la espera, se diría, de futura ubicación sobre los tramos, por el momento atiborrados. Y desapareció, finalmente, de mi vista, detrás —o no sé si dentro mismo—, de unos estantes que no muy bien pude observar en el penumbroso rincón donde se alzaban... ¡Unos estantes de «Humorísticos» —según decía, arriba, un letrero!...

La realidad circundante

Con grandes gestos, en alta voz, a fin de llamar la atención de los pasantes, comenzó de nuevo su peroración.

—Un número de personas —dijo—, un número de personas mucho mayor de lo que suele decirse, están mal adaptadas o no lo están absolutamente a las condiciones del mundo en que viven. Carecen de la importante facultad de adaptarse al medio ambiente. Les falta el resorte de adaptación a la realidad circundante. Ahora bien, yo he descubierto o inventado una capacidad artificial que suple ventajosamente a la capacidad espontánea o natural de adaptación. Es un pequeño y en apariencia insignificante aparato o accesorio, de composición ingeniosa, de sencillo empleo y de poco peso y volumen, y que llamo «Capacidad artificial especial para adaptarse incontinente a las condiciones de existencia, al medio ambiente y a la realidad circundante».

Introdujo ambas manos en uno de los bolsillos del chaleco —un chaleco a cuadros— y extrajo con precaución una cajita o estuche que contenía, según dijo, uno de sus exactos y excelentes aparatos adaptadores a las vicisitudes de la vida, las inconstancias de la suerte, las inclemencias del cielo, los cambios de la fortuna, las vueltas del mundo. Lo mantenía, en alto, en la punta de los dedos, como una hostia consagrada delante de los fieles creyentes.

—Este pequeño y en apariencia insignificante aparato —continuó— está llamado a prestar invalorables servicios a los hombres reales, o que tal se dicen, no suficientemente provistos por la Naturaleza de la preciosa capacidad especial antedicha. Ensayo actualmente sobre mí mismo uno de estos aparatos y me admiro de verme a cada paso sobrepasado por los efectos de mi invención. Habiéndome toda mi vida considerado como persona bastante bien adaptada al mundo que me rodea, solo ahora he venido a comprender la distancia que realmente me separaba hasta hoy de la verdadera adaptación científica a la vida real. Mi incomparable invento —en cuya patente industrial y registro de marca me ocupa— es un verdadero instrumento de precisión que mide y muestra milésimo a milésimo los progresos que hace el paciente y lo conduce a un grado superior de adaptación concienzuda. Muchas personas poseen solo una defectuosa facilidad natural de adaptarse. Otras están momentánea o parcialmente adaptadas, mas los efectos de su capacidad son en realidad muy limitados y suelen estar circunscritos a este o aquel fragmento de la vida y del mundo circundantes. Mi aparatico perfeccionado suprime igualmente estas deformidades e intermitencias adaptativas sumamente peligrosas y susceptibles de provocar trastornos y desórdenes más graves de la facultad de adaptación. Tratadas con mi aparato, estas inadaptaciones particulares, que no vistas a tiempo pueden generalizarse y hacerse crónicas, se curan por completo. Al cabo de corto tiempo, no puede decirse si tal o cual individuo es un adaptado *a priori* o un adaptado *a posteriori*. El caso más frecuente es el del mediocre o incompletamente adaptado o semiadaptado *a priori*, cuya educación es terminada, ampliada y precisada mediante el uso del invento que tengo en mis manos. Cuanto a la curación de los peores inadaptados radicales, puedo garantizarla por completo, comprometiéndome a restituir el dinero y recibir el aparato si no diere en corto tiempo el resultado que da en todos los casos sin excepción de ningún género. No existe, señores y señoras, incapacidad de adaptación a la realidad circundante capaz de ofrecer resistencia durable a la eficaz acción de mi aparato ajustador, el cual las vence todas y rápidamente las sustituye o reemplaza por una capacidad verdaderamente extraordinaria de adaptación al mundo ambiente y a la realidad circundante.

Como yo, empinado por encima del círculo de oyentes, asomé la cabeza para ver el aparato ajustador, se dirigió a mí en un tono confidencial completamente distinto del anterior:

—Es el único que me queda. Fabrico estos aparatos yo mismo, y se comprende que no puedo producirlos en gran número. Por lo menos, no en cantidad suficiente para atender al gran número de pedidos que constantemente recibo de la parte de personas deseosas de adquirirlos a cualquier precio. Solicito ahora el capital indispensable para emprender la fabricación en serie de mi aparato ajustador al medio ambiente o de mimetismo social artificial. Solo que, hasta hoy, las personas pudientes, millonarios y financistas que he encontrado y a quienes he expuesto el negocio, gozan todos de una inmejorable capacidad natural de adaptación, hasta de superadaptación, y no conciben la necesidad de mi capacidad artificial suplementaria...

—Yo, en cambio —le dije—, me doy perfecta cuenta de la importancia del negocio, pero no estoy en condiciones de suscribir el capital: ¡soy un grave inadaptado, tal vez incurable!

—¡Aprovechad, señores y señoras! —continuó, reanudando su primera entonación de discurso—. ¡Aprovechad esta última ocasión que se os presenta de adquirir mi excelente aparato ajustador! ¡Antes de que estos aparatos comiencen a ser fabricados en serie y que cada quien se halle en posesión de uno de ellos! Este último argumento pareció convencer súbitamente a algunos de los que formábamos el círculo en torno al tenaz propagandista; y no pocos decidiéronse a adquirir el aparato o accesorio, antes de que se agotase el corto número, hecho a mano, de que podía disponer el vendedor —según decía—; antes, sobre todo, de que comenzase a ser fabricado por millares, en vasta serie industrializada, y a estar puesto así al alcance de legiones y masas de reacios a la verdadera comprensión de lo real. (Y era innegable que había gran conveniencia en adquirirlo allí mismo y no después, pues podía así ganarse tiempo y tomarse ya fuerte ventaja sobre futuros neoadaptados, en cuanto al adelantamiento y acomodo en las buenas posiciones de la vida...).

Ahí está, hoy todavía, sobre la mesa donde escribo, y alguna vez me habrá servido —no lo niego— como pisapapel sobre las hojas de un nuevo cuento inverosímil...

El difunto

Yo examiné apresuradamente la extraña situación en que me hallaba. Debía, sin perder un segundo, ponerme en persecución de mi alter ego. Ya que circunstancias desconocidas lo habían separado de mi personalidad, convenía darle alcance antes de que pudiera alejarse mucho. Era necesario, mejor dicho, urgente, muy urgente, tomar medidas que le impidieran, si lo intentaba, dirigirse en secreto hacia algún país extranjero, llevado por el ansia de lo desconocido y la sed de aventuras. Bien sabía yo, su íntimo —iba a decir «inseparable»—, su íntimo amigo y compañero, que tales sentimientos venían aguijonéandole desde tiempo atrás, hasta el extremo de perturbarle el sentido crítico y la sana razón que debe exhibir un alter ego en todos sus actos, así públicos como privados. Tenía, pues, bastante motivo para preocuparme de su repentina desaparición. Sin duda acababa él de dar pruebas de una reserva sin límites, de inconmensurable discreción y de consumada pericia en el arte de la astucia y el disimulo. Nada dejó traslucir de los planes que maestramente preparaba en el fondo de su silencio. Mi alter ego, en efecto, hacía varios días que permanecía silencioso; pero en vista de que entre nosotros no mediaban desavenencias profundas, atribuí su conducta al fastidio, al cual fue siempre muy propenso, aun en sus mejores tiempos, y me limité a suponer que me consideraba desprovisto de la amenidad que tanto le agradaba. Ahora me sorprendía con un hecho incuestionable: había escapado, sin que yo supiera cómo ni cuándo.

Lo busqué enseguida en el aposento donde se me había revelado su brusca ausencia. Lo busqué detrás de las puertas, debajo de las mesas, dentro del armario. Tampoco apareció en las demás habitaciones de la casa. Notando, sorprendida, mis idas y venidas, me preguntó mi mujer qué cosa había perdido.

—Puedes estar segura de que no es el cerebro —le dije. Y añadí hipócritamente:

—He perdido el sombrero.

—Hace poco saliste, y lo llevabas. ¿No me dijiste que ibas a no sé qué periódico a poner un anuncio que querías publicar? No sé cómo has vuelto tan pronto.

Lo que decía mi mujer era muy singular. ¿Adónde, pues, se había dirigido mi alter ego? Dominado por la inquietud, me eché a la calle en su busca o seguimiento. A poco noté —o creí notar— que algunos transeúntes me miraban con fijeza, cuchicheaban, sonreían o guiñaban el ojo. Esto me hizo apresurar el paso y casi correr; pero a poco andar me salió al encuentro un policía, el cual, echándome mano con precaución, como si fuera yo algún sujeto peligroso o difícil de prender, me anunció que estaba arrestado. Viéndome fuertemente asido, no me cupo de ello la menor duda. De nada sirvieron mis protestas ni las de muchos circunstantes. Fui conducido al cuartel de policía, donde se me acusó de pendenciero, escandaloso y borracho, y, además, de valerme de miserables y cobardes subterfugios, habilidades, mañas y mistificaciones para no pagar ciertas deudas de café, de vehículos de carrera, de menudas compras. ¡Lo juro por mi honor! Nada sabía yo de aquellas deudas, ni nunca había oído hablar de ellas, ni siquiera conocía las personas o los sitios —¡y qué sitios!— en donde se me acusaba de haber escandalizado. No pude menos, sin embargo, de resignarme a balbucir excusas, explicaciones: me faltó valor para confesar la vergonzosa fuga de mi alter ego, que era sin duda el verdadero culpable y autor de tales supercherías, y pedir su detención. Humillado, prometí enmendarme. Fui puesto en libertad, y alarmado, no ya tanto por la desaparición de mi alter ego como por las deshonrosas complicaciones que su conducta comenzaba a hacer recaer sobre mí, me dirigí rápidamente a la oficina del periódico de mayor circulación que había en la localidad, con la intención de insertar enseguida un anuncio advirtiendo que, en adelante, no reconocería más deudas que las que yo mismo hubiera contraído. El empleado del periódico, que pareció reconocerme en el acto, sonrió de una manera que juzgué equívoca; y sin esperar que yo pronunciara una palabra, me entregó una pequeña prueba de imprenta, aún olorosa a tinta fresca, y el original de ella, el cual estaba escrito como de mi puño y letra. Lo que peor es, el texto del anuncio, autorizado por una firma que era la mía misma, decía justamente aquello que yo tenía en mientes decir. Pero tampoco quise descubrir la nueva superchería de mi alter ego —¿de quién otro podía ser?— y como aquel era, palabra por palabra, el anuncio que yo quería, pagué su inserción durante un mes consecutivo. Decía así el anuncio en cuestión: «Participo a mis amigos y relacionados de dentro y fuera de esta ciudad que no reconozco deudas que haya contraído "otro" que no sea "yo". Hago esta advertencia para evitar inconvenientes y mixtificaciones desagradables. Andrés Erre».

Volví a casa después de sufrir durante el resto del día que las personas conocidas me dijeran, a cada paso, dándome palmaditas en el hombro:
—Te vi por allá arriba... O bien:
—Te vi por allá abajo...
Mi mujer, que cosía tranquilamente, al verme llegar detuvo la rueda de la máquina de coser y exclamó:
—¡Qué pálido estás!
—Me siento enfermo —le dije.
—Trastorno digestivo —diagnosticó—. Te preparé un purgante y esta noche no comerás nada.
No pude reprimir un gesto de protesta. ¡Cómo! La escandalosa conducta de mi alter ego me exponía a crueles privaciones alimenticias, pues yo debería purgar sus culpas, de acuerdo con la lógica de mi mujer. Esto desprendíase de las palabras que ella acababa de pronunciar.
Sin embargo, no quería alarmarla con el relato del extraordinario fenómeno de mi desdoblamiento. Era un alma sencilla, un alma simple.
Hubiera sido presa de indescriptibles terrores y yo hubiera cobrado a sus ojos las apariencias de un ser peligrosamente diabólico. ¡Desdoblarse! ¡Dios mío! Mi pobre mujer hubiera derramado amargas lágrimas al saber que me acontecía un accidente tan extraño. Nunca más hubiera consentido en quedarse sola en las habitaciones donde apenas penetraba una luz débil. Y de noche, era casi seguro que sus aprensiones me hubieran obligado a recogerme mucho antes de la hora acostumbrada, pues ya no se acostaría despreocupadamente antes de mi vuelta, ni la sorprendería dormida en las altas horas, cuando me retardaba en la calle más de lo ordinario.
No obstante los incidentes del día, todavía conservaba yo suficiente lucidez para prever las consecuencias de una confidencia que no podía ser más que perjudicial, porque si bien las correrías de mi alter ego pudiera suceder que, al fin y al cabo, fuesen pasajeras, en cambio sería difícil, si no imposible, componer en mucho tiempo una alteración tan grave de la tranquilidad

doméstica como la que produciría la noticia de mi desdoblamiento. Pero los acontecimientos tomaron un giro muy distinto e imprevisto. La defección de mi alter ego, que empezó por ser un hecho antes risible que otra cosa, acabó en una traición que no tiene igual en los anales de las peores traiciones... Este inicuo individuo...

Pero observo que la indignación —una indignación muy justificada, por lo demás— me arrastra lejos de la brevedad con que me propuse referir los hechos. Helos aquí, enteramente desnudos de todo artificio y redundancia: Salí aquella noche después de comer frugalmente porque mi mujer lo quiso así y me dijo, no obstante mis reiteradas protestas, que me dejaría preparado un purgante activísimo para que lo tomara al volver. Calculaba que mi regreso sería, como de ordinario, a eso de las doce de la noche.

Con el fin de olvidar los sobresaltos del día, busqué en el café la compañía de varios amigos que, casi todos, me habían visto en diferentes sitios a horas desacostumbradas y hablaban maliciosamente de ciertos incidentes en los cuales hallábase mezclado mi nombre, según pude colegir, pues no quise inquirir nada directamente ni tratar de esclarecer los puntos. Guardé bien mi secreto. Disimulé los hechos lo mejor que pude, procurando despojarlos de toda importancia. Una discusión de política nos retuvo luego hasta horas avanzadas. Eran las dos de la madrugada cuando abrí la puerta de casa, empujándola rápidamente para que chirriara lo menos posible. Todo estaba en calma, pero mi mujer, a pesar de que dormía con sueño denso y pesado, despertó a causa del ruido. Los ojos apenas entreabiertos, me preguntó entre dientes cómo me había sentado el purgante.

—¡El purgante! —exclamé—. ¡Llego de la calle en este momento y no he visto ningún purgante! ¡Explícate, habla, despierta! ¡Eso que dices no es posible! Se desperezó largamente.

—Sí —me dijo— es posible, puesto que lo tomaste en mi presencia... y estabas conmigo... y...

—...¡Y!...

Comprendí el terrible engaño de mi alter ego. La traición de aquel íntimo amigo y compañero de toda la vida me sobrecogió de espanto, de horror, de ira. Mi mujer me vio palidecer.

—Efecto del purgante —dijo.

Aunque nadie, ni aun ella misma, había notado el delito de mi alter ego, la deshonra era irreparable y siempre vergonzosa a pesar del secreto. Las manos crispadas, erizados los cabellos, lleno de profundo estupor, salí de la alcoba en tanto que mi mujer, volviéndose de espaldas a la luz encendida, se dormía otra vez con la facilidad que da la extenuación; y fui a colgarme de una de las vigas del techo con una cuerda que hallé a mano. Al lado colgaba la jaula de Jacintico, el loro; y seguramente hice yo algún ruido en el instante de abandonarme como péndulo en el aire, pues Jacinto, despertándose, esponjó las plumas de la cabeza y me espetó, como solía hacerlo cada vez que me veía pasar junto a su jaula.

—¡Adiós, Doctor! Tengo razones para creer que mi alter ego, que sin duda espiaba mis movimientos desde algún escondrijo improvisado, a favor de las sombras de la noche, se apoderó enseguida de mi cadáver, lo descolgó y se introdujo dentro de él. De este modo volvió a la alcoba conyugal, donde pasó el resto de la noche ocupado en prodigar a mi viuda las más ardientes caricias. Fundo esta creencia en el hecho insólito de que mi suicidio no produjo impresión ni tuvo la menor resonancia. En mi hogar nadie pareció darse cuenta de que yo había desaparecido para siempre. No hubo duelo, ni entierro. El periódico no hizo alusión a la tragedia, ni en grandes ni en pequeños títulos. Los amigos continuaron chanceándose y dándole palmaditas en el hombro a mi alter ego, como si fuera yo mismo. Y Jacintico no ha dejado nunca de decirle, viéndolo pasar junto a la jaula:

—¡Adiós, Doctor! Sin duda, mi alter ego desarrolló desde el principio un plan hábilmente calculado en el sentido de producir los resultados que en efecto se produjeron. Previó con precisión el modo como reaccionaría yo delante de los hechos que él se encargaría de presentarme en rápida y desconcertante sucesión. Determinó de antemano mi inquietud, mi angustia, mi desesperación; calculó exactamente la hora en que un cúmulo de extrañas circunstancias había de conducirme al suicidio. Esta hora señalaba el feliz coronamiento de su obra; y es claro que solo un alter ego que gozaba de toda mi confianza pudo llevar a cabo esta empresa. En primer lugar, el completo conocimiento que poseía de los más recónditos resortes de mi alma le facilitó los elementos necesarios para preparar sin error el plan de inducción al suicidio inmediato. En segundo término, si logró hacerse pasar por mí mismo delante de mi mujer y de todas las personas que me conocían, fue porque estaba en el secreto de mis costumbres, ideas, modos de expresión y grados de intimidad con los demás. Sabía imitar mi voz, mis gestos, mi letra y en particular mi firma, y además conocía la combinación de mi pequeña caja fuerte. Todos mis bienes pasaron automáticamente a poder suyo, sin que las leyes, tan celosas en otros casos, intervinieran en manera alguna para evitar la iniquidad de que fui víctima. También se apoderó del crédito que había alcanzado yo después de largos años de conducta intachable y correctos procederes; y en el mismo periódico continúan publicando a diario, autorizado con su firma, que es la mía, el mismo aviso que dice: «Participo a mis amigos y relacionados de dentro y fuera de esta ciudad que no reconozco deudas que haya contraído "otro" que no sea "yo". Hago esta advertencia para evitar inconvenientes y mixtificaciones desagradables. Andrés Erre.

La tuna de oro (1951)

Cómo pude vivir tan largo tiempo en el Hotel de la Tuna de Oro, yo mismo no lo sé; pero no quiere esto decir que me arrepienta, entre otras cosas, porque el más completo y singular muestrario humano que puede cobijarse bajo un solo y mismo techo, fue allí en donde tuve ocasión de conocerlo. En lo que llamaban la Gerencia, nunca faltaba quien solicitara o reclamara, y en el recibo y sus balcones, de par en par abiertos siempre hacia la calle, a toda hora había tertulia (aunque la escalera de entrada y los pasillos lo mismo servían para igual fin). Pero era en el salón del restaurante en donde La Tuna de Oro alcanzaba su más intensa vida y movimiento. Ahí todo aquel mundo convergía; y en cuanto a mí, puedo decir que, a diario y sin faltar —y esto, mañana, mediodía y noche—, iba a sentarme a cierta cuadrada mesita individual que se hallaba en el centro, justamente, del amplio y concurrido comedor de La Tuna... y ya pueden ustedes imaginarse, sin esfuerzo, cuántas cosas no vería pasar en torno mío...

Tengo, sin embargo, que añadir, antes que nada, que La Tuna misma, en torno suyo, había visto pasar, seguramente, muchas más... Era un viejo hotel que en ocasiones ya incontables había sido vendido y revendido; hipotecado algunas veces; arrendado y traspasado algunas otras. Así, de tumbo en tumbo y mano en mano, había venido a ser aquel conjunto indefinible de disonancia y fantasía que tanto me sorprendió, al primer momento, a mi llegada, pero dentro del cual, a poco andar, me acostumbré. Y es que La Tuna, en realidad, a la vez que resultante de aquellos cambios y avatares por los que había pasado tantas veces, era, además, y al propio tiempo, por entonces, hechura, o recreación muy personal, en todo caso, de quien aparecía como su dueña y soberana para el momento en que yo estuve; y por todos lados podían verse, o palparse, a cada instante, por allí, múltiples indicios de su temperamento y su carácter, y hasta de su capricho mismo, en muchas cosas. Oriunda de no sé qué lugar de nuestra tierra interiorana (nunca pude yo precisar debidamente este detalle), la Señorita Encarnación se mantenía en su hotel, aunque presente y vigilante, constantemente oculta e invisible; apenas pude verla, o entreverla, en todo el largo tiempo que allí estuve. Si tan pocas veces la vi, muchas menos fueron las que hablé con ella, o ella conmigo, y esto brevemente, pues larga conversación puedo decir que nunca sostuvimos. Había tenido en tierras varias —se decía—, fondas y hospedajes; en las inmediaciones de Caracas, una granja, y una magnífica posada, cierta vez, en no sé qué buen punto estratégico de los campos petroleros. Mucho se comentaba y criticaba la habilidad, real o supuesta, con que sabía ella asegurarse el más alto beneficio en sus negocios, y también cierta excesiva desconfianza que mostraba en todo asunto de dinero. No le daban, así, más que defectos los mismos que habitaban en La Tuna. Pero había en ella, a la vez, debo decirlo, algo... algo que, a veces, en medio de una áspera lucha de intereses, y contradiciéndose a sí misma en sus propios afanes de ganancias y ventajas, la hacía cambiar de actitud, súbitamente, y mostrar una íntima faceta muy diferente de la otra. Poseía un don maravilloso: el de entenderse con los niños, a los cuales se atraía enseguida; así como también amaba y comprendía a los animales...

En La Tuna abundaban estos últimos, y constantemente se entremezclaban con los huéspedes, quienes, también, a veces, se los llevaban a escondidas al marcharse. En mi cuarto encontraba yo con frecuencia el morrocoy; durante años, había sido parte integrante de La Tuna, hasta el día en que desapareció misteriosamente; y le fue achacada su desaparición al Coronel, aunque más bien como humorada, o como represalia contra la Señorita (en opinión de las gentes del hotel), que como robo propiamente dicho. El Coronel se hospedaba cada rato en La Tuna; iba y venía, y casi siempre sus llegadas, y no pocas veces sus salidas, estaban señaladas por alborotos y discusiones, y hasta forcejeo y puñetazos, llegado el caso; tenía él, a menudo, al llegar, un súbito altercado con el chofer que lo traía, en el momento de pagarle el viaje; a la salida, las causas de conflicto y rozamiento no escaseaban; eran, por lo regular, la cuenta de los días que había pasado o la lista de los extras que había pedido, o la desaparición que denunciaba de alguno de sus revólveres (tenía varios en las maletas), o cualquiera otra circunstancia por el estilo. Más de una vez había sido echado del hotel por la patrona, con prohibición de regresar, ni volver a poner nunca más los pies allí. Ni cinco semanas habían transcurrido, y ya aparecía nuevamente el Coronel, cualquier mañana, en bata de baño a rayas, con el revólver en la mano, y la mano metida dentro del bolsillo de la bata. (No podía él desprenderse ni siquiera un momento del revólver, pues tenía muchísimos enemigos peligrosos, según decía frecuentemente, cuando relataba sus lances y hombrías; su especial orgullo consistía en tener muchos enemigos de esta clase). También aparecía a veces en La Tuna otro hombre armado, un doctor, Secretario de Gobierno de un pequeño estado. A la hora del almuerzo o de la cena, el Secretario, enclenque y delgaducho, se paseaba en mangas de camisa, faja y revólver al cinto, por el pasillo sobrealzado que rodeaba el salón del comedor. Así todos podían verle, en tanto que él, yendo y viniendo, hablaba con algún subordinado que lo seguía dócilmente.

En cierta parte de la terraza, encima, justamente, de aquel conjunto de habitaciones que en La Tuna es designado con el nombre de «los 20», tiene la Señorita Encarnación, además del gallinero, el albergue de sus venados, dos lindos y limpios animales que, a veces, por la noche, salen a corretear por la azotea y empiezan a taconear duro y ligero sobre el techo del cuarto que yo ocupo. Y por la mañana, apenas clarea el alba, todo el hotel (o por lo menos los nuevos huéspedes no hechos todavía a nuestros usos y costumbres), despiertan al canto o grito del Dios-te-dé, que lanza su salutación al nueva día, desde el patio, en donde vive entre las palmas y el helecho y las parásitas. Chepín, pequeño perro chucuto de nuestra dueña, es otro de nuestros personajes, y solo les cede en importancia y jerarquía —creo yo, pero no estoy seguro—, a don Ernesto y al señor Federico. Mejor diría: don Ernesto o el señor Federico, porque estas dos segundas personas y lugartenientes de la Señorita parecen excluirse recíprocamente, y jamás se ha dado el caso de que hayan estado a un mismo tiempo en el hotel. Cuando se disgusta ella con el señor Federico, viene a dirigir don Ernesto, y Federico desaparece; y cuando rompe con don Ernesto (siempre, en ambos casos, a propósito de cuentas y de gastos e ingresos), entra a manejar Federico, y se eclipsa don Ernesto, no volviendo a aparecer por el hotel hasta no ser llamado de nuevo y que no retorne su tiempo. Mientras estas alternativas se suceden, nos llega, de tarde en tarde, la noticia de que don Ernesto regenta un hotelito en un pueblo de Aragua o de Miranda, o bien se sabe que el señor Federico ha abierto, por El Valle, alguna efímera Lavandería y Tintorería.

Chepín, en cambio, sea quien fuere el gobernante de turno, se encuentra siempre en el hotel. De día, a ciertas horas, pasea por las calles del centro y saluda, al pasar, con su colita corta y gruesa, a los huéspedes permanentes de La Tuna —como yo—, si nos tropieza al azar por la ciudad; pero sigue de largo, imperturbable, si se trata únicamente de algún huésped momentáneo. De noche, temprano, toma puesto a la puerta de la calle, sobre el quicio, y persigue ruidosamente por la cuadra a los motociclistas que se arriesgan por allí. Pasadas las diez u once de la noche, y ya cerrado el portón, se preocupa Chepín de los gatos que llegan en busca de alimento —entrando por los techos de la parte baja, atraídos por el invitante y persistente olor de las cocinas—; y ocurren, entonces, en las altas horas, encuentros y peleas, y vertiginosos tropeles y escapadas por pasillos, pisos y escaleras, con espeluznantes lamentos y alaridos que despiertan y ponen en conmoción toda La Tuna. Y de este modo, como nuestros nocturnos huéspedes felinos andan siempre de carrera en carrera, y sin tiempo suficiente para entregarse a sus sabias y pacientes cacerías, en el hotel abundan los ratones; a menudo se les ve pasar, como fugaz exhalación, o, al contrario, se ponen, muy confiados, a comer tranquilamente algo sabroso, mientras corre Chepín tras de los gatos.

La abundancia de las comidas de La Tuna era innegable; el hervido, excelente; las hallacas, gustosas y renombradas —además de ser grandes y picantes—. Era en esto en lo que se interesaba personalmente la Señorita Encarnación (fuera del asunto del dinero). Al amanecer, ya estaba regresando del Mercado, acompañada de uno o dos robustos mocetones que cargaban sobre sus hombros desbordantes cestas de carnes, frutas, verduras y hortalizas, en que brillaban aún las gotas del rocío. La seguía siempre Chepín, el cual desayunaba en el Mercado, en donde le hacía ella reservar un buen trozo para cada mañana. Si no salía ella, iba Chepín solo al Mercado a tomar su desayuno, y no sé si también a escoger las provisiones. Iba, pues, todo bien, cuanto a comidas, tanto para Chepín como para nosotros. Pero todos los huéspedes de La Tuna, por desgracia, parecían sufrir del hígado, del bazo o del colon, y no había uno que no tuviera, en el puesto que le estaba reservado en el comedor, dos o tres cajas, por lo menos, de grageas, píldoras o cápsulas, y algún frasco de gotas, allí puestos entre el salero y la azucarera, al lado del panzudo bocal lleno de ají, a la sombra de un florero con envejecidas rosas de trapo.

Sería tal vez debido al mal funcionamiento de la vesícula o del páncreas, al ají, o hasta a mala influencia de las flores de trapo; pero es lo cierto que con muchos de estos huéspedes de que hablo era casi imposible entablar conversación, pues solían estallar en acaloradas y peregrinas discusiones a propósito de cualquiera de los más ligeros temas que pueden rozarse en una charla de pasada. Había otros, en cambio (éstos tomaban por lo regular cucharadas, o papeletas), indiferentes, taciturnos y apáticos. El señor Emiro, uno de ellos, nunca habló con nadie, ni dio jamás los buenos días. Encerrado en su pieza todo el tiempo que su empleo le dejaba libre, hacía correr la bolita en una ruleta portátil que tenía, y anotaba cada vez el resultado en una libreta.

La Tuna estaba llena de pasadizos, romanillas, rincones y vericuetos; de escalerillas que crujían como bizcochos cada vez que alguien las subía o las bajaba; de biombos, mamparas y tabiques que por todos lados impedían el paso, el aire y la mirada. Casi no había cuarto sin uno de estos biombos, plegadizo o no. Faltaban, en cambio, en unas puertas, o la aldaba o la manilla, y hasta la llave alguna vez. Cuando se quema el bombillo que alumbra en uno de estos cuartos, o en uno de los baños, o en algún estrecho pasillo o empinada escalera, se puede estar seguro de que será reemplazado a las dos o tres semanas; pero si se trata de algo aún más complicado, como, por ejemplo, reemplazar la descompuesta bisagra de un postigo o entablillar la pata quebrada de una silla, tres semanas sería un lapso demasiado corto.

Menudas cosas sin valor podían desaparecer, de cuando en cuando, del cuarto de algún huésped, alarmando quizás al no habituado. Pero era, solamente, que nuestras camareras, las amables, serviciales y pintadas camareras de La Tuna, a nada sabían decir que no (cuando estaban de ganas, por supuesto) y si necesitaba usted, de urgencia, unas trenzas para los zapatos, o una hojilla de afeitar, o algo para desmanchar un traje, o lo que fuera, enseguida corrían ellas y se lo traían del cuarto del vecino.

Como bien puede imaginarse, estas camareras de La Tuna no podían ser gente cualquiera.

—¡Usted no sabe quién soy yo! —me dijo Clara Elisa, mirándome con intriga, poco tiempo después de haber empezado a trabajar en «los 20» (el 24 era mi cuarto).

—¿Quién es usted, Clara Elisa, dígame, por favor? —le pregunté, sobresaltado.

—Yo soy... —empezó a contar; pero se interrumpió para sonreírse y mirarme maliciosamente, mientras me preguntaba yo a mí mismo si no sería ella, por ventura, la hija, o nieta, quizás, de quién sabe qué ilustre familia venida a menos.

—Yo soy... casi puedo decir... la viuda de Cerezo —añadió ella, bajando la voz, no sé por qué—. ¿Usted no se acuerda de Cerezo, el boticario? Él ya murió, ¡Dios lo tenga en su Santa Gloria, el pobre! Él fue muy bueno conmigo; me dio mi casita, y mis muebles. Pero yo todo lo boté... yo soy una gran loca, don... ¡Y aquí me tiene usted ahora de sirvienta, botando tobos de agua sucia! No había agua corriente en las habitaciones, y este asunto del tobo, o balde, era uno de los más espinosos de La Tuna. A veces decía Clara Elisa, por la mañana, levantando el recipiente para ir a vaciarlo:

—¡Ay, don, este balde amaneció hoy bien pesado! Debe ser brujería; hay días que está livianito...

Si caía al suelo una cucharilla, Clara Elisa auguraba:

—Va venir una mujer.

Si lo que caía era un tenedor, entonces era un hombre quien había de llegar.

Camareras y mesoneros de La Tuna acusaban constantemente a la Señorita Encarnación de no respetar las leyes del Trabajo, aunque es lo cierto que ellos mismos infringían de buena gana las más elementales de las leyes. Pancho el Guaireño, por ejemplo (así llamado para distinguirlo de Panchito, alias La Niña), si tenía cita, fiesta o reunión a cierta hora temprana de la noche, se subía a una silla y adelantaba de media hora las manecillas del reloj de pared del comedor... y así aquel día se terminaba el servicio media hora antes de lo acostumbrado. O bien las hacía lo mismo retrasar si la comida o el almuerzo no estaban listos a la hora reglamentaria —con el tácito consentimiento superior, en este caso.

Este Pancho el Guaireño era locuaz.

—¡Zape, no me confundan! —no dejaba nunca de agregar, cada vez que se les nombraba juntos a él y a Panchito.

También había un portero y vigilante nocturno, Juan Remigio, quien dormía, o velaba, al pie de la escalera, detrás del portón; y se desempeñaba por la tarde a manera de recepcionista. Pero, ¡ay!, si a Juan Remigio le preguntaba uno, al volver de la calle: «¿Me han llamado por teléfono, o me han solicitado?», ni siquiera se molestaba él en volver la cabeza a levantar la mirada hacia el que así le interrogaba; se le oía gruñir algo entre dientes; pero nadie era tan osado como para tratar de esclarecer el significado de tales gruñidos. Las amaneradas atenciones de La Niña, en cambio, eran vistas con recelo, inspiraban suspicacias y daban pábulo a maliciosas burlas e interpretaciones. De tiempo en tiempo llegaban al hotel, con la mamá, las niñitas Melo; La Niña se unía a ellas enseguida, dejaba la escoba en un rincón y empezaban todos juntos a saltar sobre el entarimado:

—¡Ole con ole! ¡Ole con ole! De cuando en cuando, de repente, entra La Tuna en una sorda agitación; un susurro, un rumorcillo apenas formulado, se transmite, de uno a otro piso, por pasillos y escaleras, con celeridad extraordinaria, y una inquietante y creciente expectativa se va apoderando de los ánimos... Objetos de gran valor —se sopla, más bien que se pronuncia—, han sido sustraídos del cuarto de un viajero; formal denuncia ha sido puesta, y se está averiguando... averiguando... Pancho el Guaireño y Clara Elisa cambian entre sí graves miradas, mientras observan en silencio, desde lejos, junto con otros circunstantes y curiosos, a cierto detective que habla, aparte, en voz muy baja, en el recibo, con el señor Federico, o don Ernesto, después de haberse entrevistado con la Señorita Encarnación, allá adentro, en el máximo secreto de su departamento inaccesible, y con Chepín como único testigo. El primero que es interrogado en estos casos es Panchito, y si es de llevar gente presa a la Policía, también es Panchito el primero que va preso. Lo robado se encuentra o no; el asunto se esclarece o se complica más aún; pero es seguro que Panchito regresa, a poco andar, sano y salvo, como a buen puerto, a La Tuna, en donde ha quedado esperándole la escoba. (En todo ese tiempo no se barrerá más en La Tuna, así como tampoco habrá quien suba o quien baje hasta el portón, de día o de madrugada, las maletas, los baúles o las petacas de los pasajeros de llegada o de salida).

Pero, a veces, también —como compensación, quizás, bien merecida—, había inesperados y casi fulminantes regocijos en La Tuna, y hasta una vez murió allí un Senador. Entonces viene la murga (hablo de los grados, santos, nombramientos, etc.); entra sin ruido, entendiéndose los músicos por señas, entre ellos, y disimulando bien sus instrumentos para no hacerse aún notar; van situándose, en grupo, a mitad de la escalera, en el descanso; y desde allí, de golpe, rompiendo con todas estas misteriosas precauciones, todos a un tiempo, con estruendo ¡atacan una rumba o un merengue o un joropo! A poco arde ya toda La Tuna, desde el portal, en donde se aglomeran los curiosos, hasta el último rincón de la azotea, en donde tiemblan los venados y se escandalizan las gallinas. ¡Se enciende, brilla y rumorea toda una noche, nuestra Tuna con sus gentes inflamables, propensas casi todas a la turbulencia y el bullicio! Hay un teléfono en La Tuna, un viejo teléfono asfixiado en una red inextricable de auxiliares instalados por todos lados, a través de una maraña de polvorientos hilos, entrelazados con los de la luz, los de los timbres y hasta quizás los de colgar la ropa. Cuando se habla por este teléfono, se tiene la impresión muy clara (y es esto lo único que suele sentirse claramente), de que oídos innumerables se encuentran, atentos, a la escucha de cuanto se habla. Las conversaciones amorosas, muy frecuentes y muy largas en La Tuna, constituyen el blanco preferido de las interrupciones y curioseos. Pero la palma de la resistencia a estos trastornos se la lleva, indudablemente, Céspedes. Las conversaciones del Catire «por el hilo» se prolongan por horas enteras cada vez, y habla él muy pegado al aparato, con voz apenas perceptible, como arrullo o suspiro, sin mover los labios; pero cambia, abruptamente, para gritarle, de pronto, a algún invisible interruptor surgido «en el hilo», con estentóreo y áspero vozarrón:

—Pero, ¡carrizo!, estoy hablando... ¡Está ocupado! O bien se pone a repetir monótonamente:

—Ocupado. Ocupado. Ocupado. Está ocupado. Está ocupado. Está ocupado.

Hasta que el enemigo se ve constreñido a batirse en retirada. Después de estas batallas, por la noche, sale el Catire de conquista o de aventura, y no vuelve al hotel hasta la alta madrugada, cuando ya cantan los gallos y se sacude el Dios-te-dé. Se le oye entonces acercarse, sin prisa, por las dormidas calles, entonando a pleno pulmón un estribillo, siempre el mismo, que solo acabará a la puerta del hotel, el pie en el quicio.

Otro de los atractivos de La Tuna —además de los nombrados—, eran los juegos de lotería y dominó; constantemente oíase el ruido de las piedras removidas y las exclamaciones de triunfo o mofa que los jugadores lanzábanse entre sí. También los de barajas eran asiduos, y entre ellos descollaba Peraltica, quien se decía en quinto año de Derecho, pero de quien pudiera haberse sospechado que anduviera más bien en sexto de barajas. Peraltica podía jugar a las barajas todo el día y toda la noche, domingo o lunes, con niños o con adultos, y con sanos o con enfermos, según y como los pasajeros que hubiere en el hotel por los momentos. A su lado, puestos en rimero sobre el piso, reposaban cuadernos y volúmenes, esperando con paciencia inacabable a que se aproximaran los exámenes para que él los levantara del suelo, los abriera y los devorara en corto tiempo. Entonces Peraltica triunfaba invariablemente en el examen.

Peor aún era la política (si es que puede aplicársele tal nombre). Tanto como del hígado o del colon, muchos huéspedes sufrían de esta dolencia, en múltiples formas agudas o benignas, patentes o larvadas. Cada vez que en Caracas se rumoreaban inminentes cambios (los cuales podían ser de Gobierno, o Gabinete, o estadales) llegaba del interior, en viaje expreso, el doctor Segovia, quien estaba dominado por el ansia profunda de esos cambios (a cualquier nivel que se anunciaran), y que a mí, en particular, solía hacerme víctima de sus interminables análisis de la situación política.

—¿Cómo encontró hoy la atmósfera? —le preguntaba yo a Segovia, a la hora del desayuno, cuando ya él había devorado todos los periódicos —además de los huevos fritos—, y había hablado varias veces por teléfono sobre los más candentes asuntos de la hora. Y él, entonces, empezaba, aunque sin descuidar por eso la cuajada o la mantequilla:

—Anoche mismo hablé con un hombre importante... sumamente importante... y puedo decirle que...

Segovia podía extenderse, ininterrumpidamente, sobre el menor tema político de actualidad, sin dar muestras de cansancio ni agotamiento. Y su principal preocupación consistía en tratar con esos hombres importantes, políticamente importantes, sumamente importantes, y en mantenerse en relación con ellos, y recibir sus confidencias y pronósticos. Cuando no había podido hablar con ningún hombre de ésos, el brillo de sus ojos se apagaba, la vida huía de su cuerpo y de su espíritu. O bien los anhelados cambios no tenían efecto y él regresaba a los cuatro o cinco días al interior, con las esperanzas marchitas, aunque prontas a reverdecer al menor signo. Fue siempre un enigma, para mí, cómo podían llegar a conocimiento de Segovia, con tan increíble rapidez y tan automática regularidad, como si dispusiera de un aparato muy sensible que registrara el fenómeno, hasta insignificantes comentarios que apenas si circulaban en Caracas en restringidos grupos.

Manzanares, en cambio, desdeñaba tanto la política como la baraja; sus preocupaciones eran de otra índole. En el comedor sentábase a una mesa que se hallaba en un ángulo bastante penumbroso y poco fresco, al fondo, donde se suponía que congregaba la patrona a ciertos comensales de solvencia dudosa o por lo menos intermitente. Manzanares se acercaba a mi mesa y me decía, después de haberme pedido prestados un fuerte o dos:

—Entre los Manzanares jóvenes, el único que tiene preocupaciones intelectuales soy yo...

Dándole vueltas al fuerte entre sus dedos, continuaba largo rato hablándome de la estrechez mental de los Manzanares, de todos los Manzanares, jóvenes o viejos, y de su manifiesta incapacidad para elevarse, desde el plano de las rastreras realidades cotidianas, hasta el de las altas concepciones en las que él navegaba.

Uno de los clientes más antiguos y respetados de la casa es el doctor Matías.

—¡Doctor! ¡Doctor Matías! ¡Levántese, que le cortan el cambur! —lanza cada mañana, Clara Elisa, desde la barandilla del segundo piso, en dirección a cierta puerta entornada, tras de la cual se ve un tabique. Pero nada viene a indicar si este llamado encuentra alguna respuesta o repercusión dentro del cuarto, que continúa sumido en el silencio y el quietismo más completos. Parece como si el doctor Matías estuviera resuelto a correr todos los riesgos, antes que interrumpir su grato sueño a tan tempranas horas como las nueve o diez de la mañana. Aunque ahora se encuentra refugiado en un oscuro destino burocrático, al abrigo de conflictos y trastornos, el doctor Matías, en otra época, fue un notable y brillante diputado; hay todavía, en su voz llena y profunda, como una tenaz reminiscencia de sus pasados tiempos congresiles. De tarde en tarde, se ven sobre su mesa unos paquetes, llegados de su región natal; de ellos van saliendo blancos quesos, oscuros panecillos, otras cosas aún, que come él con fruición y lentitud, sacándolas de entre los papeles, cabuyas y hojas secas, en que vienen envueltas. En ocasiones, hace llevar por Pancho el Guaireño, a algún vecino de mesa de su predilección (al Coronel, al Secretario o a algún otro de paso por allí), una gruesa rebanada de pan de Tunja o toda la morena mitad de una acemita.

En el destino de gran número de huéspedes de La Tuna, como se ve, influía, o había influido antes, decisivamente, la política. En sus idas y venidas, sus vueltas y revueltas, sus altos y sus bajos, sus encumbramientos y naufragios... señoreaba ella como todopoderosa deidad que todo nos lo da o todo nos lo quita, al darnos o quitarnos sus favores... Cuando el tío del bachiller Méndez U., subió inesperadamente al poder, el pequeño bachiller surgió, también, de inmediato, al primer plano de la figuración nacional, no obstante que apenas si cursaba segundo año de Medicina y nos hablaba de especializarse en Pediatría. La política se apoderó de él como de un trapo; se lo llevó en sus giros, como un torbellino. En el espacio de corto tiempo, desempeñó altos cargos públicos; dirigió movimientos político-sociales; emitió nuevas tonalidades de voz. Y de aquella mesa de huéspedes dudosos, o algo así, pasó de un salto, solo y triunfal, a una de nuestras honoríficas mesas especiales, ventajosamente puesta en sitio aireado, y muy bien arreglada y mejor servida. A esta mesa se acercaban ahora don Ernesto (o Federico) a dar respetuosos buenos días a Méndez U.; estos buenos días y buenas noches eran tanto más cordiales y expresivos cuanto que ellos mismos lo acosaban, poco antes, con sus cuentas y quincenas. A esta mesa acudía ahora Manzanares a lamentarse de la estrechez mental de todos los Manzanares habidos y por haber; allí iban de preferencia las rebanadas de queso o de acemita del doctor Matías; allí venía Pastor Segovia a comulgar devotamente, apenas le bajaban la valija del automóvil en que llegaba. Bajo la avalancha de designaciones, funciones, misiones y comisiones que se precipitaban sobre él, acabó por desaparecer completamente el pequeño bachiller Méndez U. En su lugar se vio surgir un serio señor grave y redondo, que estaba siempre muy rodeado y era muy solicitado, telefoneado y esperado a todas horas, noche y día; se formaban, en torno suyo, en el comedor o en el recibo, ruidosas e infranqueables ruedas de amigos, admiradores y copartidarios. El escenario de La Tuna, a la postre, se hizo demasiado estrecho y modesto para él y un día se despidió y fue a instalarse en el alfombrado y luminoso Great Northern Hotel, que por entonces abría sus puertas y encendía sus luces, en un sector moderno y un moderno edificio.

Don Héctor, por su parte (a quien algunos llamaban también General), desempeñaba cierto cargo público, siempre el mismo, que le había sido conferido, luego retirado, después vuelto a dar y vuelto a retirar, por sucesivos gobiernos surgidos de reacciones. Estas alternativas habían acabado por darle a su fisonomía una indefinible expresión entre resignado y sorprendido, entre escéptico y esperanzado. Era ya mayor, pero algo juvenil había aún en su aspecto y ademanes. Tenía corteses modales, y lo trastornaban las mujeres. Según los vientos que soplaran, don Héctor entregaba o recibía el cargo con igual serenidad, y luego ponía su tren de vida a nivel de las nuevas circunstancias. Ahora, por cierto (hablo de mis últimos tiempos en La Tuna), se encontraba en la etapa de transición entre ambas fases, oscura y luminosa, de su existencia; una faz oscura concluía, y otra, esplendorosa, despuntaba: su puesto le iba a ser devuelto, de un momento a otro, por tercera o cuarta vez en pocos años, y ya tomaba él, alegremente, sus disposiciones para el caso. Ya estaba planeando trasladarse, desde su refugio en la azotea (en donde eran frías las noches y demasiado caliente el mediodía), a su vieja y confortable habitación del primer piso. Ya reaparecían sobre su mesa potes y enlatados y otras múltiples cosillas y especialidades (y una que otra botella de tinto o transparente vino); y entre todo esto, iba y venía, impaciente, la mano de don Héctor, sin olvidar tampoco los copiosos platos del hotel, tomando aquí un bocado, allí un sorbito, más allá una pizca de algo fuerte y bien condimentado... Y, así, siguiendo esta pendiente, acababa don Héctor por sentirse cada vez mejor, mucho mejor, en sus temporadas de forzado discurrir entre los venados y las gallinas, que en las temporadas de holgura y abundancia que ahora estaban volviendo a vislumbrarse. La tensión le subía angustiosamente en estas últimas; se redondeaban sus facciones y su abdomen; la respiración se le oprimía; el pobre corazón se bamboleaba... Y don Héctor, en su esplendor recuperado, tenía que volver a reducirse al mismo régimen de los días de austeridad y estrecheces. Pero, aun así, no se daba por vencido: le quedaba entonces, todavía, el consuelo de bien vestir, y vestía coquetonamente... Una dama llegaba, y don Héctor ya corría a su encuentro, presuroso. Era precisamente aquella del cantarino acento ingenuo, que le era adicta en toda emergencia y circunstancia, adversa o bonancible... Aunque él, por su lado, enamoraba lo mismo a Clara Elisa que a cualquiera otra, y procuraba trabar conocimiento con cuanta mujer, bonita o fea, madura o joven, acompañada o sola, viniera a hospedarse en el hotel, o simplemente de visita...

Pero no fue la política, como pudiera creerse, no, la que vino a decidir mi inopinado y prematuro alejamiento de La Tuna: fue más bien la poesía, aunque parezca extraño. Por aquellos días, una mañana, tocaron (suave, pero insistentemente) a la puerta de mi habitación; era ésta la primera señal de la llegada al hotel de un nuevo huésped, a quien bien conocía yo desde hacía años. Peñuela escribía versos, y pasaba quince días, por lo menos, mensualmente, en cierto agudo estado de más o menos lírica embriaguez; a menudo se le veía andar, muy de mañana, desgreñada la melena, brillantes los ojos, el paso titubeante, y todo él cubierto de una especie de ceniza o polvillo que hacía pensar en un insólito regresante de Pompeya, o de la Fábrica de Cementos. Sentábanse a su mesa, en torno suyo, invitados tan sobreexcitables y quisquillosos como él mismo. Trayendo, a veces, cada uno, un aguacate (que luego se comían con mucha sal), iban llegando, uno tras otro, tres o cuatro, estos amigos de Peñuela, con inseguro y cuidadoso andar. Por cualquier cosa, Peñuela se molestaba y protestaba, pasando, con la mayor facilidad, del sosiego y buen humor en que también se hallaba muchas veces, a un estado de violenta cólera cercano al paroxismo; si no le servían a tiempo el botellón que había pedido, digamos, o si no le habían arreglado debidamente el cuarto (descuido que estaba, se decía, en secreta relación con el atraso en el pago de las pensiones).

—Pero, ¿qué clase de hotel es éste? ¿Qué clase de hotel? —repetía, una y otra vez, en el tono más despectivo, acentuando mucho en la palabra clase.

Los restantes quince días del mes, Peñuela los pasaba hundido en un sillón, entregado a la lectura de revistas y periódicos. Y todo esto, si a ver vamos, era pasable, y nada descomunal para un lugar como La Tuna, al fin y al cabo; sobre todo, si se toma en cuenta el receso de los quince días. Pero, desgraciadamente, había algo más, y es que Peñuela, como verdadero artista de corazón que era, estaba enamorado de sus propios versos y quería que los huéspedes de La Tuna, y yo principalmente, los oyéramos y los leyéramos todo el tiempo, noche y día. Para esto no había descanso en todo el mes, y lo mismo había que oír o leer los versos de Peñuela en el periodo de embriagueces, que en el período de hundimiento en la poltrona. Y cuando salía usted, con mucha prisa, para correr a algún asunto suyo de interés (o porque un automóvil le esperaba a la puerta, interrumpiendo el tráfico, y con riesgo de una multa), Peñuela le interceptaba el paso, tendiéndole una hoja en la que aparecían sus más recientes producciones, copiadas a máquina, es verdad, pero rodeadas, cada una de ellas, por enjambres de minúsculas, indescifrables y negras correcciones.

Las cosas se agravaron para mí, poco más tarde, cuando Peñuela se trasladó a uno de «los 20». Empecé entonces a oír, con mayor frecuencia aún, aquel característico toquecito —suave, pero insistente—, a la puerta de mi pieza, y mi situación empeoró tanto en corto tiempo, que no me quedó ya otra alternativa que la de poner espacio de por medio entre Peñuela y yo. Comencé a prepararme para dejar La Tuna de Oro en fecha próxima, dispuesto a sacrificar los atractivos, todos, que en ella había encontrado y con los cuales me había consubstanciado a tal extremo que, ahora, hasta los múltiples defectos e innúmeros lunares de que he hablado —por paradójico y absurdo que parezca—, me ataban a aquel ambiente y a aquel mundo... ¡Qué poco había cambiado aquello en varios años! Para esos días —esos días en que estaba yo preparando mi partida lo más lentamente que podía— era, éste que aquí sigue, más o menos, el panorama de La Tuna y de sus gentes y sus cosas... Que recordara yo, faltaban solamente dos o tres de entre los fijos del tiempo de mi ingreso. Un día, con su ruleta, se había marchado Emiro, el intratable, seguido muy de cerca por enigmáticos gruñidos que Juan Remigio lanzó en su seguimiento, nadie supo nunca por qué causa. En su cuarto se hospedaba ahora, y parecía hallarse muy a gusto allí, en lugar de la bolita, una señora de negro traje estrecho y oxigenado pelo corto; apenas suena el timbre del teléfono, asoma ella a su puerta la amarilla cabeza; espera siempre una llamada y está pronta a acudir al primer toque. La viuda —así le dicen— muestra en su empolvado rostro hondos surcos trazados por el tiempo (o quizás más bien por el teléfono). En cuanto a otro ausente que recuerdo... bueno, un día no amaneció Manzanares en La Tuna; en altas horas, con la ayuda de una cuerda resistente, desde la barandilla de un balcón fue a posarse sobre la tierra firme de la calle, llevándose consigo, juntamente con su propia, delgada humanidad, sus no muy numerosas ni pesadas pertenencias. Se le había vuelto insoportable, de seguro, al pobre amigo, la estrechez mental de don Ernesto o Federico, ¡y como de otro modo era imposible burlar la nocturna vigilancia de Juan Remigio a la puerta de salida!... También tengo que decir que al Secretario —el Secretario aquel de aquel pequeño estado— se le fue un tiro del seguro en el pasillo, y se hirió el pie. Y nunca, por supuesto, hubiera podido ocurrirle percance semejante al Coronel, no obstante que sigue éste, como siempre, bañándose con jabón y revólver a la vez... Peraltica —¡perdón, el doctor Peralta!—, obtuvo brillantemente el título, y hubo gran noche de murga, y lo demás... El Catire sigue hablando «por el hilo»; ahora se lo disputa con la viuda. Pastor Segovia multiplica sus llegadas; su presencia se hace cada vez más necesaria. Don Héctor, ya se sabe, encuéntrase en el orto de una de sus épocas de esplendor recuperado, y se prepara... Desde la alta madrugada, el canto de los gallos, a la vez que el Dios-te-dé, le anuncian ya esta aurora, junto con la del nuevo día que viene a brillar sobre La Tuna. A poco resuenan ya en la calle, alegremente, como siempre, los cascos de los caballitos de fruteros y verduleros que se dirigen en sus carricoches al Mercado, o de él vuelven... El Mercado, adonde pronto acudirá, igualmente, la Señorita Encarnación, envuelta y semioculta en la penumbra del amanecer, así como el resto del día se ocultará detrás de don Ernesto, Federico, Juan Remigio, y algunos biombos más. En sus manos sigue ella sosteniendo firmemente los misteriosos hilos que gobiernan La Tuna; sus guisos son cada vez más fuertes y picantes, según unos, y no lo son lo suficiente, según otros. Y tampoco falta —claro está, hoy como ayer—, quien critique sus cuentas, o sus modos, sus caprichos. ¡Pero alguna vez la vi yo traerse consigo del Mercado a un niño hambriento, para hartarlo de amanecidas hallacas de su Tuna! ¡O comprar un pobre pájaro recién aprisionado (y cuya desesperación muy bien podía observarse a través de los alambres de la jaula), para ir a devolverle la ansiada libertad en lo más alto de la azotea! ¿Y qué más?... ¡Ah, sí! Olvidaba... Chepín ya no vive: Un día, frente al hotel, halló la muerte bajo las ruedas de un automóvil. Almorzábamos, cuando oímos sus desgarradores quejidos, su terrible lamento; cuando bajamos, corriendo, las escaleras para socorrerlo, ya había muerto Chepín, junto a la puerta misma de La Tuna, hacia la cual se encaminó con su última fuerza y su postrer aliento... Desde entonces, los gatos se pasean, de noche, libremente, por pisos y escaleras, en tanto que los ratones, que pululaban bajo el gobierno de Chepín, ahora se ocultan, con cuidado, bajo este nuevo régimen gatuno. Ya no es tan fácil tropezar con ellos en los pasillos; se les ve rara vez atravesando velozmente el ancho comedor, aunque debajo de algún pesado escaparate, o de alguna absurda cómoda inservible, brillan, burlonamente, de cuando en cuando, sus ojillos... Pero son los gatos los que reinan, por ahora, en las noches de La Tuna, y esto, no porque en el hotel no haya otro perro, lo hay, siempre lo hubo (aunque pocos se dan cuenta de que existe), porque éste, llamado Amílcar, de carácter reservado y melancólico, se la pasa todo el tiempo en el departamento de la dueña, echado sobre un cojín de plumas, y muestra la más glacial indiferencia, tanto por los felinos como por los ratones, así como también por todos los demás huéspedes del hotel, sean éstos humanos o no, y lo mismo fijos que de paso...

...Antes de alejarme de La Tuna (mientras La Niña seguía bajando mi equipaje y poniéndolo en la acera), eché al viejo edificio una mirada nostálgica y tristona. Por el ancho portón se veía trepar la empinada y penumbrosa escalera. Era un descalabrado y desteñido caserón de tres pisos, que había sido muy bueno en otros tiempos, con alegres y espaciosos balcones siempre abiertos, y airosas y atrayentes balaustradas que le daban no sé qué gracia y ligereza a la fachada. Iba a ser demolido un día cualquiera, y esta amenaza pesaba sobre él desde hacía mucho y servía de pretexto, o de razón, para no volver a remendarlo y retocarlo en luengos años. Allí estaba instalada La Tuna desde época ya casi inmemorial, y allí seguía bogando, sin descanso, día tras día, como una vieja barca algo maltrecha... Meciéndose al vaivén del vientecillo, colgaba el letrero encima del portón; en él veíase, juntamente con las letras, una inverosímil tuna color de oro; una deforme y caprichosa tuna, pintada o dibujada, al parecer, por la mano de un escolar o por la brocha de un aprendiz... Y fue así, pues, cómo, aquel día —contra mi gusto y mi querer, para ser franco—, abandonaba yo, al fin, La Tuna de Oro; la indefinible y vieja Tuna de disonancia y fantasía; La Tuna, con sus absurdos vericuetos y sus escalerillas crujientes y chirriantes; La Tuna, con sus focos, a veces, sin pantalla y sus pantallas, a veces, sin bombillo... Pero algo más, también, abandonaba yo en aquel instante... un cierto encanto que allí había, a pesar de todo... algo que tantas veces lo hacía olvidarse a uno por completo de las jarras desportilladas o de las flores de trapo... algo que, a mí, en particular, me parecía ver flotar distintamente en el aire de aquel sitio, por las noches, y que era, en realidad, como la esencia misma de La Tuna y de su tiempo y de su historia... Desde el vehículo en que me iba, miré hacia atrás antes de doblar la esquina. Asomada al balcón del 24, Clara Elisa me decía adiós, agitando el trapo de limpiar como un pañuelo. Moví la mano tras del vidrio, para decirle adiós, de igual manera, yo a mi vez, y no solo a ella, sino, también, al mismo tiempo, a todo aquello que ahora iba ya quedando tras de mí y que ponía no sé qué dejo de añoranza anticipada en mi partida...

Manzanita

Cuando llegaron las grandes, olorosas y sonrosadas manzanas del Norte, la Manzanita criolla se sintió perdida.

—¿Qué voy a hacer yo ahora —se lamentaba—, ahora que han llegado esas manzanas extranjeras tan bonitas y perfumadas? ¿Quién va a quererme a mí? ¿Quién va a querer llevarme, ni sembrarme, ni cuidarme, ni comerme ni siquiera en dulce? La Manzanita se sintió perdida, y se puso a cavilar en un rincón. La gente entraba y salía de la frutería. Manzanita les oía decir:

—¡Qué preciosidad de manzanas! Déme una.

—Déme dos.

—Déme tres.

Una viejecita miraba con codicia a las brillantes y coloreadas norteñas; suspiró y dijo:

—Medio kilo de manzanitas criollas, marchante; ¡que no sean demasiado agrias, ni demasiado duras, ni demasiado fruncidas! La Manzanita se sintió avergonzada, y empezó a ponerse coloradita por un lado, cosa que rara vez le sucedía.

Y las manzanas del Norte iban saliendo de sus cajas, donde estaban rodeadas de fina paja, recostadas sobre aserrín, coquetonamente envueltas en el más suave papel de seda. Habían sido traídas en avión desde muy lejos, y todavía parecían un poco aturdidas del viaje, lo que las hacía aún más apetitosas y encantadoras.

—A mí me traen en sacos, en burro, y después me echan en un rincón en el suelo pelado... —cavilaba Manzanita, con lágrimas en los ojos, rumiando su amargura.

Estaba cada vez más preocupada. Aunque a nadie había dicho palabra de sus tribulaciones, las otras frutas, sus vecinas, veían claramente lo que le pasaba; pero tampoco decían nada, por discreción. Hablaban del calor que hacía; de la lluvia y el Sol; de los pájaros, los insectos y la tierra; o bien cambiaban reflexiones acerca de las gentes que entraban o salían de la frutería, en tanto que la pobre Manzanita se mordía los labios y se tragaba sus lágrimas en silencio.

Ya las norteñas se acababan, se agotaban; ya el frutero traía nuevas cajas repletas, con mil remilgos y cuidados, como si fueran tesoros que se echaba sobre los hombros. La Manzanita no pudo aguantarse más.

—Señor Coco... —llamó en voz baja, dirigiéndose a uno de sus más próximos vecinos, un señor Coco de la Costa, que estaba allí envuelto en su verde corteza.

—Usted que es tan duro, señor Coco —repitió Manzanita con voz entrecortada y llorosa—; que a nada le teme; que se cae desde lo alto de los brazos de su mamá, y en vez de ponerse a llorar, son las piedras las que lloran si usted les cae encima...

Esto ofendió un tanto al buen señor Coco, el cual creyó necesario hacer una aclaratoria, poniendo las cosas en su puesto.

—Es cierto que soy duro —explicó—, pero eso no quiere decir que no tenga corazón. Es mi exterior, que es así. Por dentro soy blando, tierno y suave como una capita de algodón.

—Es lo que yo digo, señor don Coco —se apresuró a conceder la Manzanita—. Yo sé que su agua es saladita como las lágrimas, y que eso viene de su gran corazón que usted tiene.

—Así es —asintió el buen Coco, satisfecho—. ¿Y qué quería usted decirme, amiga Manzanita? ¡Estoy para servirle!

—Ya usted se habrá fijado —dijo la Manzanita, conteniendo a duras penas sus sollozos— en lo que está pasando aquí en la frutería. Esas del Norte, ¡esas intrusas! ocupan la atención de todo el mundo, y todos las encuentran muy de su gusto, señor Coco, ¡señor Cooooooooco!... —y la pobre Manzanita rompió a llorar a lágrima viva.

El Coco no hallaba qué hacer ni qué decirle a Manzanita. Viendo esto otra vecina, se acercó pausadamente para tratar de consolarla.

—¡Ay, señora Lechosa! —gimió Manzanita echándole los brazos al cuello—. ¡Qué desgracia la mía!

—Cálmate, Manzanita, cálmate —le decía maternalmente la Lechosa (que era una señora Lechosa bastante madura y corpulenta).

Volviéndose hacia otro de los vecinos, con los ojos húmedos —tan blanda así era—, preguntó la Lechosa:

—¿Qué me dice usted de esto, señor Aguacate? ¿No comparte el dolor de Manzanita? ¡Usted, que parece una lágrima verde a punto de caer!

—¡Ay, cómo no, señora Lechosa! —se apresuró a decir el Aguacate, rodando ladeado hasta los pies de Manzanita—. Mi piel puede ser dura y seca, pero por dentro me derrito como mantequilla.

En esto se desprendió un Cambur de uno de los racimos que colgaban del techo, y fue a caerle encima a la Guanábana. Pero la Guanábana no se irritó ni protestó, ni siquiera pareció darse cuenta de lo sucedido; es tan buena ella, que hasta las mismas espinas que la protegen por fuera, son tiernas a tal punto que un bebé puede aplastarlas con la yema de su dedito. Pero la Naranja también había acudido a consolar a Manzanita, y se puso amarilla de rabia —amarilla como un limón.

—Esos Cambures... —dijo desdeñosamente—. Siempre cayéndole a una encima.

—¿Qué se habrá creído la Naranja? —refunfuñó el Cambur—. Nada más que porque es redonda y amarilla, ya se cree el Sol.

La Naranja se puso aún más encendida, como fuego.

—Nosotros somos tan amarillos como ustedes —le gritó un contrahecho Topocho pintón.

—Yo también soy amarillita —murmuró la Pomarrosa dentro de una cesta.

—Sí, sí, amarilla —rieron los Nísperos—, pero hueles demasiado, te echaste encima todo el perfume.

—No les hagas caso, Pomarrosa —le dijo al oído la Parcha—. Ésos parecen papas; están envidiosos de tu color, y porque no huelen tanto como tú.

La Parcha Granadina, la señora Badea, había llorado también, y tenía la redonda cara más lisa y lustrosa que de costumbre.

—Oiga, señora Parcha —le dijeron unos Mamones—, ¿por qué no le pide prestada su pelusilla al Durazno, y se la unta en la cara para que no se vea tan lustrosa?

—Pues a mí —dijo de repente, cuando menos se esperaba, un grueso señor Mamey—, a mí no me importa lo que le pase a Manzanita. Al fin y al cabo, esas son cosas de ella, un pleito de familia entre Manzanas. No hay que ocuparse más de esa llorona. ¡Mocosa! Estas palabras del Mamey causaron un momentáneo desconcierto. Miráronse las frutas unas a otras, con aire perplejo. Fue el eminente señor Coco quien, reponiéndose el primero de la sorpresa, tomó al fin la palabra.

—No, amigo Mamey —dijo sosegadamente el Coco—; yo creo que sí tenemos que ayudarla. Oiga usted, amigo —añadió bajando significativamente la voz y echando una rápida ojeada alrededor—, no sabemos lo que puede suceder mañana; ¿qué sé yo?, ¿qué sabe usted? ¡Un día de éstos pueden comenzar a llegar también Cocos del Norte, Lechosas del Norte, Aguacates del Norte, Guanábanas del Norte, Mamones, Mangos, Tunas, Guayabas, Nísperos, Parchas, Mameyes del Norte! Sí, señor, óigalo bien, señor Mamey: ¡Mameyes del Norte! ¿Y qué será entonces de nosotros? ¿De usted y de mí? ¿Y de nosotros todos?... ¡Nos quedaremos chiquiticos, frunciditos, encogiditos y apartaditos, como le pasa hoy a Manzanita! El rechoncho Mamey no palideció por esto; para sus adentros, se puso aún más amarillo, aunque siguió siendo marrón por fuera. Las ideas expuestas por el Coco, a las claras denotaban su elevación nada común. En los cocales, en efecto, se mueve él a grande altura sobre el nivel del suelo; por esto se supone —o supone él— que ya desde muy lejos ve venir los acontecimientos, los peligros, y es por eso el más llamado a hablar en nombre de las frutas tropicales. Pero esta elevada posición del Coco, sin embargo, también suscita envidias y resentimientos... El ventrudo Tomate, por ejemplo, se puso rojo como un... ¡tomate!

—Yo no les tengo miedo a los Tomates del Norte —dijo, inflamado y brillante—. ¿Qué me dicen con eso? Ellos no pueden ser más colorados que yo. Además, yo no puedo ponerme contra las Manzanas del Norte, porque nosotros, los de la familia Tomate, tenemos un cierto parentesco con ellas. Mi abuelita me contaba que en algunos países nos llaman a nosotros «manzanas de oro»; de modo, pues, que...

—También yo —dijo uno de los Cambures, cortándole la palabra al Tomate—, también yo tengo cierto grado de parentesco con esas extranjeras, por el lado materno, como bien puede verse por mi segundo apellido, pues, como saben, soy el Cambur Manzano.

Unos muchachos que venían de la escuela entraron ruidosamente en la frutería y empezaron a comprar manzanas —¡manzanas del Norte, por supuesto!—. Las acariciaban, las sopesaban, las olían, hasta les daban algún beso o mordisco allí mismo, ante los mismos ojos de Manzanita, como si dijéramos en sus propias barbas. La Manzanita, que se había quedado distraída y pensativa oyendo lo que decían las frutas, como si todo se hubiera arreglado con solo palabras, volvió a gimotear perdidamente, acordándose otra vez de sus pesares. Entonces se le acercó la Piña y se puso a acariciarla y a mimarla. Pero cada vez que doña Piña le hacía un mimo en la mejilla, Manzanita se escurría un poco hacia atrás, diciendo:

—¡Ay, señora Piña! ¡Ay! ¡Ay! Pero la Piña no pensaba que esto pudiera ser a causa de las escamas y las sierritas punzantes que la adornan por todos lados, sino que era a causa de la pena que seguía afligiendo a Manzanita, y que a cada instante se le hacía más viva y aguda; y continuaba acariciándola y mimándola. Mientras más ayes lanzaba la pobre Manzanita, más y mejor la acariciaba y la estrechaba entre sus brazos la buena señora Piña, haciéndola gritar más todavía.

Hasta que unas dulces Parchitas se apiadaron de ella y empezaron a decir, para distraer la atención de la Piña:

—Señora Piña... Señora Piña... Oiga lo que dicen los Mangos.

—Pues, ¿qué dicen? —interrogó la Piña, volviéndose.

—Que usted y que es agria...

Esto reavivó inesperadamente el dolor de Manzanita.

—¡Agria la Piña! ¡Ay! —exclamó fuera de sí—. Pues ¿qué no dirán de mí? Y más ahora que han venido ésas, y que todos andan con la boca abierta de lo buenas y sazonadas que son!

—No, nosotros no hemos dicho nada de usted, misia Piña —explicaban los Mangos—. Nosotros somos frutas que venimos de gran árbol, y no nos ocupamos de frutas que viven pegadas al suelo.

—¡De gran árbol! —rió la Piña con sarcasmo—. Pero no estamos hablando de eso, sino de gusto y sabor. ¿Y quién más dulce que yo, cuando quiero serlo? Y no olviden ustedes ¡pegajosos! —añadió levantando la voz— que están tratando con una dama de mucho copete; ¿o es que no lo saben? El Mango soltó la risa.

—Porque lleva un moño de hojas duras en la cabeza —dijo—, ya se cree dama de gran copete.

Yo tengo algo que es más, mucho más que copete —se oyó—. ¡Tengo corona! Todos se volvieron, mirando a la Granada, que llevaba una corona, una verdadera y auténtica corona real, esto era innegable.

—¡Sí! —repitió orgullosamente la Granada—. Llevo una corona de seis picos; por consiguiente, soy la reina de las frutas...

—¿Tú? —gruñó enseguida el Membrillo, como de costumbre tieso y reseco—. ¡Tú, que apenas estás madura y no encuentras quien te lleve, te entreabres ya sola y empiezas a pelarle los dientes a todo el que pasa, a ver si te cogen! ¡Dientona! La Granada enrojeció mucho al oír tales palabrotas.

La señora Patilla venía acercándose hacía rato, arrastrándose como un morrocoy. Ahora llegaba, e intervino para decir, aunque algo tardíamente:

—Las frutas pegadas al suelo, como han dicho antes esos caballeritos Mangos, y yo en particular, que por mi tamaño y otras cosas puedo considerarme también reina de las frutas...

—¡Ay, Patilla! —susurró la Piña.

—¡La Patilla se cree reina! ¡La Patilla se cree reina! —rieron dentro de un canasto unas niñitas muy traviesas, y que tenían fama de loquillas, las Guayabas.

Ni siquiera reparó en ellas la bonachona y plácida Patilla; pero la Tuna, erizada de pelillos y aguijoncitos, parecía pronta a defenderse y zaherir, a pesar de que nadie estaba metiéndose con ella.

La frutería estaba ya cerrada hacía rato, y todavía hablaban las frutas (como si exhalaran su aroma, cada una el suyo). La Manzanita no durmió en toda la noche. Hasta la madrugada no pudo cerrar los ojos. De modo que, al amanecer del día siguiente, cuando volvieron a abrir la frutería, dormía aún, y soñaba... Estaba muerta. La Manzanita criolla se había muerto de pena y de vergüenza de verse tan chiquita, tan verdecita, tan fruncidita, tan acidita y tan durita. ¡Pobre Manzanita! Y a pesar de todo, tenía buen corazón, sí, tenía su corazón jugoso, tierno, perfumado, ella también, y la prueba es que para hacer dulce era muy buena. Esto era lo que ahora decían todos alrededor de ella, y la lloraban y la compadecían, la llevaban sobre sus hombros y le ponían flores encima. La llevaban a enterrar. Pero la que más lloraba en el entierro de Manzanita, la que más triste iba, era la misma Manzanita, que se tenía mucha compasión y se daba una gran lástima. El cortejo pasaba por la falda del cerro, y estaban presentes las frutas más importantes y representativas, todas las grandes frutas. Solo la señora Patilla, entre éstas, no había podido llegar hasta allí; varias veces lo intentó, pero se vino rodando hasta el pie de la cuesta una y otra vez; allí se quedó al fin, inmóvil, sudorosa, echando la colorada lengua hacia afuera. El lento cortejo subía por la ladera; los pájaros piaban tristemente, siguiéndolo de rama en rama; murmuraban las hojas, alguna se desprendía y venía a posarse en tierra. La neblina cubría la faz del Sol.

Cuando la echaron al hoyo, cerca de un arroyuelo, hubo un formidable estremecimiento. «Seguramente disparan el cañón por mí, o se hunde el cerro» —pensó Manzanita envanecida. Llevó luego la palabra el joven Durazno, amigo de infancia y compañero de juegos de Manzanita, y todos comenzaron enseguida a echarle tierra encima... Manzanita se enderezaba, pataleaba, se empinaba en la punta de los pies; se sacudía la tierra como una gallinita en un basurero. Pero la tierra seguía cayendo a paletadas, y al fin Manzanita quedó tapada.

Cuando ya estaba enterrada, y todos se habían ido cuesta abajo, hacia la frutería otra vez, llegó por entre la tierra oscura y recién removida un gusano, y le dijo al oído a Manzanita:

—¿De qué te moriste, Manzanita, tú tan dura?

—De dolor, señor Gusano, viendo llegar a esas ricas Manzanas del Norte, y que nadie más sentía gusto por mí —contestó ella—. Ni a los niños, ni a los pajaritos, ni a nadie le gustaba ya, ¿para qué iba a seguir viviendo?

—Mira, Manzanita —le dijo otra vez al oído el gusano—, te voy a dar un consejo. Mejor es que no te mueras todavía. Oye lo que te voy a decir: esas lindas manzanas fácilmente perecen aquí, yo lo sé, y te lo digo porque soy tu viejo amigo y porque somos los dos de aquí del cerro.

La Manzanita vio una lumbre de esperanza en aquello que le decía el gusano.

—¿Y crees tú que se van a morir de verdad esas bichas? —preguntó con los ojos brillantes.

—De seguro que sí, Manzanita. Es el calor lo que las daña —explicó el gusano, con aire entendido y científico.

Entonces Manzanita comenzó a escarbar con fuerza la tierra que le habían echado encima, se salió afuera y se vino rodando cerro abajo hasta la frutería otra vez.

Acababan de alzar ruidosamente la reja de hierro que servía de puerta a la frutería (fue éste el estampido que oyó en sueños Manzanita), y todas las frutas lanzaron exclamaciones y gritos de sorpresa al ver entrar tan fresca y ágil a Manzanita.

—Pero, ¿cómo es eso, Manzanita? —le preguntaban todas a la vez—. ¿No te dejamos esta mañana muerta y enterrada?

—¡Ah, sí! ¡Dispensen! —dijo Manzanita, olorosa todavía a tierra—. Pero es que he venido a ver una cosa, una sola cosa no más, y después me voy otra vez; si no es nada, me vuelvo a ir a enterrarme yo misma. Ustedes no tienen que volver a llevarme, ni acompañarme, ni volver a subir el cerro, ni echarme otra vez la tierra encima. ¡Muchas gracias! Yo misma me la echo... ¡Un momento! Y Manzanita se hizo aún más pequeña de lo que era en realidad, al ver que ya el frutero abría las cajas. Estaba más fruncida que nunca, de miedo y esperanza a la vez, viendo aparecer los rollos de paja y de papel de seda en que venían envueltas las norteñas... Y empezaron a salir manzanas manchadas, o con puntos hundidos y abollados, o ya próximas a descomponerse... Y el frutero estaba consternado; se ponía las manos en la cabeza y hablaba para sí mismo, jurando y maldiciendo; y Manzanita iba al mismo tiempo recobrando ánimos. Al fin ya no pudo contenerse más, y corrió por toda la frutería llevando la noticia. Tropezó con la Lechosa, se montó en la Patilla, dispersó a los Mamones, empujó al Tomate, se hincó en la Piña, resbaló entre los Mangos, le dio un golpe al Mamey y un apretón a la mano de los Plátanos; diciendo entusiasmada:

—¡Están dañadas! ¡En un solo día de gran calor se dañan todas! Y Manzanita reía; reía y bailaba en un solo pie.

Entretanto, el afligido frutero iba echando en una cesta sus manzanas inservibles, e iba metiendo en la nevera las que todavía estaban sanas, no fueran a perderse también, con el gran calor que hacía. Subida sobre el montón de Cocos, Manzanita se puso a mirar a través del cristal de la nevera; tenía los ojos todavía hinchados y enrojecidos por el llanto. Miraba a las rosadas y opulentas Manzanas instaladas ahora dentro del frío esplendor de la nevera —entre Uvas y Peras—, como reinas y princesas en el interior de su palacio.

—¡Aquí no pueden estar sino en nevera, y seguro que en su tierra no son nadie! —les dijo, mirándolas de soslayo.

Pero ya Manzanita estaba consolada, y en el fondo de su corazón, ya les estaba perdonando su belleza y su atractivo. Su ira se aplacó inesperadamente... y, en lo secreto y profundo de sí misma, un súbito vuelco se produjo...

—Después de todo —dijo al cabo de un momento, bajándose del montón de Cocos y echando otra mirada a la cesta de las manzanas desechadas—, son frutas como yo, hijas de la tierra y el Sol, buscadas por los niños y los pájaros... ¡Perecederas frutas, como yo! La naricilla estaba todavía lustrosa; la voz, ronca y quebrada por los sollozos. Pero lanzó un largo y hondo suspiro de pena apaciguada... Y como por encanto desaparecieron las huellas de la amargura y el rencor; y se hizo presente aquella pizca de dulzura y de frutal delicia que la Naturaleza misma también puso en la sensible pulpa de que hizo a Manzanita, el día en que la hizo... Y la alegría, la maravillosa alegría de Manzanita, estalló, de pronto, incontenible y desbordante, al sentirse, nuevamente, entrelazada, y en paz, como entre hermanas, con todas las demás frutas del trópico y del mundo...

Y la maravillosa alegría cundió por todos lados; se comunicó a todas las frutas; sus fantásticos colores refulgían, bajo el rayo del Sol que las tocaba; se juntaban o se separaban sus formas, con capricho; confundíanse sus aromas en la tibieza del aire tropical. Materialmente fulguraban las Naranjas, como soles echados en montón; bailaban los Cambures, jubilantes; el Aguacate daba traspiés, su cuello largo y retorcido impedíale moverse acompasadamente; la Patilla sonaba a hueco, y se deslenguaba; Nísperos y Chirimoyas y Frutas de Pan saltaban fuera de las cestas y los sacos; los mismísimos señores Cocos Secos se echaron a rodar por aquí y por allá, con sordo ruido, exhibiendo al Sol sus largos y duros pelos; y los Mamones, así como las Guayabas y las pequeñas Ciruelas fragantes y coloradas —¡cuándo no!—, aprovecharon también la confusión para ponerse a corretear por el suelo, como ratones, persiguiéndose y jugando, deslizándose entre las Piñas, escondiéndose entre las Lechosas, las Parchas o las Guanábanas.

El frutero se afanaba, recogiendo aquí, atajando allá, sin saber qué pensar ni qué hacer ante aquel desbarajuste inusitado... A través del cristal de la nevera, Manzanita se sonreía con las norteñas. El rechoncho Mamey le dio un beso en la frente. El maduro Tomate le echó el brazo. ¡Y hasta las avispas y abejas que merodeaban por allí en busca de dulzores, bailaron frenéticamente unas con otras!

El médico de los muertos

Durante muchísimos años, el pequeño cementerio había sido un verdadero lugar de reposo, dentro de sus amarillentos paredones, detrás de la herrumbrosa y alta puerta cerrada. Algunos árboles, entretanto, habían crecido; se habían vuelto coposos y corpulentos; al mismo tiempo, la ciudad fue creciendo también; poco a poco fue acercándose al cementerio, y acabó, finalmente, por rodearlo y dejarlo atrás, enclavado en el interior de un barrio nuevo. Los muertos, dormidos en sus fosas, no se dieron cuenta de estos cambios, y siguieron tranquilos algunos años más. Pero, después, hubo sorpresas. La ciudad seguía ensanchándose, año tras año, y por todas partes se buscaba ahora, como el más preciado bien, cualquier sobrante de terreno aún disponible, para aprovecharlo y negociarlo; hasta los olvidados camposantos de otro tiempo, eran arrasados, excavados y abolidos, para dar asiento a modernas construcciones. Una noche llegaron, en doliente caravana, los muertos que habían sido arrojados de otro distante cementerio (en donde una Compañía comenzaba a levantar sus imponentes bloques), y pidieron sitio y descanso a sus hermanos; éstos refunfuñaron; pero les dieron puesto, al cabo, estrechándose un poco, y juntos durmieron todos nuevamente. Pero más tarde aún, cuando fueron arregladas las calles adyacentes, el camposanto vino a quedar mucho más elevado que el nivel de la calzada, de modo que desde la calle podía verse un abrupto y rojizo talud, y sobre éste, la vieja tapia del cementerio, coronada por el follaje de los árboles y las enredaderas; brotaban éstas, igualmente, por entre el carcomido resquicio del portón, y por todos lados alargaban sus brazos y sus ganchos y zarcillos, dispuestos a agarrarse de lo primero que encontraron para sostenerse y extenderse más aún. Pronto pasaron por allí cerca los autobuses y los camiones, y esto empezó a molestar mucho a los muertos, sobre todo a los que estaban enterrados del lado del barranco que lindaba con la calle. La tierra se estremecía, trepidaba y los removía en sus fosas, cada vez que una de aquellas pesadas máquinas pasaba. Ellos se daban vuelta, se tapaban los oídos, se acomodaban lo mejor que podían. Pero el poderoso y confuso rumor de la ciudad vino, al fin, a sacarlos de aquel inquieto sueño intermitente; empezaron, entre ellos, a cambiar misteriosas señales subterráneas, y una noche, previo acuerdo probablemente, salieron varios muertos de sus tumbas, y acordaron ir en busca del Celador del cementerio para exponerle sus quejas. A poco andar, no sin sorpresa, descubrieron que ya no había ni celador, ni capilla, ni nada que se les pareciera. El camposanto había sido clausurado —esto era evidente—, desde incontables años atrás, y nadie del mundo de los vivos entraba nunca allí...

—Esto ha cambiado mucho, mucho... —dijo uno de los difuntos, echando un vistazo en derredor—. Recuerdo muy bien que, cuando a mí me trajeron a enterrar, quedé materialmente cubierto de rosas, azucenas y jazmines del Cabo; no veo ahora ninguna de estas flores por aquí; solo paja; paja y verdolaga, e insignificantes florecillas, de ésas que no tienen nombre alguno...

—Mi tumba —dijo otro—, era un riente jardín; mil flores lo adornaban; daba gusto sentirse ahí debajo. No podía yo verlas ni deleitarme con su aroma y sus colores; pero, en cambio, pasé años y años entretenido, viendo desarrollarse y avanzar las mil y mil raíces que crecían junto a mi fosa. Nada hay tan interesante y apropiado para un buen observador subterráneo; el crecimiento, el forcejeo, los juegos y las luchas de las raíces entre sí; sus tácticas y astucias, constituyen el más apasionante espectáculo que puede contemplarse bajo la haz de la tierra. Casi un siglo he pasado yo observándolo, y no me parecen más que cortos minutos. Pero ocurrió, finalmente, algo tremendo... Una enorme raíz, un verdadero gigante subterráneo que desde hacía unos setenta años se acercaba a paso lento y cauteloso, acabó por llenar completamente el sitio, desalojando y empujando a todas las demás raíces, grandes o pequeñas. Yo mismo me vi casi tapiado y comprimido por este horrible monstruo del subsuelo...

—Me acuerdo ahora —murmuró alguien, de repente, interrumpiendo este discurso—, me acuerdo ahora que por aquí mismo fue enterrado, cierta vez, Pompilio Udano, quien fuera nuestro Celador Principal por largo tiempo...

Se pusieron a mirar entre las cruces, casi todas caídas, torcidas o medio hundidas en la tierra. De pronto, descubriendo bajo un oscuro ciprés lo que buscaban, y acercándose bastante, pudieron leer, a la luz de sus propias cuencas vacías —aunque dificultosamente, a la verdad—, el borroso epitafio del antiguo Celador del camposanto.

Tocaron, discretamente, en la losa. Dieron luego fuertes golpes en el suelo, con los puños cerrados. Como nadie respondía tampoco, dobló el espinazo uno de los presentes y acercando el hueco de la boca al hueco de una de las grietas del terreno, lanzó por allí insistentes llamadas en voz alta.

—¡Pompilio! ¡Pompilio Udano! ¡Señor Pompiliooo! Se deslizó él mismo, todo entero, por la grieta, y desapareció completamente de la vista. A poco pudo oírse el rumor de una animada conversación entablada en el fondo de la cueva, y no tardó en surgir de nuevo el visitante, a la vez que por una segunda grieta aparecía, un poco más lejos, el propio señor Pompilio Udano.

Discutióse el asunto un buen rato, y Pompilio opuso una fría negativa a reasumir la responsabilidad del orden y la paz del camposanto, pues no se consideraba ya obligado a ello, dándose por muerto.

A causa de mi lamentada desaparición —explicó, con franca egolatría, el señor Pompilio—, el camposanto fue definitivamente clausurado; desde entonces, en todo ese tiempo, solo una vez subí a la superficie, por un rato, llamado, lo recuerdo, por el médico...

—¿Por el médico? —preguntaron varias voces.

—Sí; ¿no saben que tenemos aquí un médico?

—No lo sabíamos; no lo sabíamos —respondieron, todos a la vez.

—Bueno es saberlo —añadió uno—. Aunque a mí nunca me duele nada —agregó al punto, tocando madera en una cruz vecina.

—¡Claro! —le replicó, sin más tardar, un amargado esqueleto allí presente—. ¡Claro! Si tú estás bien instalado en una tumba de las mejores; en la más seca y tranquila de todo el cementerio, y si no fuera por el barranco...

—Llamemos al médico a ver qué opina —propuso alguien, volviendo a dirigirse al Celador y tratando, al parecer, de evitar que resurgieran, junto con los restos de los difuntos, recriminaciones y suspicacias que para nada venían ahora al caso.

—Nos dará algo para dormir, tal vez —insinuó una voz.

—Pues... por allí —dijo entonces el señor Pompilio, señalando con el descarnado dedo—. Pero... ¿qué razón habría para llamarle a tan altas horas como éstas? Nadie parece enfermo grave aquí...

—¡Yo! —proclamó ruidosamente, sin mayor preámbulo, otro de los del grupo, a tiempo que se echaba al suelo, como atacado por fulminante enfermedad, a la entrada de un panteón semiderruido—. Díganle que estoy a las puertas del sepulcro... del sepulcro de la Familia Torreitía —completó, leyendo desde el suelo la inscripción del mausoleo.

A poco llegaba ya el doctor. Miró con fijeza al paciente, y allí mismo procedió al reconocimiento y examen.

—Respire.

—Otra vez.

—Ruidos... ruidos... —murmuró el facultativo, frunciendo el ceño.

—Estoy aquí echado sobre hojas secas, doctor —explicó el enfermo, incorporándose a medias en su lecho de crujiente hojarasca—; es ése, tal vez, el ruido que...

—¡Hum! —gruñó el doctor, sin interrumpirse en su tarea.

—Pero ¡doctor! ¡Si yo me hice el enfermo solo como pretexto para poder llamarle a usted a estas horas! Y no siento nada, no tengo nada, absolutamente nada; solo el insomnio causado por...

—¿No siente nada? ¡Pudiera ser! —dijo el doctor—. Pero usted presenta síntomas... síntomas alarmantes... síntomas inequívocos... En una palabra, ¡síntomas de vida!

—¡Oh! —exclamaron los difuntos, retrocediendo, todos, con movimiento de horror—. ¡Síntomas de vida! ¡Síntomas de vida!

—¿Qué debo hacer? ¿Qué debo hacer, doctor? —suplicaba, al mismo tiempo, por su parte, el asustado esqueleto, que parecía haber palidecido, más aún, súbitamente.

—Por lo pronto —dijo el doctor—, meterse en su fosita. Quedarse quietecito. Pero, ¡no tema! —añadió, dándole ánimos—. Pudiera ser que yo... la ciencia... el tratamiento... ¡Ya veremos! No se movió más el esqueleto, y el grupo se llevó al doctor hacia otro lado.

—Este cálido vaho... Este efluvio falaz... Esta hipócrita noche... —murmuraba, extrañamente, el buen doctor, como hablando, ahora, solo para sí mismo, oteando en torno suyo.

—De todos modos —dijo uno—, se me ocurre una idea... El médico lo miró con atención.

—¡Hum!...

Pero se oyó en aquel instante otra voz, un susurro, más bien, que parecía venir de muy cerca, a la vez que de muy lejos:

—Doctor... doctor...

Se entristeció el médico, deteniéndose para observar.

Desde el fondo de la tierra, llegaba hasta su oído algo así como la última, débil resonancia de una remota y juvenil voz de mujer.

—Cada vez que vuelve la primavera, doctor...

—¡Hum!...

—Quisiera andar, cantar, reír, llorar...

Desapareció el médico, penetrando en la agrietada superficie de donde la misteriosa voz había salido...

Cuando volvió a reunirse con el grupo, la Luna había hecho su aparición entre las nubes; flotaba dulcemente en el espacio. Ligeras ráfagas de brisa acariciaban el follaje de las ceibas y los mangos. Confundido tal vez por el intenso resplandor de la Luna —o en sueños, quizás— un pájaro llamaba, piando, por momentos, como al despuntar del día, desde algún hueco del muro. Nuevas hojas brillaban, húmedas y relucientes, en los enormes brazos de una ceiba. Otra ceiba, al lado, aparecía cubierta, toda ella, de blancuzcas flores, compactas y apretujadas entre sí, que exhalaban un acre y penetrante aroma. Lanzando sus silbidos, revoloteaban, en torno, los murciélagos, como alrededor de una inmensa golosina; se detenían en el aire, en suspenso ante las flores; libaban en los cálices. De todos lados a la vez llegaba el chirrido de los grillos. Y las insignificantes florecillas silvestres y rastreras —ésas que no tienen nombre alguno, ni fragancias ni esplendores—, por todas partes recubrían, piadosamente, sin embargo, la tierra del camposanto. Nadie fijaba en ellas la mirada; pero el médico sí las veía; como también veía los mil tupidos brotes de hojas tiernas; como escuchaba el canto de los grillos, o sentía el vivo perfume de la tierra y de los árboles...

—Habrá que precaverse... resguardarse —dijo, de pronto, estremeciéndose, como presa de violento escalofrío.

—Ja... ja... —rió el amargado esqueleto que ya antes había hablado alguna vez—. Eso quisiera yo también, ¡cómo no! Estar bien al abrigo, y al seguro, bajo tierra, con mi buena lápida encima, por tan feo tiempo como el de esta noche... Horrible tiempo de primavera, con pimpollos, nidos, Luna, brisas, fragancias, cuchicheos... un tiempo como para estarse uno encerrado, allá abajo, quieto y serio... ¡Pero a cada momento estoy temiendo que se me desmorone el barranco en donde estoy y vayan a parar mis pobres huesos quién sabe dónde!

—Cuando me contaba entre los vivos —volvió a decir el médico, siguiendo el hilo de sus pensamientos—; cuando me contaba entre los vivos, y era médico entre ellos, ¡qué vano y quimérico trabajo, el de luchar contra la muerte! A veces, el desaliento me invadía, y no aspiraba ya entonces más que a la muerte misma, para lograr al fin la certidumbre que nunca hallaba en la existencia... Y ahora —añadió, con una como vaga o dolorosa turbación en la voz— ahora soy el médico de los muertos... estoy muerto yo mismo... y bastante sé ya, después de todo, sobre este otro incurable mal que nos acosa, noche y día, bajo la aparente quietud del camposanto... esta implacable e invencible vida, que por todas partes recomienza, a cada instante —fuera y dentro de nosotros—, su trabajo de zapa interminable... ¡Alucinante morbo! ¡Espeluznante enfermedad! Echó a andar, por entre las cruces y las losas —o por lo que de ellas aún quedaba, aquí o allá—, y fue a hundirse, blandamente, en aquel mismo punto del ciprés, que era lo suyo. Pudo escucharse con cuánto cuidado y precauciones se encerraba, procurando tapar toda grieta o hendija por donde filtrara algo, todavía, hasta allá abajo, del soplo de la brisa, o de la magnificencia de la noche, o del suave e insistente llamar, desde su nido, del pájaro engañosamente despertado por el claror de la Luna. Sacando uno de sus brazos por un restante agujero aún abierto, acomodó mejor, sobre sí, la mohosa lápida, cual sábana o cobija, y cerró finalmente, desde adentro, esta última abertura al exterior. Junto al nombre desvaído, había unas cifras ya borrosas —unas cifras que habían sido doradas, en su tiempo, y que lo mismo podían ahora significar las fechas del nacimiento y de la muerte del doctor, que las nocturnas horas de consulta del médico... ¡Del Médico de los Muertos! Era ya muy tarde, y los mil ruidos que venían de la ciudad habían cesado por completo. De modo que los muertos se olvidaron del motivo mismo de su salida, y todos imitaron el ejemplo del doctor. ¡Volvieron los difuntos a sus cruces, así como retornan, a cierta hora, a sus olivos los mochuelos! Y la paz volvió a reinar, por el momento, en el pequeño camposanto abandonado. La Luna seguía su curso por el cielo. Los grillos cantaban con pasión. Brillaban los cocuyos. A ratos, como una ráfaga del mundo, un murciélago hendía el aire. Y poco a poco iban cayendo, como pesadas gotas de algún licor capitoso, las pequeñas flores blancuzcas y viscosas de concentrado y denso aroma embriagador; blanqueaban en el suelo, al pie del árbol, a la luz de la Luna, como huesecillos esparcidos... Ya los muertos reposaban y dormían nuevamente, cada uno en su sitio, cada cual bajo su lápida o su túmulo, o bajo su montículo y sus piedras...

¡Engañosas apariencias, sí! Más nunca os voy a decir: «¡Quedad en paz! ¡Descansad en paz!». Ya sé lo que es vuestra paz; ya sé lo que es vuestro descanso, vuestro eterno descanso... ¡Momentánea pausa apenas! ¡Efímero intermedio!

Eladia

—¡Me pesa! ¡Me pesa! —rezaba Eladia, y se daba golpecitos en el pecho, en su delgado y liso pecho.

—Pero, Eladia —le decía la señora—, ¿tú no sabes rezar otra cosa? No, Eladia no sabía; tal vez no sabía. No hablaba casi nunca; jamás explicaba nada; si se le preguntaba algo, había que hacer los mayores esfuerzos para obtener una contestación clara y precisa. Esto mismo, a veces resultaba imposible, pues mientras más se le preguntaba una cosa, más difícil se le hacía a Eladia contestar, y al fin, si la apremiaban mucho, le era ya totalmente imposible.

De lo hondo de la raza le venía este silencio, este secreto. Como su pelo, su alma de hilos innumerables estaba encogida y replegada sobre sí misma. Pero su instinto le había dicho que en aquellas dos breves palabras se encerraba todo cuanto la devoción o la humildad pueden expresar, y ella las repetía cada vez que se arrodillaba delante de una imagen, cualquiera que ésta fuera:

—¡Me pesa! ¡Me pesa!

—Pero, Eladia, ¿qué te pesa tanto a ti? ¿Tú has hecho algo? —le preguntó la señora, con sospecha.

Por toda contestación, Eladia callaba, permanecía confusa como si la hubieran sorprendido cometiendo alguna falta, y luego se escurría en silencio, apenas veía que la señora se olvidaba de su pregunta o miraba a otro lado, como hacen los ratoncitos cuando les parece que el gato se ha distraído.

La cocinera (una gran despabilada a quien el humo de las cacerolas le había alborotado el humo de las ideas y de las palabras) le dijo un día en el lavadero:

—La señora es rica, es blanca, y no le pesa nada de eso, y tú que eres negrita y que no tienes donde caerte muerta, ¿de qué es que tienes que arrepentirte? Pero esto tampoco hacía mella en el arrepentimiento de Eladia.

—Mi mama me enseñó así —fue su respuesta.

Tenía unos veinte años, pero parecía tener mucho menos. Era delgada, y apenas si las formas femeninas se insinuaban tímidamente en su cuerpo. Era tosca y fea; su oscuro rostro no estaba animado de esa vida, esa risa, ese mirar que se dibujan con frecuencia en negros rostros. Había en ella cierto aire de reserva y de secreto que parecía acentuarse aún más, cuando, sería, reprimida, se daba golpes en el pecho, muy tieso y rígido el brazo, diciendo:

—¡Me pesa! ¡Me pesa! El prendedor de hojalata dorada que llevaba sobre el pecho (figurando una rama y dos palomas) no se cansaba de recibir estos golpecitos; había ya recibido un sinnúmero de ellos.

Fuera de que hacía bien su trabajo, de que era irreprochable en el servicio y en el aseo, nada más se sabía de ella; esto era todo lo que se sabía de Eladia en la casa donde servía. Si le preguntaban su nombre, contestaba:

—Eladia Linares, una servidora.

—¿Cómo?

—Eladia Linares, una servidora —repetía, invariablemente, en el mismo tono, como si recitara una intocable fórmula sagrada. Esas cuatro palabras eran su nombre, su gracia, y siempre iban unidas, no saliendo nunca separadas de sus labios.

Una vez la señora creyó que Eladia estaba embarazada; la llamó y la sometió a interrogatorio. Fue algo muy difícil (casi tan difícil como un alumbramiento) para la pobre y callada Eladia. Hasta es de imaginarse que hubiera preferido esto último. Pero no, ¡de verdad, de verdad! no estaba... Era solo que había engordado un poco últimamente.

A primera vista, Eladia parecía aislada en la ciudad, sola en el mundo. Jamás recibía una carta, ni una visita, ni llamadas, ni recados; nadie venía a buscarla nunca. Pero un hilo misterioso, invisible, la unía firmemente a cierto punto —campo o caserío— perdido entre los cacaotales de la costa de Ocumare. Con ese mundo se mantenía en contacto a su manera; muy de tarde en tarde aparecía un hombre de sombrero de cogollo, que se apostaba tras el filo de la esquina como tras de un árbol o un peñasco. Era alguien de su mundo.

La vida de Eladia seguía transcurriendo de este modo: oculta y sin palabras. Salía apenas; a veces iba a la iglesia a oír misa; alguna vez pidió permiso para ir a ver a unos conocidos que estaban en la ranchería. En el cabello llevaba una peineta azul, y su dorado prendedor, fijo en el pecho, siempre el mismo. Su alma seguía madurando lentamente, en secreto, sin palabras.

Una vez se presentó Eladia con unos aros en las orejas; gruesos zarcillos de plata —o plateados— que nunca antes se le habían visto, y que desde aquel día no volvió a quitarse más.

Un cambio indefinible ha sobrevenido. Ha sobrevenido con el tiempo. La fealdad fue desapareciendo del rostro de Eladia... No; ni gracia, ni belleza; pero sí algo suyo, imponderable y leve, ha aparecido finalmente en su fisonomía (como una pobre flor que entreabre tardíamente), ha bañado sus rasgos en la luz de una nueva expresión, hecha de firmeza y suavidad, de aspereza y languidez, de prudencia y decisión. Eladia, la pequeña Eladia, la frágil, la menuda, delgada como una espiguita oscura que doblegaban los vientos de la vida, dispuesta a replegarse y retraerse al menor soplo contrario, era ahora, de repente, una mujer... Ahora se la presentía capaz de hacerle frente a cualquier contratiempo o tempestad. La débil planta había crecido, la brizna se había vuelto árbol, y podía dar ancha sombra y defensa a nuevas briznas a su pie.

Un día se dirigió derechamente hacia donde estaba sentada la señora, y sin que ésta le preguntara nada, le dijo de una vez:

—Mi mama me llamó; me voy de madrugada en el camión.

Al regreso, meses después, se presentó Eladia en la casa con una criatura en los brazos, y pidió permiso para tenerla consigo.

Sonreía como no había sonreído nunca; hablaba; relucía su mirada. Era feliz, casi hermosa. Era como si ella misma hubiera vuelto a nacer, y se cargara en sus brazos, y se cantara a sí misma. Acariciaba la cabeza de su nenita, la apretaba con fuerza contra su pecho, y le decía:

—¡Tan chiquita y ya tiene sus chicharroncitos! A veces le preguntaba:

—¿Cómo te llamas tú, m'hija?

Y se contestaba a sí misma, apretujándola aún más contra su cara:

—Eladia Linares, una servidora, ¡diga! A veces cogía con su fuerte mano de lavandera la manita apretada de la criatura, la hacía ir y venir sobre el pecho, al mismo tiempo que iba diciendo, con los ojos sonreídos fijos en los ojos de la niña:

—¡Me pesa! ¡Me pesa!... ¡Diga!

Las dos chelitas

Chelita tiene un conejito; pero Chelita la de enfrente tiene un sapo. Además de su conejito, tiene Chelita una gata, dos perros, una perica y tres palomas blancas en una casita de madera pintada de verde. Pero no ha podido ponerse en un sapo, en un sapo como el de Chelita la de enfrente, y su dicha no es completa.

—Chelita —le dice—, ¡te cambio tu sapo por la campana de plata con la cinta azul! Pero no, Chelita la de enfrente no cambia su sapo por la campana de plata con la cinta azul... no lo cambia por nada, por nada en el mundo. Está contenta de tenerlo, de que se hable de él —y de ella, por supuesto—, y de que Pablo el jardinero diga, muy naturalmente, cuando viene a cortar la grama:

—Debajo de los capachos está durmiendo el sapo de la niña Chelita. Cuando empieza a anochecer, sale el sapo de entre los capachos, o del húmedo rincón de los helechos; salta por entre la cerca y se va a pasear por la acera. Chelita lo ve, y tiembla de miedo, no lo vaya a estropear un automóvil, o lo muerda un perro, o lo arañe la gata de la otra Chelita. Tener un sapo propio es algo difícil, y que complica extraordinariamente la vida; no es lo mismo que tener un perro, un gato o un loro. Tampoco puede usted encerrarlo, porque ya entonces el sapo no se sentiría feliz, y esto querría decir que usted no lo ama.

Agazapada en su jardín, detrás de la empalizada, Chelita la de acá, mira, también, con angustia, mientras el sapo da saltos por la calle; y exclama, profundamente asombrada:

—¡Qué raro! No puede correr, ni volar... ¡Pobrecito el sapo! Y se estremece cada vez que se acerca un automóvil, o si pasa un perro de regreso a su casa para la hora de la cena, o si brillan, de repente, unos ojos de gata entre las sombras. Al mismo tiempo, piensa, compara... Ella tiene tantos animales —además de su muñeca Gisela—, y nadie habla nunca de eso. En cambio, Chelita la de enfrente, no tiene más que un sapo, uno solo, y todo el mundo lo refiere, lo ríe y lo celebra. Esto no le gusta mucho a Chelita la de acá, que se siente disminuida a sus propios ojos.

—Chelita —dice—, ¡además de la campana con la cinta azul, te voy a dar otra cosa! ¡Mira! Las palomas están haciendo nido, llevan ramas secas a la casita; te doy también los pichones cuando nazcan... ¡No!, cuando ya estén grandes y coman solos...

—No —contesta sin vacilar Chelita la de allá—; no lo cambio por nada; es lo único que tengo. A papá no le gustan los animales —añade, dirigiendo una mirada al vasto y desierto jardín de su casa—, y el sapo, él no lo ve nunca; es lo único que puedo tener yo, y no lo cambio por nada. ¡Por nada!

—¿Y si te doy también a Gisela con todos sus vestidos, el rosado, el floreado, el de terciopelo? —insiste Chelita.

—Ya te he dicho que no —responde inflexible Chelita la de enfrente.

—¿Y si te doy también a Coco? —pregunta, estremeciéndose de su propia audacia, Chelita la de acá.

—Tampoco.

—¿Y si te doy también a Pelusa?

—¡Tampoco!

—¿Y a Rey? ¿Y a Ernestina? ¿Y las palomas en su casita? —dice Chelita en un frenesí.

—¡Tampoco! ¡Tampoco!

—¡Tonta! —le dice entonces Chelita la de acá—. ¿Crees tú que te voy a dar todo eso por un sapo?

—No me lo des, yo no te lo estoy pidiendo; ya te he dicho que por nada cambio mi sapo. ¡Aunque me des lo que sea! Y así están las cosas. Si el sapo tuviera sapitos, Chelita la de enfrente, de seguro, le daría uno, o dos, o tres, a Chelita; pero ¿quién va a saberlo? La vida de los sapos es extraña, nadie sabe lo que hacen ni lo que no hacen. No son como las palomas, por ejemplo, que todo el mundo sabe cuándo hacen su nido, y cuántos huevos ponen, y cómo dan de comer a sus hijitos, y lo que quieren, lo que hacen y lo que dicen.

¿Pero quién sabe nada de los sapos de su propio jardín? Apenas si alguna vez, de noche, después que ha llovido mucho o que han regado copiosamente las matas, se oye... pla... pla... pla... es el sapo... es el sapo que anda por ahí, y eso es todo.

•••

A comienzos de la estación lluviosa, el mismo día en que el cielo se nubló y cayeron gruesas gotas, una tarde gris, Chelita se nos fue, Chelita la de acá... Era una débil niña; la rodeábamos de tantos animales, porque la atraían profundamente; quizás, también, por eso mismo —sin darnos cuenta apenas—, por ver si lograban ellos retenerla... hacernos el milagro de atarla a las criaturas; a los juegos; a la luz; al aire y a sus nubes; a la hierba y su verdor... ¡A la vida! Hoy fuimos nuevamente a visitarla en el pequeño jardín cuadrado en donde duerme. Oculto entre el helecho y los capachos, entre las coquetas, las cayenas y las begonias, que ya forman, todos juntos, un húmedo bosquecito enmarañado... oculto ahí, en la sombra y la humedad, vimos un sapo...

Era Chelita —Chelita la de enfrente— que se lo había llevado a Chelita, y se lo había puesto allí.

•••

...Y Chelita la de enfrente tiene ahora en su casa un conejito, una gata, dos perros, una perica y cinco o seis palomas blancas en una casita de madera pintada de verde. Y Chelita la de acá... Pero, ¿qué digo?... ¡la de mucho, mucho más allá!... tiene ahora un misterioso amigo, entre el helecho y los capachos, en el húmedo bosquecito enmarañado en donde duerme... Un misterioso amigo que sale a andar y a croar cerca de ella, a la hora en que comienza a oscurecer... Un misterioso y raro amigo...

La pequeña inmaculada

A esta hora de la tarde, en la vieja iglesia oscura y dorada, apenas si unos cuantos devotos pueden verse, aquí o allá, arrodillados, o sentados, o simplemente recostados contra un grueso pilar o un panzudo confesionario. Algún otro vaga por las anchas naves. En una de las sombrías y olvidadas capillas, allá, al fondo, tose alguien. Dos o tres mendigos cuchichean en la Puerta mayor, al otro lado del cancel, de esculpida madera, que separa el mundo de la iglesia del mundo exterior que la circunda. Arden las velas en el enorme candelabro, de amarillento bronce, o cobre, adonde acuden las devotas (sobre todo), como a la flor las abejas, para encender y colocar sus luces. Las lucecillas hacen resaltar, más aún, la vastedad del templo, la penumbra del lugar, el mortecino silencio de la hora, el escaso número de fieles diseminados por las espaciosas naves resonantes. Son, éstos, con raras excepciones, pobres mujeres, viudas enlutadas, solitarios ancianos; otros, aún, menos definibles, tal vez, a simple vista; gente anónima o discreta; destrozos, todos ellos, en una u otra forma, de la ciudad que cruje, muele y trepida alrededor del templo. Como en casa propia, están aquí, en esta hora hueca y gris de media tarde, en que ningún servicio se celebra en los altares; rezan la novena o el rosario; charlan o dormitan; bostezan, de repente, abriendo bien la boca, a la manera de los leones de película, o se reconcentran, otra vez, por un momento, acordándose de algo, triste o grave, salido del fondo mismo de sus vidas.

•••

Entre los escasos fieles, toma puesto, ahora, una devota, casi una niña, al parecer; visiblemente extraña al grupo al cual se une, pero tan asidua y puntual como ellos mismos. Frente a la imagen de la Inmaculada, se inclina y se santigua, apenas llega, para ir enseguida a arrodillarse entre sus envejecidas vecinas de banco o de reclinatorio. Pero mientras éstas, con frecuencia, remueven, suspiran, cuchichean, o se vuelven a curiosear a un lado u otro, permanece ella quieta, absorta y muda, y sus ojos, fascinados, siguen fijos en el resplandeciente rostro de la Imagen, mientras las hojas del devocionario o la novena, o el rosario de cuentas menudas, van pasando poco a poco entre sus pálidos dedos. No lejos, sino a su mismo lado, se encuentra ya la

seca y larga, con su manojo de estampas y oraciones semioculto bajo el negruzco pañolón verdoso; también se arrodilla y se santigua; también reza la
novena y el rosario; en realidad, vigila, con paciencia y disimulo, envuelta en
el negruzco pañolón, turbando con su presencia y su mirada a la pequeña
devota grave y tímida. ¡Extraño ser! Arrodillada sobre las duras baldosas, se
da golpes de pecho, o ruega en alta y plañidera voz, o extiende sus larguí-
simos brazos, en forma de cruz, por un buen rato... Pero no es esto, todo,
aquí, para ella, bien claro se ve; algo más hay, sin duda; y echa su red, o teje
su tela, entre las tristes devotas de la hora muerta y gris. A alguna de entre
ellas se le acerca y le susurra algo al oído; a ésta o a la otra se les ofrece para
acompañarlas en el rezo del próximo rosario o de la próxima novena. O bien
les propone alguna cosa (medalla, reliquia u oración), de las que lleva en su
carcaj. Pero nunca está inactiva, ni dormitando o cabeceándose, y mientras
habla o reza, pasea, sin cesar, al mismo tiempo, por todo el ámbito del templo, su mirada escudriñadora y penetrante. Y si en alguno de los amarillentos
platones del candelabro empieza una vela a dar señales de estar ya próxima
a extinguirse, de lejos lo ve ella, y corre y va a apagarla de una vez, con su
certero soplo helado, que no yerra. Una infeliz mariposilla, a veces, se posa
sobre el albo mantel de algún altar. O un delgado grillo, tembloroso y verde,
asoma, de repente, fuera del cáliz de una azucena o de una cala. O una
dorada abejita encantadora y pura, igualmente allí extraviada, se mueve un
poco entre las rosas. Ya lo vio ella, y se levanta y va hacia allá, escurridiza y
rápida, y una aviesa intención brillándole en los ojos... ¡Pues así alaba ella al
Creador de toda vida!

•••

De pie junto al candelabro, la devota enciende una vela. La coloca, prendida, entre las otras que allí arden; pero, mientras trata de fijarla, se le apaga la
vela. La toma y vuelve a encenderla. La vela se apaga nuevamente. La devota
se siente confusa y como avergonzada; piensa que la miran, la observan, la
censuran, porque no sabe encender la vela. Las hábiles y experimentadas
devotas encienden sus velas con tal tino y aplomo: un ligero movimiento, un
leve sesgo, una breve presión, ¡ya está! Y la seca y larga, ¡ella!, ¿será ilusoria
apariencia únicamente?, pero apenas saca su vela de entre los pliegues del

pañolón (en donde la mantiene como en secreto hasta lo último), apenas fuera, ya está prendida, como por arte o magia, sin que se haya visto antes brillar fuego ninguno, como si se encendiera sola, al contacto del aire, o bajo orden, apenas fuera del negruzco pañolón verdoso... Y la inexperta y tímida devota sigue ahí, indecisa y turbada, cohibida y medrosa, todavía sin encender la vela que sostiene en su mano, de pie junto al brillante candelabro. Deslizándose, de pronto, acuciosa y ligera, la escurridiza y larga va hacia ella, y la devota la ve crecer prodigiosamente de estatura, a medida que viene aproximándose, como un extraño ser relampagueante... En un instante apenas, la vela es encendida; encendida y fijada, de modo inconmovible, en uno de los huecos del candelero, por la mano misma que salió de entre los pliegues del negruzco pañolón. Desconcertada, la devota mira en torno suyo, sin saber qué hacer ni cómo estar; y lentamente, con la vista puesta en el suelo, acaba regresando al sitio en donde antes se encontraba, fuera del círculo de luz del candelabro.

•••

Arrodillada ante la Imagen —en cuyo rostro se refleja y parpadea el brillar de las candelas—, se va sumiendo más y más dentro del mundo de su oración, de su ensimismamiento, o de su éxtasis, sin que nada, ahora, al parecer, la tiente o la distraiga, la amedrente o la perturbe; inmóvil, absorta y solitaria, durante interminables horas quietas, en una ardiente adoración sin término. Y con júbilo y fervor, mira brillar su lucecilla, como si nunca, antes, luz alguna hubiera brillado tanto así como ésta.

¡Como si en la llama de aquella minúscula candela su vida misma estuviera ardiendo y consumiéndose también! Pero en los platones del opulento candelabro, arden tantas otras velas, al mismo tiempo que la suya... Arden, alegremente, aquí; allá, tristes e inmóviles; inquietamente, unas; otras, en calma y paz; como si no obstante hallarse al lado unas de otras, estuvieran en regiones opuestas y disímiles... ¿O será, tal vez (se preguntará, ¡quién sabe!, a sí misma, la devota), será, tal vez, que algo queda, en ellas; algo de quienes las ofrendaron y encendieron?, ¿de sus dudas o de sus firmezas?, ¿de sus tempestades o de sus quietudes?... A veces, algunas cabecean, como cansadas de arder, o chisporrotean por un momento; y en los anchos

platones va quedando, finalmente, una masa inerte y dura, como lava enfria-
da, con retorcidas mechas negras sepultadas dentro; van quedando sierras
y crestas y picachos, y ondulados valles muertos, yertas estepas blancuzcas
y relucientes... Pero alguna rara candela arde y se consume, también, a veces, toda ella, sin dejar nada de sí que no se haya quemado por completo; y
su llama se prolonga de este modo, por horas y horas incontables, más allá
de su tiempo y su medida, sin la más ligera interrupción ni titubeo, y todavía,
al final, cuando ni una pizca de esperma o cera queda ya en el hueco del
candelabro, aún entonces, una azulenca llama, apenas perceptible, sigue allí
ardiendo, todavía, mágicamente, por largo tiempo aún, sin que pueda verse
nada alrededor (nada material, diríase), nada que la sostenga o la alimente...

•••

Las horas han transcurrido, y por encima del cancel de la Puerta mayor,
alcanza a verse, ahora, solo una incierta franja de opaca y declinante claridad crepuscular. De las claraboyas mismas —horadadas en el techo de
sombríos rincones y silentes capillas—, desciende o filtra, hasta acá abajo,
antes que luz, una lívida forma de la oscuridad que ya se ha ido enseñorean-
do del ámbito del templo. Y a medida que la penumbra se acentúa, vuelve
a oírse aquella tos, aquella tos que antes se oyera, fugazmente; dos o tres
veces vuelve a oírse, allá lejos, muy al fondo de las naves; es una pobre tos,
desamparada y huérfana, una desoladora tosecilla; alguien, seguramente, la
olvidó, o la dejó ahí, abandonada, y ahora recomienza ella a dar señales de
inquietud, pidiendo que la busquen, la rescaten y la saquen de ahí. Será, tal
vez, la tos de alguien que muchas veces estuvo en estos sitios; de alguien
que aquí esperó y pidió; de alguien que imploró y lloró y desesperó en estas
baldosas, en las horas de su angustia... En aletargadas iglesias de espaciosas naves tristes y sombrías, profundas y desiertas —como éstas—, suelen
oírse, a veces, tales toses, en horas de abandono y soledad, en oscuros rincones y olvidadas capillas misteriosas, en donde nadie, sin embargo, parece
estar presente en el instante en que se oyen. Y repercuten débilmente, estas
escalofriantes tosecillas; cada vez más débilmente, como últimos ecos que
se extinguen...

•••

Por la minúscula puertecilla horadada en el muro (muro de un grosor extraordinario), llegan lentas, roncas, graves campanadas, como pedruscos desprendidos desde lo alto de la torre; pedruscos desprendidos de la mole del tiempo que sin cesar se desmorona; vienen rodando con fragor por los derruidos escalones, y caen pesadamente en el remanso. Mas no por eso se levantan, ni se inquietan los contumaces devotos de la hora muerta y gris, para quienes la vieja iglesia oscura y dorada es vivienda y hogar, puerto y refugio, y domus aurea y living room... Oyen las campanadas, miran un poco a izquierda o a derecha, y prosiguen sus rezos y sus plegarias, o sus charlas y confidencias; reanudan el hilo de sus rosarios, o voltean a otra página de sus novenas. Y la seca y larga echa su red, teje su tela, lo mismo que hasta entonces. Apagó ya las velitas descuidadas, con el certero soplo helado, que no yerra. Y apagó la luz del grillo verde y de la abeja dorada, que se dejaron ver, tímidamente, entre las flores brillantes de rocío, recién traídas del jardín del mundo. Pero no basta, no. ¡Y echa su red, echada en el remanso; teje su tela, tejida en lo invisible! UNA VOZ se levanta, en alguna parte de las naves, despertando los ecos ya dormidos en las profundidades del recinto. «¡Se cieeerra! ¡Se cieeeerra!» —va diciendo esta voz extraterrena, por aquí y por allá, desde sitios diferentes cada vez. —«eeerra... eeerra...» —contesta el eco en las arcadas, o en el Coro, o detrás de los altísimos pilares o los panzudos confesionarios. Y al mismo tiempo que la voz y el eco, se escucha un lúgubre sonar de gruesas llaves. Aún así, nadie se mueve; todos siguen en sus sitios y actitudes. Pero la Puerta mayor (última aún abierta), de repente cruje y se estremece. Chirrían los goznes y la poderosa Puerta va a cerrarse... Solo entonces parecen nuestros fieles tomar conciencia del momento y del lugar; solo ahora parecen resignarse y aceptar que es llegada la hora improrrogable que marca el final de otra jornada; otra jornada de espera, marasmo y devoción, dentro de los muros de la vieja iglesia oscura y dorada. Y empiezan a levantarse y a salir, morosamente, unos tras otros.

•••

Por tres veces consecutivas, besa la estampa o reliquia colocada entre las hojas del devocionario, y va a arrodillarse, de nuevo, esta vez directamente sobre las gradas mismas del altar. Alzados hacia la Imagen los ojos brillantes y afiebrados, se recoge, otra vez, por un instante, en oración. La escurridiza y larga ronda en torno; se arrodilla también sobre las gradas, y a la vez que levanta, de igual modo, la mirada hacia el altar, no deja de observar con el rabillo del ojo, astutamente. Muy despacio, la devota se dirige a la salida (trastabillando un poco al caminar, pues siente una mirada fija y dura). Antes de trasponer la puertecilla del cancel, vuelve aún la cabeza y dirige una mirada hacia atrás, como para un último adiós. En ese instante, se sobresalta y se detiene; algo sucede en el humeante y llameante candelabro, algo que la sorprende y la conturba; una pequeña candela a medio consumir —la suya propia—, se agita, parpadea, se retuerce y convulsiona extrañamente, y salta y se desprende, casi, a veces, por momentos, como si estuviera siendo estrangulada por invisible fuerza o mano... Pero alguien, sigilosamente, llegó y le tocó el brazo en ese mismo instante. Era el hombre de las voces y del sonar de llaves; con suavidad, mas con firmeza, la encaminó directamente hacia la Puerta... Y no fue, pues, de las primeras en salir del templo, aquella tarde, la pequeña devota de la Inmaculada. Pero tampoco fue la última: aún salió, tras ella, la escurridiza y larga, y ambas, desde afuera, ambas escucharon el lúgubre caer del aldabón tras de la Puerta y los herrumbrosos quejidos de la llave dando vueltas dentro de la arcaica cerradura.

•••

Desbandándose por el altozano y la plazuela, ya se alejan las devotas, ahora, de repente, presurosas; van quitándose los grandes escapularios —dobles o sencillos—, que lucían dentro del templo; van dando rienda suelta a las lenguas vivarachas, hasta hace un momento comprimidas dentro de reducidos límites molestos. Ya doblan las esquinas, dispersándose por las diversas callejuelas; ya se apagan sus voces, a lo lejos, poco a poco... Y por la plaza desierta, arrebujada en su abrigo, que luce oscuro en la penumbra circundante, se aleja, lentamente, la tímida devota, mientras el negro pañolón revolotea, bajo la incierta media luz, entre los árboles oscuros, desapareciendo por momentos, para reaparecer más adelante, o muy atrás, o por un lado, como esas crepusculares falenas misteriosas, de zigzagueante y enigmático vuelo incoherente. ¡Efectos de la hora, por seguro! ¡De la confusa y cenicienta media luz! ¡De la penumbra que todo lo trastrueca y lo transmuta!... Es ya casi noche, y en el cielo, que se ha ido ensombreciendo más y más, brilla una afilada uña de Luna azul. Un farol mezcla su lumbre con las sombras vacilantes; se doblega una flor junto al sendero; y en el suelo, en cierto punto, en medio del caminillo enarenado, hay como un reguero de grandes y alargadas hojas duras, ásperas, rugosas, como conchas o escamas. A lo lejos, recortándose contra el cielo, se dibuja la línea de las montañas, distante, impenetrable y muda, como un alto murallón sombrío.

El temblor de medianoche

Habían traído afuera, a la placita, butacas y mecedoras; estaban a medio vestir, y se arrebujaban en cobijas y cobertores velozmente arrancados de las camas, en rápidas incursiones al interior de la casa. Ya habían pasado algunas horas después del temblor de tierra de medianoche, y ahora se entretenían mirando las estrellas, que parpadeaban débilmente en la soñolienta madrugada. Soplaba a ratos una ligera y juguetona brisa, que movía las hojas del cedro y hacía caer algunas cada vez. Jorge quitaba entonces las que caían en el pelo de Fina. Tesoro, al que Fina tenía en su regazo, y parecía dormir, abría un poco uno de sus ojos, solo uno, y lo miraba con reproche, celoso, cada vez que alargaba él la mano hacia Fina y su abundante cabellera.

—En Europa —dijo Amalia despachurrando una hoja seca entre sus dedos— todas las hojas caen en esta época.

—Tal vez fue el temblor lo que las hizo caer —dijo Fina, que nunca antes había reparado en las hojas que caían del cedro.

—¡Qué zonza! Si las hojas cayeran solo cuando tiembla la tierra... ¡imagínate!

—¿No se caen los techos y las iglesias con el temblor? Asimismo pueden caerse las hojas —argumentó Fina.

Tía Amalia, que estaba muy gorda y pesada, empezó a hablar otra vez de su viaje a Europa. Era un viaje legendario, casi fabuloso, que había hecho, allá en su juventud, en una época en que pocos viajaban.

Pero a Fina la impacientaba oír contar a Amalia, por centésima o milésima vez, las mismas cosas.

—¡Ay, no, tía, deja eso! Desde que yo estaba chiquita te estoy oyendo repetir la misma cosa... Por eso no te casaste, por estar hablando todo el tiempo de ese viaje, y de tus libros y de todas esas monerías.

Amalia hizo un mohín de protesta, y se arrebujó mejor en su cobija, sin replicar. Amalia —se contaba— había sido muy bonita; tuvo dos o tres novios, y todos los perdió hablándoles de su viaje a Europa, según Fina. No entendía nada de los quehaceres de la casa; era completamente inútil —decía Fina—; pasaba las horas muertas leyendo novelas y comentando la política y los sucesos. Sabía dos o tres idiomas; era indiferente en materia de religión.

—¡Jesús, tía Amalia —le reprochaba Fina a lo menos una vez por año—, tú nunca te confiesas! Cuando estaba frente al tablero de ajedrez, se apasionaba, se volvía sarcástica e irónica, miraba burlonamente a su adversario por encima de los espejuelos. Refería con gracia anécdotas y epigramas.

Todo esto exasperaba a Fina, que era, ante todo, práctica, femenina y casera. Fina tenía la tez morena, facciones delicadas y nobles rasgos. Tocaba agradablemente la guitarra, acompañándose con voz cálida y baja. Pero tenía tendencia a engordar como tía Amalia, y algo en su destino parecía buscar también la semejanza con la tía; había sufrido un descalabro sentimental y tuvo finalmente que romper con Pepe Moros, pues no acababa nunca de casarse, después de años de amores y compromiso. De él y de los años perdidos le quedaba un cierto amargor frente a la vida, una impaciencia, un desgano... y aquel perrito blanco y lanudo, con un hociquillo negro, como pintado con tinta china, aquel Tesoro, que reposaba ahora en su regazo y que miraba a Jorge, rencorosamente, cada vez que acercaba éste la mano para quitarle alguna hoja del cabello. También le había quedado aquella brusquedad en el trato con tía Amalia y con Mamá.

Entre Amalia, en quien había algo frío e intelectual, y Fina, puramente mujer, Mamá era una niña que envejecía. Un raro, perenne y juvenil candor, como un aroma, venía de su presencia y su palabra; la frente alta, despejada y bella, estaba rodeada de castaños cabellos que comenzaban a volverse grises; tenía una mirada acariciadora, que fácilmente se turbaba. Titubeaba ante cualquier decisión; se encendían sus mejillas, ya estaba perpleja y atolondrada por poca cosa. Poseía una casita situada en el centro de la ciudad, y del alquiler de esta casita vivía, con la hija y la cuñada, en aquel barrio alejado, frente a aquella plazuela en donde se alzaba aquel frondoso y alto cedro, del cual caían las hojas aquel día... Las cosas prácticas las decidía Fina; las opiniones y las ideas corrían a cargo de tía Amalia; a ella misma le quedaba un ingenuo mundo aparte en el cual se marchitaba con la irreflexión de una flor. Todos la habían abandonado y olvidado; sufría del fracaso de su hija y de su propio fracaso; seguía siendo alegre, simple y diáfana. Un secreto antagonismo, que venía de sus naturalezas opuestas, la separaba constantemente de tía Amalia.

Cuando empezaron a palidecer las estrellas, se sintieron cansadas, medio muertas de fatiga y trasnocho. Un soplo madrugador, cortante y frío, removía las hojas que tapizaban el suelo, al pie del cedro en donde estaban sentadas. La aurora no teñía aún los cielos del Naciente, pero descoloreaba ya las sombras de la noche, vagamente. Ya Tesoro no vigilaba, lo había vencido el sueño, y Jorge, su rival, se había alejado. Tiritaban; les castañeteaban los dientes; venciendo el miedo a un nuevo temblor, entraron a la casa y fueron a la cocina a preparar café. Vieron entonces que Mariela no se había molestado para nada con el temblor de tierra de medianoche. Estaba hecha un ovillo, cerca de la portezuela de la hornilla, junto al fuego apagado, y tenía cenizas en los bigotes... Era como un pequeño resto de la noche; un pedacito del negror de la noche, allí olvidado, mientras la noche misma se iba ya, y recogía por todas partes negruras y oscuridades... ¡Un pequeñito montón de sombra, de sueño, molicie y suave pelambre!... Rieron, y pasaron las heladas manos, una y más veces, contra el caliente cuerpo de Mariela. ¡Y ya no pensaron más en el temblor de medianoche!

Guachirongo

Así como hay ciudades o pueblos afamados por la altura de un pico o la hondura de un zanjón, por el número de sus torres o por el tamaño de sus toronjas, así hay en el Oeste —en nuestro Oeste venezolano— una ciudad muy celebrada por sus puestas de Sol, por la majestad y belleza de sus crepúsculos. Sus moradores son entendidos y expertos en esta materia, doctos en ella, y así dicen, a veces, por ejemplo: «Este verano hemos tenido los crepúsculos más raros —o más largos, o más bellos—, que hemos visto en mucho tiempo». No sé si esto ha llegado a reflejarse en el carácter de la generalidad de entre ellos; pero un hombre que vivió en estos parajes, un simple de espíritu a quien apellidaban por burla Guachirongo, sí vivió (y murió tal vez realmente) entre las nubes del crepúsculo. Guachirongo hallábase afligido de toda clase de pobrezas y miserias; sus ropas no eran más que harapos; los cabellos le resbalaban en grasientas guedejas por la nuca, la frente y las orejas, y hasta le tapaban los ojos. Así andaba, y algunos perros hambrientos —tan hambrientos y miserables como él mismo— lo seguían por todas partes adonde iba. Y Guachirongo no tenía ningún inconveniente en ponerse a bailar en medio de la calle, si se lo pedían chicos o grandes; o también, así, de repente, solo porque le venían ganas a él, a la hora del atardecer, mirando un crepúsculo encendido. Fuera de esto, y por extraño que parezca, Guachirongo vendía gritos. Le decían:

—¡Un grito, Guachirongo! Pero los gritos de Guachirongo eran al precio de tres por locha, ni uno más, ni uno menos; sobre esta base el trato se hacía, se cerraba el negocio, y Guachirongo lanzaba tres gritos sonoros, poderosos, retumbantes, que hubieran despertado la alarma en el vecindario y sus contornos si no fuera porque ya todos por allí sabían muy bien que era aquél el negocio del Guachirongo.

A pesar de todas las calamidades que lo afligían (o quizás por eso, justamente), Guachirongo, más que en la tierra, vivía en las nubes, y especialmente en las nubes del crepúsculo. Caminaba o bailaba o gritaba mirando hacia ellas; ellas tenían para él mayor importancia y realidad que muchas sólidas cosas de acá abajo. Hasta las tomaba como puntos fijos de orientación o referencia, hablando de algún sitio, o recordando alguna fecha.

—Guachirongo, ¿dónde vives? —le preguntaban. Y él contestaba:

—¡Po alláaa, po los laos e las nubes colorás!

—¿Desde cuándo, Guachirongo?

—¡Aaah... desde el año e las morás! Así hablaba este habitante del crepúsculo. Los niños salían a las puertas de las casas a hablar con él, y le pedían que bailara o que gritara. Mientras sus perros olfateaban acá y allá, y alguno se echaba a dormitar sobre el quicio del portón, Guachirongo bailaba en la acera o en el zaguán; después recibía su moneda o su cazuela llena, y se iba, calle arriba o calle abajo, seguido de su fiel jauría. Algún insulto lanzado traidoramente desde lejos, tras una esquina, le hacía rabiar un momento y volver atrás con gesto amenazante. Pero más lejos otro niño, otro baile y otros gritos le esperaban —con cazuela o centavito—, y esto le hacía de nuevo ir adelante; vivía para su arte, y lo trocaba por comida o por dinero, pero solo en los momentos en que el ambiente crepuscular hacía descender sobre él la inspiración.

Pero las nubes acabaron por sugerirle a Guachirongo inspiraciones y visiones más extrañas... Los años habían pasado, y los niños que ahora le hacían bailar o gritar al frente de sus casas, no eran los mismos: aquéllos de antes eran ya hombres, éstos de ahora eran sus hijos. Ahora los bucles de Guachirongo eran grises, sus espaldas estaban encorvadas, hundidas sus mejillas. En torno suyo, mientras danzaba inspiradamente en los viejos portales, la vida había danzado también su vieja danza.

Cierta vez, por la tarde, ya anocheciendo, fue encontrado un hombre muerto en una calleja, y Guachirongo bailaba en torno al muerto. La gente se aglomeró en derredor, pero él siguió bailando imperturbablemente; sus bucles flotaban a la luz crepuscular como pequeñas serpientes enfurecidas. Lo llamaban o lo reprendían algunos. Pero él no oía ni veía más que las luces y sombras del crepúsculo, y siguió danzando alrededor del muerto. Fue llevado a la cárcel, atadas las manos, y bailaba a todo lo largo del trayecto...

Cuando fue puesto en libertad, tiempo después, los niños no quisieron salir a las puertas a hablar con él, ni volvieron a pedirle nada. Le tenían miedo, y se escondían al verle aparecer por la calle. Algunas personas mayores le daban siempre una moneda, o le llenaban la cazuela. Otras le hacían la señal de la cruz. Los perros le seguían siendo fieles, y andaban tras él, más flacos y miserables que nunca. Desapareció un día, y nadie volvió a verle ni oírle, ni a él ni a sus perros, ni sus danzas, ni sus gritos, ni sus bucles... Pero, hoy todavía, cuando las nubes del verano forman en el cielo sus maravillosas perspectivas, sus lagos, sus mirajes, sus palacios... alguna anciana asomada al postigo de la celosía de una ventana de gruesos barrotes, o parada en el quicio de algún ancho portón, le dice al niño que juega en la acera:

—¡Mira! ¡Guachirongo está bailando allá en las nubes!

—¿Y quién es Guachirongo? —pregunta el niño. Y la anciana vuelve a contar la historia.

La hoja que no había caído en su otoño

Esta era una hoja, una hoja que no había caído en el día de su otoño, como todas las otras de la ceiba, y que, finalmente, había venido a quedar íngrima y sola en lo alto de una rama del gran árbol, cuando ya todas las demás, o habían caído, o habían sido llevadas por el viento, o tumbadas por la lluvia, o desprendidas por el frío. Solo aquella hoja quedaba allá en lo alto, en las desnudas ramas, y ni se desprendía, ni se aflojaba. No se dejaba llevar por ráfagas ni soplos, ni permitía que las lloviznas la ablandaran, ni se dejaba besar por vientecillos, ni tampoco quería caerse al suelo, así nomás, por su propio peso, como cualquiera otra hoja caduca. Apenas si una que otra vez se balanceaba, como sin ganas —por miedo a caerse, de seguro—; y hasta habrá que decir que, en ocasiones, se sentía un si es no es tentada a considerar aquella resistencia especial suya, y aquella su anormal adherencia, y su fijeza y duración, como indicio de quién sabe qué supervivencia extraordinaria, que a ella le estuviera reservada entre las hojas... Por el momento era algo único, en verdad; hasta para creerse una hoja única en lo alto de un gran árbol deshojado, la sola y única de aquella ceiba inmensa y algo ventruda, a la que por nada de este mundo abandonaba.

Llegó el fin de febrero; más aún, ya marzo iba mediando, y la hoja que aún no había caído empezó a sentirse mal, a recordar el tiempo de antes... Primero, tierno brote verde pálido entre millares de otros brotes verde pálido, allá a comienzos de aquel lejano año anterior... Después, fresca y viva, esbelta y joven hoja, de formas y de líneas que se le acentuaban cada día, con cada Sol, con cada Luna, y así hasta adquirir su perfecta forma adulta de hoja de ceiba hecha y derecha. ¡De todo esto hacía tan poco! ¡Fue ayer nomás!, le parecía. Andando el año, vinieron también la madurez, la plenitud, y muy pronto vino el tiempo en que ya iba a ser, en vez de una hoja que crecía y que maduraba, una que estaba en trance de encogerse y de tornarse amarillenta. Y no paró ahí la extraña cosa, sino que de amarillenta había pasado a ser algo grisácea; y dejando también de ser grisácea, pasó a tener color tabaco; y sus tejidos se alteraban, perdiendo la elástica tersura, volviéndose rugosos, y en vez de susurrar tan blandamente, como antes, bajo el viento o bajo el agua, ahora se ponía a crujir, como si fuera a resquebrajarse y a partirse.

Se había encogido y arrugado, y crujía como un bizcocho más bien que como una hoja; cuarteada y destrozada por todos los males del otoño, de aquel otoño interminable. ¡Si ya casi ni siquiera podía llamarse hoja! Y la hoja empezó a lamentar su terquedad y su aislamiento. De modo que cuando ya el viento de marzo venía a silbar con fuerza entre las desnudas ramas de la ceiba, ella crujía (o rechinaba) diciéndole al pasar:

—¡Viento de marzo! ¡Llévame a mí! ¡Llévame a reunirme con las hojas que cayeron de esta rama en su época! Pero el viento de marzo no se detenía ni la escuchaba, y pasaba y repasaba, sin llevársela, sin mirarla siquiera.

—Yo me crispaba y me agarraba con más fuerza, para que no me llevaran con las otras... ¡Perdóname! ¡Perdóname tanta insensatez!...

¡Llévame ahora! Pero los vientos retozaban, y le pasaban por delante, o por los lados, o por detrás, y nunca la llevaban. Y la hoja se sentía cada día más miserable.

Cansada de rogarle al viento, le dijo a una llovizna pasajera:

—¡Llovizna pasajera! ¡Llévame contigo! ¡Llévame a reunirme con las hojas, con las hojas que las lloviznas de antes se llevaron! Pero la llovizna pasajera siguió andando, y no hizo caso.

Acertó a pasar por allí debajo el carretero, con su carreta llena de hojarasca del jardín, y le dijo la hoja:

—¡Carretero! ¡Llévame contigo! ¡Llévame a reunirme con las hojas!, ¡con las hojas que te llevas en la carreta! Mas siguió su camino el carretero, y sin llevársela tampoco.

Y era ya entonces primavera; ya marzo terminaba, y en el aire y sus aromas, y en el cambio de las nubes, y en la agitación y el canto de los pájaros, y en muchas, muchas cosas más, se presentían abril y mayo, y en las ramas mismas del árbol, en la gran ceiba desnuda, comenzaban los retoños a hincharse y a apuntar, abultándose a medida que los días iban corriendo, y anunciando los millares y millares de hojas nuevas que ya venían a dar al árbol vestimenta y esplendor para otro ciclo. Finas puntas asomaban relucientes en la extremidad de algunas ramas; en otras ramazones, más expuestas al Sol, probablemente, ya se apreciaba un cierto tinte sonrosado en los brotes aún más hechos.

—¡Oh, pimpollos! ¡Oh, nacientes pimpollos! —exclamó entonces la hoja—; y les rogó que la llevaran hasta el sitio en donde estaban las hojas que habían caído allí en su época.

Pero los pimpollos, brillantes y relucientes, húmedos de savia y vida, empezaron a entreabrirse y a reír, al oír aquellas palabras de la anciana —¿Qué es lo que dice ésa? —preguntábanse unos a otros los retoños—. ¿Que hubo hojas que una vez cayeron? ¿Que hay algo llamado otoño? ¿Que el tiempo nos abate y nos dispersa? ¿Que el viento nos destroza? ¿Que nos tumba la lluvia? ¡Ay, qué sandeces! ¡Ay, qué tonta! ¡Ay, pero qué chocha! ¡Está chiflada! ¡Ja, ja, ja! Y se reían y carcajeaban; y, al reír, entreabríanse más y más, y más aún, y eran cada vez más numerosos brotando y extendiéndose en las ramas de la ceiba, que toda entera reverdecía y se engalanaba como para una gran celebración inminente... Hasta que un día (cuando ya el tiempo para esto fue llegado, y el Sol brillaba y calentaba más que nunca), un día, pues, los pájaros volvieron a sus nidos, no lejos de la ceiba en donde la única hoja seca y persistente aún estaba, perdida, avergonzada de encontrarse en aquel mundo de relucientes y lisas hojas nuevas que se reían de su apariencia, de su rugosidad, de su sequedad, de su color, de su encurrujamiento y su vejez, y los crujidos que lanzaba cada vez que las primaverales brisas la rozaban con sus divinas alas de embriagueces.

Entonces, aprovechando un momento en que las hojas se ocupaban en sus bailes, en sus juegos, sus coqueteos y travesuras, con los soplos de la brisa y con los rayos del Sol (que ahora se filtraban como escalas de luz entre el ramaje bien tupido), aprovechando ese momento, pues, la viejecita llamó al tordo que estaba haciendo nido en el mismo vecindario.

—¡Oh, tordo! —le rogó—. ¡Despréndeme y llévame! ¡Ponme en el fondo de tu nido, como colchón; o ponme arriba, como techumbre, o ponme delante, como puerta, y no se mojarán tus pichones, ni tú mismo, cuando llueva, ni se enfriarán cuando haga frío! El tordo la miró, ladeando un poco la cabeza para observarla mejor, y como estudiando a fondo la propuesta; y como vio que realmente podía servirle aquella hoja, la desprendió de un picotazo y echó a volar llevándola en el pico.

Pero aquel previsivo constructor, era al mismo tiempo un gran loquillo; era un tordo enamorado —¡un tordo enamorado!—, y no pudo esperar, pues, ni un segundo siquiera, para contestar a cierto «¡Pío!» que alguien le lanzó desde otra mata; abrió el pico en pleno vuelo, el muy bandido, para hacer, él también, «¡Pío!», y soltó la pobre hoja, dejándola caer en medio de una ronda de primaverales brisas que danzaban y jugueteaban y loqueaban por allí en aquel momento. Y la hoja tuvo que dar mil y mil vueltas; tuvo que hacer muchas piruetas y cabriolas, ora al Sol, ora a la sombra, ya hacia arriba, ya hacia abajo, ahora en espiral, luego en picada, entre murmullos, susurros y cuchicheos de sofocadas risas, y cada vez que la viejecita seca y chocha iba a pasar cerca de ellas, las frescas hojas, nuevas, flexibles, se apartaban, contrayéndose, encogiéndose, con un ligero mohín impertinente, para que no las fuera a rozar en su caída aquella rara cosa que ahí estaba bajando poco a poco...

El pequeño nazareno

El miércoles santo, el pequeño Nazareno de túnica morada y grueso cordón blanco, a nudos, bien ceñido alrededor de la cintura, sube —o debería subir— entre papá y mamá, por la calle que conduce a la iglesia del Nazareno. Pero no está dando pruebas, en absoluto, de aquella nazarena paciencia y resignación correspondientes al personaje y a la indumentaria que le han sido asignados. Todo lo contrario, demuestra un verdadero humor de perros —un humor como pocas veces se habrá visto en un Nazareno en Miércoles Santo—; rezonga y lloriquea, y en vez de seguir a papá y mamá dócilmente, se hace halar, y otras veces empujar, por uno de ellos dos. Intentan ambos convencerlo, le ruegan, lo halagan, le prometen recompensas para luego, para un poco más tarde, cuando ya la visita al templo haya sido hecha, la devoción cumplida, y la promesa, pagada, de acuerdo con los términos del devoto convenio celebrado entre ellos y el Nazareno de los milagros.

El pequeño Nazareno, no cabe duda, es duro y terco; ningún ofrecimiento hace mella en su actitud —que es de franco sabotaje—; nada ni nadie lo obliga a ir más ligero ni a dejar una cara menos agria. Cuando un helado de guanábana le es gentilmente ofrecido (esto último en patente contradicción con todas las tradiciones respecto al trato a acordarse a nazarenos, las cuales no incluyen en absoluto helados de guanábana, sino hiel en hisopos en perspectiva únicamente), cuando el helado, pues, le fue ofrecido, el pequeño Nazareno lo arrojó al suelo, sin ceremonia ni compasión. Peor aún, sin apetito. Es entonces, en ese instante crucial, cuando papá le da la bofetada en la mejilla —volviendo, ahora, de repente, a la observancia de las viejas prácticas que repiten la manera de proceder con nazarenos y redentores. En atención a lo sucedido, a la corrección, hubiera podido creerse que el pequeño Nazareno se hubiera finalmente resignado a representar bien su papel y a convertirse en viva imagen del gran Nazareno a cuya iglesia era llevado por papá y mamá.

¡Pero nada de eso! Se puso furioso —aún más que antes—; se desencadenó, materialmente, chillando y pataleando, y haciéndose llevar a rastras de ahí en adelante.

Perdiendo el último resto de su santa calma, y alzándose la túnica en plena calle concurrida, mamá le da unos cuantos cordonazos, «*a posteriori*», si puede decirse así, con el mismísimo cordón de color blanco y de gruesos nudos que le estrecha la cintura, la delgada cintura, al pequeño diablo indócil.

El pequeño Nazareno, pues, para este instante —para esa «estación», diremos mística, de su ruta—, ha sido ya debidamente halado, empujado, golpeado, abofeteado y azotado. Está, además, bañado en lágrimas, y su larga túnica violeta de vistosos pliegues aparecía toda ella, también maculada por salpicaduras, no de sangre, pero sí de guanábana —provenientes del helado que fue lanzado por él mismo contra el cemento de la acera, contribuyendo así a su propio castigo y sufrimiento. Sin nadie proponérselo, se daba entero cumplimiento a todo, o a casi todo, el ritual correspondiente a nazarenos, grandes o pequeños, forzosos o espontáneos, antiguos o modernos. El pequeño Nazareno seguía gritando. Una nutrida concurrencia presenciaba el espectáculo. Si no fuera por la decadencia de la fe en los días que corren —de la fe en Dios y de la fe en el Diablo—, es casi seguro que lo hubieran acusado, allí mismo, de endemoniamiento agudo. Lo hubieran exorcizado, o hasta lo hubiesen quemado, ¡quien sabe! Todos los otros nazarenos que había por la calle lo contemplaban con ojos de asombro.

La máquina de hacer ¡pu! ¡Pu! ¡Puuu!

La máquina de hacer pupú hacía ipu! ipu! ipu! ipu! ipuuuu!...

Era la última palabra en materia de adelantos científicos; al fin, después de pacientes y laboriosos esfuerzos, experimentos y tanteos, se había logrado fabricar por vía sintética aquello que la máquina fabricaba. El mundo entero recibió la noticia del sensacional descubrimiento dejándose llevar por un irreflexivo y quizás desmedido sentimiento de entusiasmo y orgullo. Fue una ola de optimismo y de ilimitada confianza en el futuro. Cada día se producían nuevos portentos, nuevos inventos grandiosos e increíbles que cambiaban y revolucionaban por completo, una y otra vez en cortos intervalos, la hasta entonces mísera existencia humana. ¡No había ya límites para lo que podía soñar y ambicionar la humanidad! ¡Tantas cosas, tantas creaciones e invenciones se habían llevado a cabo, se habían perfeccionado y propagado hasta llegar al nivel y ponerse al alcance de los míseros! ¡Y ahora esta máquina de hacer pupú! Era la nueva maravilla, el nuevo portento y, en realidad, la cosa más revolucionaria de cuantas había podido concebir y realizar la mente humana. No era ya necesario —o por lo menos no era indispensable— alimentarse para hacer pupú: las nuevas máquinas lo hacían sintéticamente, mecánicamente y matemáticamente, asegurándose, además, que era el suyo tan buen pupú como cualquiera otro, si no mejor —y esto, sin los inconvenientes, molestias o trastornos inherentes al funcionamiento de los rudimentarios y frágiles aparatos humanos naturales para el mismo efecto. Como si todo esto fuera poco, los precios del producto, fabricado a máquina, resultaban extraordinariamente ventajosos, mucho más bajos y halagüeños que los del antiguo producto original.

La nueva industria se desarrolló, pues, con arrolladora eficiencia y rapidez; creció de la noche a la mañana, y aquí y allá surgieron de repente las características arquitecturas de las grandes plantas de fabricación ultramoderna: especie de gigantescos hangares, metálicas armazones en donde inmensas y perfectas maquinarias trabajaban sin descanso noche y día —y más aún de noche que de día—; de sus techumbres se elevaban al cielo humeantes chimeneas, y rodeaban sus edificios costosas fajas de terreno cuidadosamente sembradas de verdeciente grama —la más verde que podía verse en los contornos. Una poderosa y eficiente fuerza nueva había surgido así; y se habían formado en relativamente poco tiempo, inmensos almacenes o depósitos que estaban en capacidad de suministrar en breve plazo cualquier cantidad que se les pidiera de su específico renglón de productividad... Para decirlo todo de una vez, había llegado la época del pupú prefabricado, a mínimo precio y óptima calidad inmejorable, y la antigua y pequeña industria doméstica languidecía, agonizaba y desaparecía rápidamente. Los precios del sustituto o enlatado eran imbatibles y desafiaban toda competencia. Solo uno que otro empecinado o testarudo se rebelaba; había aún gente por demás anticuada y gruñona, reacia por naturaleza a todo espíritu de innovación, gentes aferradas a los caducos usos y costumbres del pasado —igente de tradiciones!, en una palabra, amiga de conservatismos y antecedentes— y solo éstos preferían atenerse todavía a los ya desechados métodos y sistemas; seguían haciendo pupú de acuerdo con las empíricas y antieconómicas recetas de otro tiempo, en antihigiénica forma doméstica. Para satisfacer su extravagancia pagaban precios verdaderamente exhorbitantes, con lo cual ya está dicho que solo raros privilegiados, hijos mimados de la suerte, o decadentes y sentimentales, residuos todos de las más rancias mentalidades, podían aspirar a tales lujos, a permitirse semejante derroche o despilfarro.

Pero, al caer en desuso —así de un solo golpe— la manera tradicional de hacer pupú, he aquí que quedó muy poco aliciente a la producción de artículos alimenticios destinados a satisfacer las viejas necesidades humanas de alimentación por vías naturales, según el procedimiento prehistórico que tuvo su comienzo, en la época del mezozoico probablemente. Puede imaginarse iel inmenso trastorno que con esto se produjo en los ya bastante complicados y revueltos asuntos contemporáneos! La agricultura y la ganadería, y en términos generales, la producción e industrias de alimentos derivados bajo todas sus formas directas o indirectas, o consecuenciales —sin excluir los azafates de maní tostado y los carritos de helados—, cayeron verticalmente en el vacío. A poco entraron en colapso la farmacopea, los productos medicinales, la confección de vitaminas abecedarias, así como también los restaurantes, los mercados y las pastelerías, empezando también los médicos y sus monumentales clínicas a seguir el mismo camino del viejo pupú. iEra ya demasiado! El mundo moderno se desmoronaba, se moría la cultura, el idealismo agonizaba a poco del pupú, idolorosa coincidencia! Nuestra cristiana civilización se venía al suelo... Pero el suelo mismo, como nadie lo cultivaba ni labraba, empezó a producir por propia cuenta, a su guisa o capricho encantadores; bosques y matorrales más y más tupidos e intrincados invadieron los campos y laderas de labranza, acercándose a las ciudades y los pueblos y urbanizaciones —sin excluir siquiera aquellas en donde tan adelantada y perfeccionada en grado sumo y sincronizada con las necesidades humanas, se encontraba la fabricación moderna del pupú.

Así llegó el momento en que fue terminantemente prohibida, bajo las más severas penas y sanciones, la elaboración del pupú —en forma sintética y moderna, bien entendido—. Los Estados o Potencias se reservaron para sí el privilegio de tal fabricación; se adjudicaron el secreto, la fórmula y los procedimientos, requisionando para sí las fábricas y maquinarias y personal técnico, científico y especializado en todas las etapas del proceso. Y entonces... ¡Entonces se vio surgir el monstruo, la verdadera faz del monstruo que estaba detrás de todo eso! Cada vez que tenían entre sí algún altercado o rozamiento; cada vez que les venía una nueva crisis de miedo o de psicosis angustiosa, o de ensoberbecimiento y valentía por el contrario; o cuando simplemente no podían ponerse de acuerdo sobre esto o aquello... los grandes poderes, exclusivos poseedores del pupú, se amenazaban unos a otros, se agitaban, hacían ademán de coger ya los grifos, las llaves y las mangueras que comunicaban con los depósitos de prefabricado almacenados desde años en secretos e inmensos mares muertos subterráneos... Y el terror de la pavorosa inundación, del gran diluvio, una y otra vez paralizaba el gesto de los feroces contendores presuntos. La pobre humanidad sentía pasar su escalofrío, una vez más, lanzando un gran suspiro de alivio por la prórroga... y se entusiasmaba una vez más por los maravillosos alcances de la técnica.

Hasta que el vientre de la tierra —de la pobre madre tierra— se fue llenando, de aquel producto amenazante y predispuesto; se fue llenando, colmando, rebosando, hinchando, inflamando... y cierto día...

Pero, ese día, ¡no quedó ningún memorialista para contar lo que pasó! Tan solo —y eso porque se refiere al comienzo o despuntar de aquel monstruoso día—, tan solo se conoce este detalle: Las máquinas de hacer pupú hacían ¡pu! ¡pu! ¡pu! ¡puuuuu!... Como tampoco quedó nadie para detenerlas, cuando ya no faltaba más a quién ahogar en aquella inmensa masa desolada que recubría los continentes y océanos, en el eterno silencio las máquinas siguieron haciendo largo tiempo: ¡pu! ¡pu! ¡pu! ¡pu! ¡puuuuu!

El señor del martillo

—Pues sí, mi amigo, como le iba diciendo, las ventas están muertas, completamente muertas —me repite el señor Del Martillo.

—Nadie tiene dinero, nadie compra nada —añade poco después, dejando el martillo sobre el mostrador.

Esta muerte de las ventas era su más constante preocupación. No solamente sus ganancias disminuían, seguramente, a consecuencia de tan deplorable y lúgubre acontecimiento, sino que, además, como funesta secuela había muchas menos cabezas de clavos sobre qué martillar a lo largo de los días.

Según contaba, su vida toda no había sido otra cosa que una permanente carrera o persecución detrás de aquellas malhadadas y veleidosas ventas al través de países y continentes. Pero esas caprichosas criaturas, aunque muchas veces logró él agarrarlas y retenerlas cierto tiempo, se le escapaban siempre de las manos, brincando y alejándose de él para hacerle correr en pos de ellas más allá —aún más lejos. Primero había ido a la República Argentina, en una época de famosas ventas que allá hubo, muy a comienzos de este siglo; pero éstas, a poco, comenzaron a decaer y escurrirse, dando signos de debilitamiento y degeneración, y el señor Del Martillo se dirigió hacia el Uruguay, en donde se anunciaban o pronosticaban buenas ventas, y de ahí, luego, pasó a México y a Cuba, siempre en busca de mejores ventas; estuvo después en Centro América, y de allí siguió al Perú, subió a Bolivia y llegó al Brasil, persiguiendo sin tregua la curva de las ventas. Fue en el Ecuador en donde oyó hablar de las maravillosas ventas que se estaban realizando en Venezuela...

—Cuando llegué aquí, todavía las ventas eran buenas, muy buenas, allá por el 47; pero al año siguiente empezaron a flaquear y a hacerse difíciles, cada vez más difíciles, créame, y de entonces para acá, como le digo, ¡muertas!, ¡completamente muertas! En el tono de su voz se hace perceptible el severo juicio, el amargo reproche, el profundo desdén que, en su opinión, le merece un país en donde las ventas han llegado a tal extremo de inexistencia y anonadamiento.

Aunque él no se atreve a emitirlo abiertamente, se ve claro que la muerte de las ventas lo ha hecho cambiar totalmente de opinión sobre el país. A decir verdad, no es éste verdaderamente un país, una nación, un Estado digno de tal nombre, puesto que se permite que las ventas lleguen a tan bajo nivel de inexistencia. Cosas así no deberían suceder, y no suceden, no, en verdaderos Estados organizados, modernos, previsores, en donde las ventas son cosa sagrada, y si bien es cierto que pueden sufrir altos y bajos, no llegan nunca, como aquí, a un grado tal de aniquilamiento y descenso.

—¡Las ventas están muertas!, ¡muertas! —repite lúgubremente. Está desconcertado, como nunca, pues esta muerte de las ventas no estaba en su programa. ¿A dónde irá él ahora? ¿Dónde habrá actualmente buenas ventas? ¿Dónde? ¿Dónde? En su desesperación, el señor Del Martillo se rasca la cabeza, que ahora ya está gris (a causa de las ventas, de seguro). Se asoma a la puerta de la tienda; ningún comprador aparece ni de cerca ni de lejos... Echa una ojeada afuera, y se queda mirando lejos, hacia la esquina, por donde el entierro de las ventas está quizás pasando en aquel instante.

—No querrá usted creerme, pero es verdad lo que le digo: ¡las ventas están muertas, completamente muertas desde hace tiempo ya! Sentada detrás del mostrador, su mujer aprueba tristemente, moviendo la cabeza. No parece que estuviera ella nada celosa del desaforado amor de su marido por las ventas veleidosas. O tal vez lo estuvo, sí, pero en otras épocas; pero, ahora, ¡puesto que están muertas!, ¿para qué?

SÍ, NO; NO, SÍ...

Cuando Merche o Carmen Lourdes contestan a ciertas llamadas que reciben por teléfono, si se hallan presentes el viejo o la vieja, empiezan a decir, respondiendo a lo que oyen por el hilo:

—Sí... No... Sí, sí... Sí... No...

—De ahí no salen —dice el viejo.

—De ahí nadie las saca —dice la vieja.

—¿Qué es «sí, no; no, sí»? —pregunta el viejo a la vieja—. Yo no comprendo qué manera de hablar es ésa; no lo comprendo... ¡No, no!

—Tú mismo lo estás diciendo: «¡No, no!». Mira: ellas hablan así con sus amigos para que nosotros no entendamos, pero ¿qué importa? ¡Déjalas! La verdad es que Doña Carmen sabe todo, o casi todo, porque todo, o casi todo, se lo cuentan sus hijas. Pero el viejo es algo aparte, está aislado entre ellas todas, y como es recalcitrante y duro, han tendido un cordón sanitario en torno suyo, y todo se lo ocultan y disfrazan, y de lo que pasa en su casa, en derredor, sabe solo lo que alcanza a penetrar o descubrir por propia cuenta. Se la pasa emitiendo dudas y sospechas que acabaron por hacerlo más desagradable aún, y más odioso. Esto, sin contar que es el censor de los vestidos de las muchachas, de los descotes muy bajos o de los suéteres muy estrechos; el crítico de las palabras que emplean (o que se les salen a sus hijas), en sus propios oídos, en la mesa, y que él califica de «impropias» y de «en mi tiempo»... etc.

—¡Rinnnnn! ¡Rinnnnn!

—¿Ese teléfono otra vez? Ya vas a ver, Carmen Luisa, ya vas a oír...

¡Pero lo que es esta vez no lo tolero! ¡O sé lo que es «sí, no; no, sí», o, por Dios, que no sé lo que haré, o no me llamo yo Vicente Emilio!

—Nooo... Sí, sí, sí... —empieza a decir la voz de Merche, retorciendo el hilo del teléfono entre sus dedos.

—Nooo... ¡No! ¡no! —añade, a poco.

¡Zas! Don Vicente Emilio le quitó el auricular y le dio un empellón que la hizo ir a caer lejos. Se puso a oír. Estuvo largo rato oyendo mientras rechazaba con pies y brazos las tentativas de Merche por recobrar la posesión del aparato. Después... depositó el auricular y... ¡no dijo nada! ¿Qué había oído? ¿Qué había sabido? ¿Qué era «sí, no; no, sí»? Don Vicente Emilio se encerró en raro mutismo, a nadie le confiaba nada.

—Pero, ¿oíste lo que decían? —le preguntaba la vieja.

—Sí.

—Pero ¿qué es lo que hablaban? Se encogía de hombros.

—Pero, ¿quién le hablaba? ¿Qué decían desde allá? —insistía la vieja.

—Nada.

—¿Qué le decían? ¿El que le hablaba era un hombre? —repetía aún aclarando la vieja. Pero, en fin, veamos, ¿tú oíste lo que le decían? ¿Tú sabes de qué hablaban? Viéndose acorralado así, habló al fin, diciendo él también:

—Bueno... ¡Sí! Sí, no; no, sí...

Hay que decir que, en todo esto, su moral era baja. Su abatimiento se componía con un palito (o con dos, aún mejor), y desde aquel día del empujón empezó a tomarlos más y más; comenzó entonces a tener más amigos y a ausentarse de la casa tarde y noche. Mientras estaba fuera, era feliz, conversador; recalcitrante y duro siempre en asuntos de principios, como convenía a un caballero tal como él, de vieja cepa, chapado a la antigua y portador de un apellido como el suyo. Pero en casa, en las mañanas, daba muestras de una gran nerviosidad, y si el teléfono venía y hacía «¡Rinnnnnn-nn!», peor aún; dejaba el desayuno, o el almuerzo, y se marchaba. Pero nunca dijo nada ni volvió a referirse a «sí, no; no, sí». Las cosas se arreglaron de este modo, y todos parecían haber salido bien librados. Merche y Carmen Luisa y Doña Carmen seguían formando un todo compacto y homogéneo — más compacto y homogéneo ahora que antes. Merche no era ya la delgada Merche de años atrás, una leve peso pluma a la que podía darse un empujón y arrebatársele el teléfono; ahora estaba espléndida, desarrollada y siempre en la línea, segura de sí misma y de su poder. De esto estaba Doña Carmen (la mamá de Merche se llamaba ahora) orgullosa y complacida también en grado extremo, y Carmen Lourdes (aunque tampoco era fea) era también en todas partes «la hermana de Merche». Y don Vicente Emilio, probablemente, era el papá de Merche, o, si se quiere, el esposo de la madre de la hermana de Merche.

La fe

Tras la fina línea de las montañas (un tono apenas más oscuras por el abierto espacio), la Luna se levanta esplendorosa. Son las seis de la tarde. La Luna es hermosa, flota en la atmósfera diáfana, azulada y espléndida. Es el día 25 de enero de 1945. Yo había ya dado de comer a mi ratoncito el que se oculta en un macizo de flores, en el ángulo de los jardines: le he puesto bajo las «conejas» un pedazo de pan fresco y oloroso. «Un enorme banquete —me decía— tendrá esta noche el ratoncito». Alrededor mío sigue rondando ese ser extraño, ridículo y temible a la vez, el hombre que tiene una «piporra» colorada en un cachete y que al andar por la Plaza, cada tarde, hace sonar el aire en su boca, emitiendo un ruido o chasquido semejante al de una caja abierta y cerrada rápidamente. Camina con dificultad, tiene callos, pero a veces, cuando emite ese ruido, esto parece entusiasmarlo de tal modo que empieza a moverse con rapidez, agitando también los brazos al compás de los sonidos, y corre como si fuera a alcanzar a alguien, o como si alguien estuviera empujándolo por la espalda.

Las luces de la Plaza y las calles comienzan a encenderse. Todavía las tiendas están abiertas e iluminadas; el tráfico adquiere ese intenso y vertiginoso ritmo del atardecer, de cierta hora del atardecer. Yo doy una vuelta más alrededor de la Plaza. En cierto punto, al oeste del cuadrilátero, mirando hacia el este, hay una perspectiva que recuerda algún paisaje de un país del Norte: se ve subir la Luna al través del ramaje negro de un pino, y al pasar, mirándolo sin detenimiento, solo con el rabillo del ojo, se recibe un instante la impresión de hallarse uno en algún rincón de Alemania o Dinamarca, en algún anochecer de verano.

El pequeño cucarachero duerme ya; su torrentoso gorjeo y su inquieta búsqueda entre las matas, cesaron hace un rato, con el encenderse de las luces nocturnas. Pronto no se le verá ya más; no se oirá más en estos sitios que fueron tan suyos.

El hombre de la piporra ha echado a correr al son de su música. Yo tengo miedo de que un día me dirija la palabra, como a un amigo o un conocido. También temo que otros me confundan con él.

La Luna ha seguido subiendo por el cielo, dos estrellas la acompañan. Ahora puede verse por encima de la imagen de La Fe que corona la Torre.

Esa misma que, de día, tiene color de vieja herrumbre. Ya las tiendas están cerradas. Pocas personas transitan ya, ahora, por la Plaza y sus alrededores. El hombre de la piporra colorada en un cachete se ha ido a dormir. Se alejó serio, discreto, como si nada hubiera hecho, fumando tranquilamente un cigarrillo. El reloj toca las nueve y pesadas campanadas caen de la Torre. Si se presta atención, se las siente vibrar aún por largo rato.

El barrio, mejor dicho, la ciudad entera está en demolición y de ella no va a quedar ni un árbol, ni un vestigio. Por todos lados las viejas construcciones, viviendas y edificios, desaparecen de un día para otro, y en sus sitios se levantan grandes bloques, altos, blancos, fríos. «¿Qué va a ser de nosotros? —me pregunto. El cucarachero, el ratoncito, el hombre de la piporra, el gato que acude al tintineo de mis llaves, ¿qué va a ser de todos nosotros dentro de poco? ¿Quedará todavía sitio en esos grandes bloques? ¿Podrá el ratoncito tallarse una cuevita bajo esas moles de piedra? ¿Todo eso que fue vida, alegría, piedad, perecerá? Te lo pregunto, ¡oh, Luna! ¡oh, cielo! ¡oh, Fe, que de día tienes color de herrumbre y te vuelves invisible y ausente en las noches oscuras!».

Bajo una ráfaga de viento, los jabillos dejan caer algunas hojas grandes que alfombran ciertos rincones de la Plaza, como un pequeño otoño simbólico.

Cita nocturna interrumpida

Parado en cierto punto de la Avenida, disimulándome detrás del tronco de árbol añoso, oculto por completo (esto creía yo, al menos) a las miradas indiscretas y a los intempestivos encuentros enojosos, esperaba yo a aquélla que debía aparecer a esa misma hora. En esto, sin saber cómo ni cuándo, me agarró Guédez por el brazo, de sopetón, saliendo de atrás de un carro estacionado. Enseguida empezó a reírse con malicia, seguro de que tenía yo, en aquel punto y en aquella hora del anochecer, alguna cita. Curioso y averiguador como de costumbre, empezó a gastarme bromas.

—¿Qué haces tú por aquí y agazapado detrás de ese palo? —me gritó, agarrándome por el brazo.

—Si supieras —le dije— tenía calor, salí a tomar un poco de aire y me paré aquí.

Se me echó a reír.

—Y esa corbata nueva, ¿te la pusiste para tomar el aire también? ¡A mí no me engatusas! ¡Tú andas en alguna otra cosa por aquí!

—Bueno... te lo confiaré... Sí, tengo algo por aquí... Una cita, una cita con cierta bella dama. Aunque algo mayor, aún atractiva, atrayente todavía.

—Entonces, me voy ¡me voy!, no quiero ser indiscreto —me interrumpió hipócritamente, haciendo como que se iba.

—Pero si no importa que estés —le dije—; a lo mejor tú la conoces... Es una dama... una gran dama antañona. Pero no lo vayas a andar diciendo por todas partes, ¡por favor! Tú la conoces —le susurré al oído—, sí, seguramente, la conoces tú también.

—Pero... ¡no veo nada! —me dijo mirando a un lado y otro. ¿Te dejaría esperando? —añadió luego, suspicaz. ¡Qué chasco!

—¡A lo mejor! —repuse—. ¡Quién sabe por dónde andará esa vagabunda! ¡Tendrá otra cita antes que la mía! Esas damas antañonas, tú sabes, no son tan santurronas como parecen.

En esto estábamos, él, haciendo como que quería irse y dejarme solo, y yo, forcejeando, insistiendo en que se quedara, aunque deseando que se fuera, cuando... en ese preciso instante apareció «Ella», la dama, la gran dama.

Tras el filo del monte, por encima de la inmensa cabeza del Hombre Yacente, algo —maravilloso y dulce— de repente destelló dos o tres veces en un mismo instante, y enseguida empezó ella a surgir majestuosamente tras la línea de la montaña, mágica y refulgente, y llena de misterio, de encanto y de pasado, la Dama, ¡la Gran Dama Misteriosa!

—¡De modo que no era sino la Luna lo que esperabas con tanto misterio! —gritó él, chasqueado. Y me soltó el brazo, me dio la espalda y se marchó por la Avenida, riéndose de mí.

—¡Pero no lo vayas a repetir por todas partes! —alcancé a decirle aún—. ¡No lo vayas a repetir por todas partes! En ese instante, me pareció ver dibujarse en el hermoso rostro de la Dama aquella misma tenue sonrisa encantadora que yo le había sorprendido alguna vez.

Los de a locha

Como tomo cada día el autobús en Plaza España a una hora fija de la tarde, resulta que hago casi siempre el mismo recorrido en el llamado «No llores más, mi amor». Esto no quiere decir que no viaje unas veces, también, en «El Príncipe Azul» o en el «Viejo pero Atacón» —pues todos estos autobuses tienen nombre, y hasta una personalidad bien definida—. Cuando el «No llores más, mi amor» sufre algún retardo, o se encuentra en el taller, o se planta, simplemente, en plena vía, esto último, sobre todo, cuando ha llovido (pues «No llores más, mi amor» es muy sensible tanto al agua como a los insultos y denuestos del pasaje), apenas llueve un poco, se acatarra y resfría, enronquece, estornuda o tose... y se queda parado en plena charca, a mitad de camino. «Viejo, pero Atacón», en cambio, desafía, impertérrito, los más abundantes y largos aguaceros, cruza veloz, como si nada, las más hondas charcas callejeras, haciendo saltar el agua allí empozada y bañando aceras, paredes, transeúntes y todo lo que se encuentre a varios metros a la redonda. Pero... pero, a veces, por tiempo caluroso y seco, humea, gruñe, se estremece todo él como si fuera a morir, patalea como si debajo estuviera escondido algún potro en su tanque, y también entonces se para él en plena vía. Se alarman los pasajeros, ya quieren bajar y reclamar sus lochas... Pero «Viejo pero Atacón», a poco, echa a andar otra vez tranquilamente: solo había querido meter miedo, impresionar. «Príncipe Azul», por su lado, haciendo honor a su título, está completamente por encima de estas chanzas y bromas de mal gusto (sea de la edad, sea del amor); es nuevo y flamante, y andar en él cuesta una locha de más que en sus roídos congéneres, como conviene a este aristócrata de las ruedas.

Pero ya que —como de costumbre— he subido a «No llores más, mi amor», y que estoy bien sentado, seguiré, pues, dejándome llevar por este chirriante amigo. No llueve hoy; al contrario, brilla el Sol, y ninguna nubecilla en el horizonte, allá, hacia el Este, hace temer nada en contra de la feliz realización de nuestro viaje. Sin embargo, ¿qué es esto?... A mi lado ha tomado asiento un caballero que escupe por la ventanilla, escupe hacia afuera y estornuda hacia adentro. No, no tiene pañuelo, o no lo usa, lo que agrava aún más la situación —la mía y la de otros vecinos. Pero no es cuestión de incomodarme, no se crea, ni de que yo sea exagerado y puntilloso; ¡no es por mí!: lo que yo temo no es que me moje a mí, es que «No llores más, mi amor» vaya a confundir esto con lluvia, o con mal tiempo, y resuelva paralizar su marcha de un momento a otro, al menos mientras se aclara lo que cae.

—¡No me moje! —le grita uno—. ¡Voy a llamar a un policía!

—¡Un policía! ¡No se le ocurra, por Dios santo! Llamar a un policía sería lo peor, pues «No llores más, mi amor» le tiene ojeriza a los policías —y sobre todo a los policías o agentes de pito—, y si usted llama a uno, enseguida se parará el bus. Este sentimiento se ha exacerbado en él desde el día en que, por un decreto, a «No llores más, mi amor» le fue prohibido emitir sonidos de bocina o trompa por las calles. Obligado al silencio, recurre ahora a toda clase de ruidos apenas sofocados, bufidos, chirridos, traqueteos, resoplidos, humaredas, para dar salida a su desaprobación y desagrados, cada vez que pasa frente a uno de estos agentes pitadores. Y si el agente insiste en sus pitidos, «No llores más, mi amor» no tiene inconveniente al fin en quedarse plantado, en sus propias narices nomás, haciéndose el muerto y exhalando sus últimos suspiros (bajo la forma de densas humaredas nauseabundas) en las propias narices del agente pitador, transformándose en bomba lacrimógena, o en especie de mapurite mecánico.

Fue por esto, justamente, por lo que «No llores más, mi amor» fue retirado de la circulación urbana, propiamente hablando; y pasó a ser semi-urbano, o semi-rural.

Ahora, los pasajeros se han puesto a discutir con el chofer de «No llores más, mi amor»; hablan de autobuses o colectivos piratas, de líneas ilegales que hacen los mismos recorridos que las buenas líneas autorizadas y responsables —como ésta en que ahora vamos. Esto promueve entre todos gran revuelo; disienten unos, otros apoyan la afirmación que ha sido puesta sobre el tapete del colectivo, de que «ser pirata es mucho más ventajoso que ser legal».

—Pero, maestro —dice el conductor más razonablemente—, ¡oiga! ¡yo fui pirata! Y yo sé que eso no resulta. Mire; voy a probárselo...

Pero, en vez de eso, de manera imprevista —y a las claras pirata—, detiene en seco el autobús. Baja corriendo. (Se ve entonces que es pequeñito de estatura, casi un niño). Una mujer pasaba en ese instante con una mano envuelta en un vendaje.

—¿Qué te pasó en la mano? ¿Qué tienes? ¿Qué es eso? —le pregunta, tiernamente, el expirata, con aire solícito y compungido, tocándole el vendaje con unción. Y, sin esperar respuesta alguna, corre de nuevo al autobús, sube, ocupa su asiento y vuelve a ponerse en marcha.

—¡Yo fui pirata! —dice entonces, como si nada hubiera hecho— y voy a probarle que eso no resulta, en absoluto... ¿Dónde está? ¿Qué se hizo el maestro? —pregunta mirando a los pasajeros.

Aprovechándose para su ventaja de aquella parada inusitada —y a las claras ilícita— el «maestro» se había apeado. Era también un «maestro» algo pirata, ¡de seguro!

—¡Los de a locha! ¡Los de a locha! —grita brutalmente el colector, mirando hacia nosotros en cierto punto—. ¡Se acabó la locha! —insiste, con estrépito. Nadie se mueve de su asiento.

—¿Qué pasa? —pregunta uno (algún alarmado novato, por supuesto) desde el fondo.

—Nada, nada, que hasta aquí vale una locha el pasaje; hay que pagar otra más, para poder seguir.

—¡Que bajen los de a locha! Una señora se agita, entonces, repite como recordando algo, y empieza a bajar con movimientos llenos de dignidad (nadie la hubiera creído de a locha, hace un momento). El colector sigue gritando con implacable sadismo encarnizado con los de a locha:

—¡Se acabó la locha! ¡Los de a locha que bajen! ¡Bajando, los de a locha! ¡Fuera, los de a locha! ¡Abajo, los de a locha! Al mismo tiempo, va echando a todos y a cada uno de los que siguen sentados, con intención de continuar adelante, les va echando —digo— una escrutadora mirada que indica que «los de a locha» están bien grabados en su memoria y que ninguno de ellos podría impunemente hacerse pasar por uno «de a medio» y pretender seguir inadvertido, confundiéndose entre estos privilegiados. Se parece bastante esa mirada suya, a la que les echará San Pedro el día del juicio para indicar que a nadie le será dado hacerse pasar por más de lo que fuere.

El pasajero estornudador, felizmente, era de a locha, y ya se apeó. «No llores más, mi amor» se estremece y emprende nueva marcha.

La motocicleta selvática

La joven motocicleta alemana, después de pensarlo muy detenidamente y de haberle echado no pocas miradas de reojo al gran mapamundi, decidió emigrar al trópico en la primera ocasión que se le presentara. Quería ir a tentar futuro en Venezuela. La moto era de Essen, Ruhr, para más señas. Allí había sido planeada y dada a luz. Allí creció y jugó, y dio sus primeros pasos en el mundo de las calzadas y los caminos, a la sombra de las altas chimeneas. Sus primeros años se habían deslizado felizmente, y a veces recordaba y echaba de menos aquellos primeros tiempos de su vida — cuando era todavía una pequeña máquina, rubia, algo pecosa y con dos trenzas—, y aquellas dulces e imborrables noches de Navidad en el hogar de sus mayores, frente a maravillosos arbolillos, de los que colgaban también, mucho más pequeñitas que ella, minúsculas motos de juguete.

La motocicleta era producto de modernísima industria, o, mejor dicho, hablando propiamente, una creación, un ente, un ser de la cultura, una hija de la más avanzada técnica de nuestros tiempos. El día en que dejó a su Ruhr nativo para dirigirse a Venezuela (país del cual se hablaba mucho en aquellos días), los expertos que habían acudido a despedirla... ¡bueno!... no le pronosticaron nada gracioso. Le dijeron que no viviría mucho tiempo en aquel recio clima a donde se iba, por la humedad, por las elevadas temperaturas, por el desgaste y por la rudeza del medio y de la gente. Le añadieron que además de que su existencia sería breve, harto temprano empezaría a sufrir de malestares, cansancios, traqueteos, calambres y cojeras, achaques de tipo tropical degenerativos todos ellos, y males que raras veces aquejaban a las viejas y buenas motocicletas alemanas que se quedaban en su patria y no se marchaban a tan exóticas latitudes. Así y todo, le dieron instrucciones, explicaciones y consejos, empeñándose asimismo en que llevara consigo toda clase de repuestos y accesorios: engranajes, dispositivos, manómetros, relojes, reguladores, luces, medidores, manubrios, maniguetas, focos, frenos, pedales, resortes y otras válvulas, cosas todas éstas sin las cuales no podría dar siquiera un paso, ni vivir tan solo un día, por ser consustanciales a su organismo, estructura y función.

La motocicleta se les rió en sus propias barbas y les dijo que no quería ver más chimeneas, que ella amaba la naturaleza y la libertad antes que todo, y que tan solo para complacerlos se llevaría aquellas cosas. Dicho esto, se metió en la buena caja de madera que le había sido dispuesta para el viaje, y que fue su albergue seguro hasta que desembarcó en Puerto Cabello.

—¡Es algo mágico! —dijeron los que la vieron deslizarse por primera vez en las calles del puerto.

La reluciente, la fantástica, la mágica, la inverosímil motocicleta alemana, en cuanto pudo se escapó, se alzó, cogió el monte, y se internó en las selvas tropicales por su propia cuenta y riesgo, como quien dice por un deliberado acto voluntario. Suelta y libérrima, andaba ahora por bosques y pantanos, llanos y serranías, sin conductor ni combustible.

El extraordinario acontecimiento no cabía en las cabezas de la pobre gente razonable, y nadie se arriesgaba a darle abierto crédito por miedo de que se tratara de una superchería y por el temor al ridículo. Pero lo comedido, escéptico y cauteloso de los primeros comentarios comenzó a cambiar después, y el asunto empezó a enredarse y complicarse más y más. El tímido rumor inicial cobraba vuelo; el miedo y la superstición se entremezclaban también en la madeja; y las suposiciones que posteriormente se escuchaban iban ya, sin excepciones, tan desviadas y desorbitadas como la motocicleta misma a que aludían. Anunciaban por anticipado el raro sesgo que había de tomar, con el andar del tiempo, el extraño asunto de las habladurías y de la motocicleta.

A todo lo largo y ancho del distrito en donde había ocurrido el insólito acontecimiento, hubo movimientos policiales, con pesquisas, interrogatorios y detenciones de los sospechosos. Vigilancias policiales estaban a la orden del día, pues se daba por descontado que no era la motocicleta —por mágica que fuera—, la que había emprendido la fuga, pues, ¿cómo podía una simple máquina ponerse en movimiento por sí misma y andar sola, a fantásticas velocidades, por campos y caminos, noche y día, sin conductor aparente, ni combustible conocido? Había que buscar y descubrir al instigador, o promotor, o autor más o menos intelectual, del grave hecho (pues uno, por lo menos, debía haber).

Un viejo mecánico austriaco que vivía por el contorno fue expulsado del distrito; algunos brujos, yerbatarios y curanderos fueron investigados, así como también varios políticos caídos en desgracia. Sin que pudiera saberse qué especie de connivencia o tácita complicidad podía atribuírseles, fueron severamente amonestadas ciertas damas, de costumbres poco serias, que merodeaban por el entorno. Al mismo tiempo se rezaron solemnes plegarias en todos los poblados con iglesias, a fin de que la moto consintiera en tornar a sus redilles, considerándola oveja descarriada, más que moto desgaritada, y suponiéndola alma susceptible de arrepentimiento, enmienda y contrición.

Entre tanto, no pocas comisiones que habían salido ya en busca de la moto —siempre que estuviera en sitios no del todo inaccesibles—, llevaban el sabio plan de localizarla, rodearla entre unos cuantos y capturarla en buen estado para traérsela amarrada, como un toro escapado del corral.

Cuando quedó fuera de duda que nada de esto tenía éxito, empezó a considerarse a la motocicleta bajo una nueva luz, bajo el aspecto de algo extraño, irregular e inquietante; de algo que atentaba contra las leyes, convenciones y presupuestos más sagrados y respetables, tanto desde el punto de vista social como político, y aun hasta en el plano mismo de lo técnico y científico.

Era la moto un verdadero enemigo público número uno, subversivo, explosivo y peligroso en grado extremo, y tenía que ser aniquilado en cualquier forma. El enigma —enigma fascinante— no podía ser resuelto ni enfocado en otra forma, pues nadie alcanzaba a comprender ni descifrar lo que pasaba, ni siquiera a entreverlo remotamente. La existencia misma de la motocicleta de la selva (así empezaban todos a llamarla) era algo tan absurdo, tan irracional y en cierto modo tan horrible, que constituía un insolente desafío a toda ley, a toda ciencia, a toda técnica, siendo un fenómeno en abierta oposición tanto con el orden de las cosas naturales, como con el orden y el mundo de las máquinas, la técnica, la mecánica y la física. Planteaba interrogantes y problemas muy complejos, y envolvía peligrosas implicaciones de otro orden superior, atentando en forma inusitada contra otras grandes leyes, aun más generales e intocables, de nuestro mundo técnico, científico y filosófico moderno: las leyes fundamentales de la materia, de las masas, de la física y la mecánica, de la cinética y de la cinemática, de la gravedad y de los cuerpos; leyes sobre las cuales reposa en realidad, en último análisis, todo cuanto puede realizarse, creerse y concebirse, y cuyos básicos conceptos rigen el universo entero.

Se dio la orden terminante, en vista de estas cosas, de capturar viva o muerta a la moto, a la moto que había cogido el monte. La idea de pegarle cuatro tiros y traerla muerta y fría a la primera bomba de gasolina que se hallare, ofreciéndose ingente recompensa —o sea, que se puso precio a la cabeza de la moto, en el supuesto de que tuviera alguna ella misma, o su invisible conductor—, fue acogida con un suspiro de alivio, y expresiones de «¡Al fin!» «¡Al fin!», o, «Por ahí debió empezarse», y «¡Con el Señor no se juega!», las cuales se escucharon en múltiples esferas y círculos tradicionalmente interesados en el bienestar de la comarca.

La idea, además, despertó enorme interés entre no pocos famosos tiradores, cazadores y destructores de la vida animal de la región; fue el sueño dorado de los más sanguinarios perseguidores de animales del distrito, y de los más notables recuperadores de motocicletas escapadas de sus dueños, de su ambiente y de su clase. Éstos le dieron, pues, grandes batidas, memorables expediciones, históricos encuentros, ataques y contraataques, y hubo no pocos tiroteos, a usanza tropical, cuidadosamente organizados, a la vez que se tendían unos cuantos lazos, y se le armaban trampas y emboscadas aquí y allá, con pequeños bidones, como cebo, de la más fragante gasolina extra especial, traída especialmente para esto, «a ver si caía», ya que se suponía que el combustible de su tierra natal debía atraerla más que nada.

Todo fue en vano; en nada paró aquella enorme agitación y los derroches de energía, de celo, astucia o valor. Buena cantidad de gasolina extranjera había sido malgastada, sin que apareciera la moto. La búsqueda febril, las investigaciones, las pesquisas, las batidas, las huellas, las pistas y sospechas, todo fue inútil y todo quedó sin resultado.

Así como no se había dejado atrapar viva, tampoco se dejó matar, así nomás, tan mansamente, la motocicleta que había cogido el monte; tampoco caía en trampas, ni en lazos, ni emboscadas, ni venía a beber la gasolina en donde sus enemigos se la ponían (a tiro de fusil varios de ellos). El desaliento invadió al fin el ánimo de los más esforzados cazadores de la moto; solo alguno que otro de entre ellos seguía hasta hace poco, todavía por cuenta propia, las huellas y los rastros y el «venteo»; y seguía apuntando y disparando, a la vez que diciendo que en tal o cual Semana Santa o en algún Carnaval, la había él localizado y le había «aflojado» un buen tiro de escopeta o de fusil Winchester, o de revólver, errándola «por poco», o fallándola «por nada». Y estaban ya mascando el agua, como dicen, estos últimos sobrevivientes de la hazaña, los últimos de aquellos viejos cazadores de motocicletas alzadas, pero seguían acariciando aquella «buena idea». Hablaban del asunto —de su asunto— y apostaban que a que sí o a que no, allá entre ellos.

Mas esto mismo al fin también cesó, y las últimas persecuciones, las últimas apuestas y los últimos tiroteos y erradas punterías, todo acabó, porque... porque después empezó a correr la voz de que las balas que le tiraban a la bicha, si le pegaban se devolvían y rebotaban, y hasta a veces venían a caerle encima al propio tirador, al mismo que apuntaba y disparaba. Y ya esto ¡esto! era otra cosa.

Para entonces hacía ya bastante tiempo que nadie mentaba por allí a la máquina del monte sin santiguarse previamente, como si en lugar de ser ella una pobre máquina descarriada, fuera alguna encarnación, o más bien maquinación, de Lucifer. Hacía ya bastante tiempo que las pobres mujeres de las chozas, a la vera de los caminejos, o más adentro aún, habían empezado a venerarla y a temerla. Habían tomado la costumbre de invocarla como a un ánima —un ánima a la vez desamparada y poderosa, como todas las ánimas—. Porque al mismo tiempo que se santiguaban medrosamente al oír su nombre, no tenían reparo alguno en invocarla y dirigirse a ella mentalmente —las viejas, para ahuyentar desgracias; las mozas, para atraer la dicha—, cada vez que tenían algo que anhelar o que ahuyentar, como si al mismo tiempo que un ánima perdida fuera ella algún poder oculto que se manifestara al través de ella, y que todo podía quitarlo o concederlo. Y así como las pobres gentes la temían, los perros mismos, por su lado, a quien de preferencia le ladraban ahora por allí y aullaban en las noches, era a la bicha, descuidando por completo a la Luna y otros trasgos y apariencias ladrables y aullables según las más respetables tradiciones. Por lo menos esto se decía en el interior de cada choza, cuando los perros afuera estaban ladrando y aullando en la alta noche, así como antes se decía que era a la Luna y otros trasgos y apariencias.

Pues se decía que era en la alta noche cuando la máquina del monte salía de sus guaridas, de sus inaccesibles escondrijos en el fondo de las selvas. Y que entonces, en las vastas extensiones, en las horribles soledades de los campos y la noche, se paseaba como un terrible espectro maquinal, solo perceptible para el ojo de los perros; estruendoso, desbocado por los aterrorizados caminos de la noche, y que a veces, acercándose, se asomaba a los patios o las cercas de las chozas más aisladas. Hubo quien dijo haberla visto, regresando tarde al rancho, con un terrible escalofrío en el espinazo, el enorme ojo de lechuza de la moto encandilándolo, desde lejos, a la distancia, fijándolo desde el fondo de la noche, desde la espesura de un palmar, o desde los cañaverales de un pantano. No faltaron quienes aseguraban que la vieron atravesar las carreteras y pasar de un lado a otro a la luz de la Luna, no despaciosa y pausada, al estilo de las vacas o los burros, sino con la velocidad de un cataclismo, destrozando plantas y arbustos y haciendo saltar en mil pedazos las piedras y las lajas, dejando el sitio envuelto por un rato en un extraño olor espeluznante. Y cada vez que alguien en algún camino algo apartado, o en algún inaccesible sitio en las montañas o los bosques, encontraba algún tornillo o un pedazo de hierro, o cualquier fragmento de pieza o resto de aparato o accesorio metálico cualquiera, era la máquina del monte la que los había perdido en alguna de sus salvajes correrías nocturnas; era ella la que lo había tirado, botándolo, deshaciéndose de aquello, dejándolo caer, así nomás, por gusto, porque ya no necesitaba de tales cosas, ni combustible, ni conductor siquiera, en su presente vida errante de máquina espectral.

¡Cosa extraña! Mientras más simple y esquemática, mientras más inconcebible e irracional, la motocicleta del monte se ha hecho más misteriosa y atrayente, más subyugadora y excitante. Mientras más espiritualizada y descarnada (suponiendo que puedan emplearse estos vocablos en relación con una máquina), mayor influjo y seducción emana de ella. Desde la época de su furia y perdición, ahora ya los años han pasado, y todavía la máquina del monte sigue actuando, inexplicablemente aún, en la espesura de las selvas vírgenes y los impenetrables bosques, en las vastas serranías inexploradas, en los ilimitados pantanos y manglares de las costas, en lo más inaccesible y secreto de aquel inmenso mundo tropical apenas entrevisto por el hombre, y nunca hollado antes por las máquinas.

Por medio del proceso de simplificación y adaptación —o de no sé qué—, el cual se fue operando progresivamente en su estructura, ha llegado hasta lo perfecto e incorpóreo, como un ente maquinal a la vez que espectral, y ya no le hacen falta para nada ninguna de aquellas cosas y accesorios de que se fue ella misma desprendiendo poco a poco, y sin las cuales le fue dicho allá en el Ruhr en el momento de viajar, que no podría vivir siquiera un día, ni andar siquiera un metro. Una alianza indestructible hay entre ella, hecha para lo exacto y lo calculado, y aquella naturaleza, aquel caos, aquel abismo, antípoda y negación de su ser mismo, a los cuales ella misma se ha entregado, hundiéndose en su seno como por una definitiva voluntad de perdición. ¿O fue obediente al llamado de alguna otra fuerza, negativa, regresiva, demoniaca tal vez, pero avasalladora y transfiguradora en grado sumo? ¿Alguna extraña potencia irreprimible se volvió, tal vez, predominante, activa, actuante al contacto con el prístino mundo elemental? A pesar de todo cuanto se le predijo, allá en su lejano y humeante lar nativo, el día del viaje, antes de su libérrima y fantástica aventura, la motocicleta del monte sigue campante y poderosa, prescindiendo de los cuidados, los aceites, los alimentos, las direcciones para las cuales había sido prevista y concebida, planeada y realizada. Moviéndose fuera de los cuadros y las condiciones de vida para las que había sido concebida y estructurada, sigue dando pábulo a contradicciones, creencias, hipótesis de la más variada especie. Inspira miedo, espanto, horror, pero al mismo tiempo ejerce indecible encanto y seducción sobre el espíritu, y las más extraordinarias versiones continúan corriendo a cuenta suya...

Últimamente, por ejemplo, últimamente se decía (era un diciembre), se decía que las barbas de palo le habían crecido encima, llegándole hasta el suelo —como verdaderas barbas descuidadas—; y que también crecían en ella parásitas, lianas, tiñas y orquídeas; y que enredaderas y bejucos no desdeñaban prosperar entre sus estructuras.

Como siempre, sigue siendo una buena alemana —a pesar de lo hecho y lo pasado—, pues, al fin y al cabo, por más que se viva en pleno trópico y se pasen años y más años en el aislamiento más salvaje, la propia sangre y el origen siempre se revelan y sobreviven en algún curioso rasgo o minúsculo detalle que perdura por mucho que uno cambie y se transforme. La motocicleta tenía una cierta debilidad, un lado flaco, y este punto débil de la motocicleta, de la motocicleta alemana que había cogido el monte tropical, era... ¡era la noche de Navidad! En tal noche dejaba de ser tétrica y siniestra. La motocicleta que se volvió selvática y tropical se transformaba, llena de júbilo y fervor, se exaltaba y se iluminaba, hasta les llevaba regalitos —bien envueltos en grandes hojas verdes— a los inservibles motores petrificados al borde de los caminos.

Un suave aroma como de nórdicos pinares se esparce por las selvas tropicales cuando ella pasa; y pugna por alzarse y cobrar forma un balanceo, una como distante melodía hecha de cantos y campanas no del todo aún bien recordada. Ebria de gozo celestial y mística alegría, como dichosa y extasiada, se va quedando inmóvil, pues no correría ella el riesgo, en noche tal, de aplastar a nadie en alguna de sus locas correrías, atravesar por los caminos y enturbiar su júbilo con sangre derramada, o huesos rotos, o tallos destrozados, de gentes, animales, de hierbas o bestezuelas.

En una noche así, en una serena noche de paz así, abren sus alas para ella, nunca vistas mariposas; caen lluvias de polen sobre su vieja estructura, maravillosas orquídeas la circundan; hay un constante revolotear de pájaros despertados por las luces; miríadas de cocuyos y otros seres fosforescentes de los montes y las noches, se posan sobre ella —atraídos sabe Dios por qué causa— y todos ellos vienen a arroparla y cubrirla con un fantástico manto luminoso.

Y se va transfigurando, poco a poco, hasta parecerse ella misma, toda entera, a un gran árbol luminoso, un árbol de Navidad, uno de aquellos que ella misma adoró allá en su Ruhr nativo, cuando no era más que una linda —casi un juguete, pequeñita y rubia— motocicleta niña, aunque algo fuerte ya, desde esa época, y que cantaba y ponía sus zapatos ante la estufa o en la ventana, y esperaba... esperaba... a ver qué le traían, a la hora en que el árbol brillaba y se encendía.

El día de San Marginado

Muy cerca del resplandeciente y rico altar de San Tremendín (el santo mila-groso y popular de la parroquia), hay un pobre nicho dentro del cual se halla parado un viejo santo, flaco y desconocido, que dirige los ojos extasiados hacia lo alto de una cornisa, para no tener que mirar constantemente las glorias y esplendores que rodean al opulento vecino. Es uno de esos pobres santos —pobres también en cuanto al número y calidad de sus devotos—que solo tienen en su nicho una desnuda bombilla de luz eléctrica que alumbra en raras ocasiones, y uno o dos ramilletes de momificadas flores artificiales, puestos allí años atrás, contando con el poco o ningún olfato del recipiendario. Nunca se detiene nadie ante su altar, ni tiene él otras velas ni lamparillas que el reflejo de las de su vecino sobre la tapa de vidrio de su nicho. Jamás un manojo de frescas rosas, ni el calor de una velita. Mucho menos un óbolo, una ofrenda, un exvoto. La miseria lo persigue aun en efigie, en tanto que al otro, al gran vecino, la santidad le ha traído toda la abundancia y riqueza de las devociones, de las ofrendas y la fama. San Tremendín —que era el poderoso vecino de San Marginado— se metía en todos los asuntos de sus creyentes y devotos. Favorecía curaciones de enfermos y, sobre todo, de enfermas; tomaba partido en la elección; y arreglaba desavenencias entre enamorados, así como cualquier otra clase de disgustos, en todo lo cual había demostrado capacidad milagrosa. Pero su máxima especialidad eran los premios de lotería, las rifas, sanes y otras gangas. Y era en esto, básicamente, de donde le provenía la inmensa popu-laridad de que gozaba en la parroquia.

Ante el dorado altar de San Tremendín —el poderoso vecino— hay una profusión, un hacinamiento, un mar de luces, flores, inscripciones; los cirios arden por centenas; las azucenas rebosan los jarrones; multicolores hileras de bombillas brillan a lo largo y a lo ancho del altar. Dos o tres cepillos estratégicamente dispuestos, tienen gruesos candados muy seguros, y la palabra «Limosnas» está bien visiblemente escrita encima. En las horas de afluencia de los grandes días, hay en estos ricos cepillos un incesante caer de moneditas.

Triste es constatarlo, pero en el polvoriento cepillo que estaba a los pies del santo anónimo, San Marginado —que así es llamado el santo—, jamás había caído nunca locha alguna; ni siquiera se sabía ahí lo que era el ruido de un centavo al rodar dentro del hueco, y mucho menos el argentino tintineo de un bolívar. Los pocos que se acercan a su hornacina son los pobres de la iglesia, también sus amigos los ratoncitos, y las escasas devotas que tiene en toda la tierra. La existencia del pobre santo había sido completamente olvidada, y ni en la sacristía podía ya nadie decir su nombre, ni qué especie de santo era, ni para qué cosa era bueno.

—Tal vez no sea ni siquiera un santo... —piensa, distraído, el sacristán, cada vez que pasa frente a aquel huésped incapaz. Pero apenas esta idea aflora en su espíritu, se santigua y continúa su peregrinación e inspección por las desiertas naves. Trae un llavero, y abre uno tras otro los cepillos, cosechando con cuidado el contenido metálico y poniéndolo dentro de un bolso de cuero que a veces, distraídamente, él colgaba del brazo por medio de un cordón. Antes de marcharse, echa al pasar una rápida mirada de reojo al pobre santo avergonzado... Pero no, no, no parecía éste haberse dado cuenta del mal pensamiento que una y otra vez cruzaba por su mente.

Curas, beatas y sacristanes se habían sucedido, y habían pasado años, mejor dicho, lustros, décadas, siglos, ¡siglos!, cuando cierta noche, después que fueron cerradas las puertas del templo engalanado —estábamos en vísperas nada menos que de la solemne festividad de San Tremendín—, San Marginado se salió de su nicho y fue a tocarle a la tapa del vidrio y de la hornacina de San Tremendín.

Tun, tun.

—¿Qué se le ofrece, Marginado? —dijo San Tremendín, entreabriendo apenas el vidrio de la puerta, con recelo.

—Vengo a pedirte un gran favor, hermano —le dijo San Marginado—. Mañana es tu fiesta, te vuelven a sacar en procesión... Pues bien, mira, te lo ruego, déjame a mí ocupar este año tu puesto, por un día, por un día únicamente, solo mañana, y que me saquen a mí creyendo que eres tú.

¡Te lo pido por Dios nuestro Señor, hermano santo mío! —añadió San Marginado, cayendo de rodillas y llorando de verdad.

—Pero... ¿para qué haces esa locura, Marginado? —preguntó San Tremendín desconcertado ante la imprevista propuesta y la emotiva actitud de su tradicional vecino.

—Es solo para saber qué se siente en momentos tan solemnes, cuando se encuentra uno rodeado de semejante gloria y esplendor, de tantísimas pruebas de amor, de fe, de veneración. ¡Para ver a qué sabe eso, hermano! Tú lo has probado tantas veces, tantos años seguidos, ¿qué te importa dejarme a mí una vez, una sola en la eternidad? Santo al fin, San Tremendín se conmovió, tuvo piedad de San Marginado y le cedió su puesto dentro del nicho —en el cual iba a ser llevado en procesión al día siguiente, según costumbre tradicional de la parroquia—, y le dio sus hábitos, insignias, exvotos y prendas de toda especie, en tanto que él mismo iba a meterse, casi desnudo, en el pobre nicho destartalado y frío de donde acaba de salirse San Marginado.

Amaneció el gran día y San Marginado, metido en el hábito de San Tremendín, no se cansaba de recibir reverencias, honores, homenajes; le rezaban, le hacían o le pagaban promesas; le ponían velas y lamparillas de aceite; le balanceaban incensarios hasta casi asfixiarlo con el humo; le robaban los cabos de vela, como reliquia; le halaban la orla del vestido; le daban tirones por las mangas; le tocaban la punta del pie para santiguarse enseguida; se daban golpes en el pecho, dirigiéndose a él, pero sin atreverse —tanto era el respeto que le tenían a San Tremendín— a mirarlo siquiera, faz a faz, pues todos aquellos devotos bajaban la mirada ante la suya y la dejaban caer modestamente sobre las pobres sandalias ornadas de piedras preciosas, o sobre la orla de su riquísimo hábito raído. Llegó el supremo instante de la procesión; repicaron con fuerza las campanas; corrieron el cura y el sacristán; se desmayaban las beatas y los santurrones se arremolinaban cogiendo puesto para «cargar». Reventaron cohetes; estallaron truenos; sonó el trabuco, y la procesión comenzó a moverse lentamente entre el gentío. Estaba ya fuera, cruzaba la esquina, cuando, de repente, un grito —más bien un alarido— rasgó el aire de la tarde como un cohete o un disparo.

—¡Éste no es San Tremendín! Al punto, todos le miraron la faz, y todos se dieron cuenta del engaño, pues bastaba mirarle la cara para comprenderlo.

—¡No es él! ¡No es él!

—¡Nos cambiaron a San Tremendín!

—¡San Tremendín no está con nosotros!

—¡Nos lo robaron! ¡Lo perdimos! El tumulto culminó en pocos segundos. Pararon la procesión, y agarraron a San Marginado, lo echaron abajo, lo despojaron de todo lo que llevaba puesto y ahí mismo le dieron una gran paliza, mientras los principales miembros de la «Sociedad de Devotos de San Tremendín» se iban al templo, llevando en alto, entre todos, las vestiduras y demás prendas del Santo Patrono de la parroquia, al cual trajeron luego, ya vestido —no fue difícil encontrarlo en la hornacina donde estaba—, e hicieron seguir la procesión, aún más lentamente, en una atmósfera sobrecargada de reprobación y estupor. Como presunto autor de la superchería fue detenido en el acto mismo el sacristán, el cual, preso de indecible pánico, no se atrevía a gritar que era inocente. Y comenzó después de todo esto un especial período o jubileo —por decirlo así—, en desagravio y honor de San Tremendín, el cual dura todavía en estos momentos, con inimaginable afluencia de devotos de la parroquia y sus contornos.

Cada noche, cuando vuelve la iglesia a estar vacía, sale San Marginado a pasearse por las naves, renqueando ahora, el pobre, pues tiene la pierna quebrada, y la cabeza se la sostiene más o menos en su puesto con una mano, pues casi se la arrancan de un tirón.

—¿A qué te supo la fiesta Marginado? —le pregunta San Tremendín.

—No sé —contesta San Marginado (que habla ahora como ventrílocuo); no sé, ya te lo dije, el día de la procesión perdí la lengua.

Y luego, dirigiéndose a todos los santos y santas de las parroquias del contorno, exclama, llevándose la mano buena al corazón:

—¡Sois testigos de la santidad de mis propósitos! No fue por vanagloria; solo por probar a qué sabía eso...

Pero los santos y santas ven esto con suma indiferencia; a decir verdad, ni lo ven siquiera; casi todos ellos están absortos o abstraídos y parecen vivir ocupados en contar el número de las vigas y soleras de la antigua y buena fábrica, muy sólida, del templo colonial.

Y pasaron de este modo años y años sin que nada cambiara en la parroquia. Pero un día, cierto día, un cierto día cualquiera —era un día de San Marginado, pero nadie, ni siquiera él mismo, lo sabía—, un día muy cualquiera pues, durante la noche, súbitamente, se durmieron los santos y santas de la iglesia, como si un profundo sopor los invadiese; y uno a uno se quedaron adormecidos en sus nichos y en sus altares; y solo San Marginado y sus ratoncitos —unos cuantos— quedaban despiertos en el ámbito del templo.

Y entonces, de repente, se entreabrieron las antiguas puertas, sobrenaturales luces se encendieron por millares, repicaron desconocidas campanas de dulcísimas voces, y empezaron a oírse, cerca y lejos, cánticos y divinas músicas, sin que nadie pudiera saber de dónde venían tales portentos. Y llegaron ángeles y fulgores del cielo. Y una inmensa muchedumbre, venida ésta no se podría decir de dónde, se apretujaba en las afueras del templo como sin atreverse a entrar, se prosternaba y sollozaba empavorecida y empequeñecida, bajo el impacto del estruendo. En cambio las palomas de la torre del templo habían venido en bandadas y entraban y salían alborozadas, sin temor, mientras el rumor de sus alas y sus vuelos se acompasaba con el de las alas de los ángeles del cielo. Y a San Marginado y a sus ratoncitos se los llevan más allá entre luces y gloria, y cánticos y músicas y campanas, bajo el fulgor de las estrellas.

Y al día siguiente de estos sucesos, no fueron pocas las personas que al despertar por la mañana, en sus casas, dijeron haber tenido sueños maravillosos, extrañas pesadillas, inenarrables visiones. Y como en todas aquellas historias, sueños y pesadillas, la imagen de San Marginado aparecía mezclada en una u otra forma, por curiosidad fueron a ver... Y el santo estaba allí, parado en su sitio, y tan triste y solo y pobre como siempre. Y a su lado, también como siempre, bríllaban los esplendores del santo popular.

Una inolvidable fotografía

El fotógrafo callejero tiene largo rato acomodándome. Me había puesto ya de frente, de perfil, de medio perfil, y hasta de espaldas, dando ora un toquecito aquí, ora allá, rectificando de este lado, del opuesto; me había hecho mirar hacia arriba, hacia abajo, sonreír de este modo, inclinar la cabeza «algo más, pero no tanto; un poco menos, pero no tan poco», etc. Mi fisonomía había acabado así, seguramente, por adquirir una expresión de fijeza. Estaba desencajada, vaciada ya de toda su expresión (en el supuesto de que antes la hubiera tenido). Mi boca no era más que una horrible mueca. Mi nuca estaba rígida, mientras que en los dedos de la mano izquierda comencé a sentir un hormigueo y algo empezó a picarme en la cabeza, dándome unas insoportables ganas de rascarme. Sentía, además, opresión y dificultad para respirar.

—¿Puedo respirar? —me atreví a decir, moviendo apenas los labios para no descomponer lo que ya el fotógrafo había arreglado con tanto esmero.

Él sacó un momento la cabeza fuera del paño negro y examinó la situación.

—Sí, respire —dijo—, pero sin moverse. Y volvió a desaparecer bajo el paño.

Tomándolo como la orden de un médico, empecé a respirar lo más fuerte que podía. Procuré acumular en los pulmones la mayor cantidad de aire, como reserva para el futuro inmediato. Todo esto pasaba en una calle concurrida, a la puerta de un zaguán del viejo pasaje, y podía verse todo el comienzo de la operación. Yo, el paciente, sentía algo como cierta vergüenza de encontrarme así, expuesto a las miradas de los transeúntes, que me veían con ojos burlones. Pero caí en un estado de catalepsia bajo el influjo de la voz y los gestos del fotógrafo y el paño negro, que ya no tuve atención para más nada, fuera de las misteriosas indicaciones que recibía de aquel que, aunque fotógrafo, parecía un hipnotizador.

—Ríase un poco —me aconsejó luego, sacando la cabeza del trapo.

—¿De qué? —pregunté.

Pero ya se había escondido otra vez, y me dejó esperando así, sin saber de qué iba a reírme. En vista de la situación, me reí solo.

Antes de introducirse de nuevo en su negra cabina, echó una mirada en torno como despidiéndose de aquel mundo exterior, y se caló un par de anteojos, no sabría yo decir para ver qué, por allá dentro. En esto, ¡tac!, tomó la foto... pero continuó manipulando misteriosamente, como si nada, cubierto por el funesto manto. «En la sombra no trabaja sino el crimen» —pensaba yo, entre tanto para mí.

—¿No sintió nada? —me preguntó por último el fotógrafo, después que había terminado la obra maestra de su arte.

Lo miré perplejo, pues no sabía si debí haber sentido algo o no, o si el fotógrafo hablaba en serio o en broma.

—¡Sí —le dije—, sentí muchas cosas! ¿Cómo no iba a sentir? ¡Casi me asfixio, y eso que estábamos en medio de una plaza, al aire libre!

—¿Está lista? —pregunté al cabo de un buen rato.

—Tiene que estar dentro del balde un poco —dijo.

—¿Quién, yo? —pregunté viéndome ya metido de cabeza, sin quererlo, dentro del balde de agua fría y turbia por quién sabe cuántos largos minutos (minutos de fotógrafo ambulante).

Aclarados éste y otro punto, recibí al fin mi foto, aún mojada, con no sé qué de gelatinoso, como la lengua de un perro en días calurosos. En ella se veía un señor de sombrero y corbata, de pie, junto a una silla, una mano puesta sobre el espaldar. El fondo lo constituían un arco y una columna a mitad derruida, en donde crecía la hiedra antigua y clásica. Cuando la vi, los pelos se me pusieron de punta.

—Pero, ¿qué es esto? ¿Una fotografía? ¿De mí? ¿¿¿De mí???

—¡Claro! Más parecido no puede estar. ¡Más claro no canta un gallo!

—Pero le faltan dos dientes, por lo menos.

—¡Ah, bueno! Pero es que a usted también le faltan. ¿Cómo quiere que le salgan dientes a la foto? ¡Yo no soy dentista! Tomando otra vez la foto en su mano, el fotógrafo la observó atentamente.

—¡Pero si está usted hablando! —dijo—. ¡Hablando! Y fue en ese mismo instante cuando la foto o la imagen abrió la boca para decir en alta y clara voz idéntica a la mía propia:

—¡Sí, estoy hablando! La cogí y me la metí en el bolsillo, pagué y me fui corriendo. Todavía mientras corría, escuchaba la voz de la foto, tan idéntica a la mía, que continuaba repitiendo:

—¡Estoy hablando! Pero con todo, ¡fue aquella mi mejor fotografía! Una de esas fotografías que nos toma a veces, por azar tal vez, no ya los fotógrafos, sino la vida misma valiéndose de ellos y de sus instrumentos, así sean éstos modernos o anticuados. Una de esas elocuentes instantáneas como las que solo ella sabe sorprender y fijar para el futuro.

El cucarachero

Un pequeño, parduzco y casi redondo Cucarachero salió a dar unas vueltas —o a echar unos vuelecillos— por la plaza una mañana. El tiempo era magnífico, y el minúsculo paseante saltando de rama en rama, y de farol en farol, se había ido entusiasmando más y más, hasta perder por completo la noción de lo ambiental. Cogía insectos en las ramas de los árboles, en lo alto de los postes de la luz, en lo hueco de los faroles. Había gran abundancia de todo, y esto lo fue poniendo de tan alegre y desbordante humor, que se le escapaba en trinos y cantos y gorjeos, los cuales dejaba caer a cada instante como pequeñas cascaditas melodiosas.

Cantaba sin poder contenerse —a intervalos cada vez más cortos—, e iba —ora volando, ora trepando, ora saltando— de aquí para allá y de allá para acá, de rama en rama, siguiendo nada más que su capricho y sin fijarse en otra cosa. Su señora esposa aún no se había levantado, no obstante ser ella tan madrugadora y diligente como él mismo, pero es que se sentía algo indispuesta y esperando algo aquella mañana —como a menudo lo están las señoras—, o mejor dicho, aguardaba un feliz acontecimiento para aquella mañana, justamente.

En la plaza, el Cucarachero se divertía yendo y viniendo, echando un trino aquí, allá un gorjeo, y riendo a desbordantes carcajadas musicales que se iban desgranando —como solo él sabía cantarlas y reírlas. No estaba informado él, seguramente, que un minuto de silencio oficial estaba decretado para las nueve y catorce minutos y medio y tres cuartos en punto, hora exacta, no sé yo por cuál motivo, para conmemorar no sé yo qué... ¡Era un minuto obligatorio y compulsivo de completo y absoluto silencio nacional!, según los términos precisos del decreto de gobierno, el cual ordenaba que debería cesar por completo a aquella hora todo ruido o rumor o parloteo, cantos incluso —no era difícil inferirlo—, a las nueve y catorce minutos y medio y tres cuartos en punto de tan histórica fecha. El Cucarachero no se fijó en nada de eso, o quizás era tan loco que se atrevió a pasar por alto los términos del decreto, como si fuera algún otro farol.

Cuando todo el mundo calló y los señores policías y otros agentes se pusieron tiesos como estacas con la mano puesta en la sien derecha, el pequeño cantor siguió cantando —como si nada—, ¡qué digo! cantó y cantó mucho más fuerte aún, como para que no quedara duda alguna de que él no estaba tomando parte en aquella clase de actos o ceremonias, ni los aprobaba, ni colaboraba en absoluto, sino que más bien los censuraba y los infringía en alta y deliberada voz, cantando con todas las fuerzas y con todos los trinos y las risas de que era capaz. Prosiguió, pues, tranquilamente, su cantata matinal.

Estaba ahora posado en lo alto de un farol, y mientras transcurría el larguísimo minuto de silencio, su voz se oyó más y mejor; empezó a parecer fuerte y resonante en medio del gran silencio general que se había hecho; por instantes parecía algo estrepitosa, y hasta llegó a parecer casi aturdidora y estentórea. Eran gorjeos inacabables, o mejor dicho, o más propiamente dicho, eran trinos que terminaban y recomenzaban enseguida, unos tras otros, serie de gorgojitos y variaciones que a veces eran canto y melodía, y a veces algo como risas y carcajadas; a veces puros, dulces y prolongados trémolos; otras veces, desatados chorros musicales que venían a caer sobre la gente de la plaza y los apuestos uniformados.

El Cucarachero no tomaba en cuenta para nada —como hubiera debido hacerlo, siendo él un ciudadano igual a cualquier otro— los términos del decreto arriba dicho, cuyas «cláusulas» y «considerandos» habían sido publicados en todos los periódicos del país, —y en ésos, sobre todo, que no hay cucarachero que no los lea cada mañana— además de haber sido transmitidos por la radio, para que lo oyeran bien por las ondas, justamente, todos los cucaracheros del contorno que no sabían leer.

El primero que se fijó en aquel flagrante irrespeto fue un sargento, y tomó nota del escandaloso. Apenas pudo moverse, el sargento le puso la mano encima al Cucarachero y le dio la voz de arresto. El Cucarachero se sacudió violentamente y quiso huir. ¡Dios, era ya tarde! El policía blandió el rolo de goma, y mientras el Cucarachero se debatía y forcejeaba en manos del agente, un peinillero que andaba por la esquina acudió en su auxilio y le dio un planazo y luego otro. El Cucarachero chilló entonces y algunas plumas de su cola salieron volando, y se dejó llevar sin resistencia a la Comisaría, a causa del dolor que lo embargaba en su parte glútea (si puede uno expresarse con refinamiento).

—¿Qué pájaro es ése? —preguntó el Jefe Civil sin dirigirse a él directamente, echando una mirada rabiosa y despectiva.

—Es el Cucarachero de la plaza —informó el secretario.

—¿Por qué lo trajeron? —reclamó el Jefe.

—Por farta de respeto a la autoridá —explicó acercándose respetuosamente el agente que lo había traído preso, mientras se guardaba su peinilla en la vaina de cuero.

—Me dieron dos planazos —chilló el Cucarachero.

—¡Cállese la boca! ¡Silencio! —gritó el Jefe—, nadie le está preguntando nada a usted.

—Pero me duele a mí... pero me duele a mí, porfió todavía el Cucarachero con la cola —o lo que de ella le quedaba— algo torcida de un lado, a consecuencia del aporreo que había sufrido en aquella parte del cuerpo.

—¡Cállese, le digo! —gritó el Jefe.

—Y, ¿qué más? —añadió dirigiéndose únicamente al subordinado.

—Todo el mundo, menos él, observó el minuto de silencio, como es de ley. Y cuando le llamamos la atención, se envalentonó y quiso atacarnos, por lo menos hizo la intención. Después, cuando lo registramos, descubrimos que llevaba un pico largo muy afilado, un pico que no es para el tamañito de él, puede creerme, Jefe; no tiene más que verlo usted mismo para darse cuenta... es un pico sospechoso... algo muy sospechoso... para algo tiene que ser.

—Yo necesito mi pico para dar de comer a mis hijitos. Yo tengo que comer también. Y para eso lo único que tengo es ese pico y nada más.

—¡Escriba! ¡Escriba ahí! —ordenó el Jefe al secretario—. Cucarachero detenido por sospechoso y falta de respeto. Por sospechoso —recalcó bien—, y por llevar un pico largo, recto y puntiagudo, sin el consabido permiso de la autoridad competente.

Lo encerraron en el calabozo donde todo era oscuro a pesar de la luz del Sol, y en el que estaban echados por el suelo algunos borrachos, catorce de los llamados asociales y quince buhoneros. El nuevo preso inmediatamente se pegó al techo en vez de quedarse en el suelo como los demás, y se estuvo quieto, observando desde arriba para ver qué era aquello, colgado de las vigas, cabeza abajo, al modo de un murciélago.

Más tarde llegó a la Jefatura la señora del Cucarachero, y entró por el patio directamente al corredor, sin pasar por la puerta ni preguntar a la guardia, en vuelo directo desde la plaza hasta el tejado de la Jefatura.

—¡Carajo!, oyó.

La dama se estremeció, se erizó mucho, creyendo que era con ella. Pero no: era el loro que también estaba detenido desde hacía algún tiempo, por intemperancias verbales en la vecindad de un convento de monjas (que por su parte, decían ¡coño!, si se les enredaba el pelo en alguna parte). Era la segunda o la tercera vez que lo detenían por esta causa, y en esta ocasión había sido llevado el caso hasta el Obispo, pues era verdaderamente un loro incorregible.

—¡Ah carajo! —repitieron. (Esta vez sí era el Jefe). ¡Si ya el Cucarachero se salió del calabozo! ¡Condenado Cucarachero! —gritó creyendo ver en el patio al Cucarachero, al confundir a la señora con el marido.

—Yo no soy el Cucarachero —dijo ella. Yo no soy sino la señora del Cucarachero de la plaza, el que se llevaron preso esta mañana —explicó humildemente la solicitante temblando de miedo.

—¡La señora esposa del señor Cucarachero! —exclamó el señor Jefe Civil, ya en defensa de la moral y las costumbres—. ¡Pues eso tampoco está muy claro! ¡Será, diga más bien, su concubina! Pero sonó el teléfono y el colérico y virtuoso funcionario se alejó diciendo mientras se dirigía hacia adentro:

—¡Hasta los cucaracheros echan vainas aquí! ¡Ya van a ver...! Ajá, ¿quién es? ¡Doctora! —pues era la señora esposa del señor Jefe—. ¡A sus órdenes! ¿Qué se le ofrece, doctora? ¡Mande nomás! ¡Para servirle! Todo bien, todo va bien. ¡Aquí, imponiendo el orden, liquidando a los perturbadores! Entretanto la señora del Cucarachero entró en conversación con el loro, y éste le contó dónde estaba su marido, indicándole además una cierta claraboya por donde tal vez podría verlo y hablarle a través de una rejilla o alambre que allí había. Así lo hizo, pero tuvo que llamarlo varias veces, pues el pequeño se había quedado dormido tomando por noche lo que eran solo sombras de la celda. En los rincones y en el techo del calabozo había encontrado tan abundante y opípara alimentación de insectos —todos sus buenos platos preferidos—, que el sueño lo había vencido mientras hacía la digestión.

Cuando por fin despertó, ella le habló algo al oído, al través de la rejilla de la claraboya. Y cuando vinieron a comprobar si era él o ella quien andaba suelto por el patio, el Cucarachero, que se había puesto detrás de la puerta del calabozo, cuando la abrieron izas! salió volando por encima de la cabeza de la autoridad.

—¡Carajo! —dijo el Jefe agachándose—, no fuera a ser una bala aquello que le había pasado casi rozándole la cabeza.

—¡Carajo! —repitió el loro en el patio.

Y salieron volando y volvieron juntos a la plaza y empezaron a cantar otra vez, apurándose, idándose prisa!, no fuera a ser que oscureciera y se quedaran sin cantar algunas de las pequeñas canciones que traían en mientes para esa tarde.

Los regalos de Navidad

La fiesta ya se acerca, estaba ya en el aire, a días pudiera decirse. Había por todas partes una encubierta agitación; en la casa, un raro ir y venir, un secreteo, una creciente tensión, mezcla de preparativos y cosquilleante espera que iba en aumento. Y hasta algo de temor, sentían los niños, pues el gran acontecimiento estaba próximo.

—¿Qué le pedirás tú, Mariluise? —preguntó Esteban.

—¡Una bicicleta de dos ruedas! —dijo Mariluise, con absoluta firmeza y decisión.

—Pero tienes que explicarle bien. ¿Y si se equivoca y lo que te trae es un triciclo?

—¡Oh, no! Yo voy a poner muy claro: «Tráeme una bicicleta de dos ruedas», ¡hazme el favor! Y tú, Esteban, ¿qué le vas a pedir tú?

—Un reloj automático, tú sabes, de esos que no hay que darles cuerda nunca.

Mariluise lo miró sorprendida.

—Pero… ¿para qué quieres un reloj que no se le da cuerda, Esteban? Pero si lo bueno de un reloj es darle cuerda, ¡bastante cuerda!, ¡rac! ¡rac! ¡rac!, dándole vueltas al resorte hasta que se pone duro.

—El que yo quiero no tengo que darle cuerda, se la da él solo por los movimientos de la mano, sin darse uno cuenta de nada.

—¿Pero por qué, Esteban? ¡Dime! ¡Dime! ¡Hazme el favor!, ¿por qué no quieres darle cuerda?

—Se pierde tiempo —cortó Esteban con seguridad y aire de persona demasiado ocupada para estarse acordando en el día de darle cuerda a su reloj.

Mariluise abrió grandes ojos asombrados. ¿Cómo podía Esteban decir eso? ¿Cómo podía llamar a eso «perder tiempo»? ¿Es perder tiempo el placer de darle cuerda a un reloj bien grueso, muy brillante, y que haga mucho ruido de muelles y engranajes al darle cuerda a cada rato? Esteban no explicó más nada, pero Mariluise continuó insistiendo.

—Es como un animal que no come. ¿Para qué sirve un animal que no come, que no tiene para qué comer? ¡No podría soportarlo! ¡No lo quiero! ¡Lo mismo es tu tal reloj, Esteban! ¡Hazme el favor! ¡No pidas eso! ¡No, no pidas eso! Esteban quedóse pensativo; los argumentos de Mariluise habían quizás quebrantado un tanto sus personales concepciones acerca de relojes de cuerda o no cuerda, y de tiempos perdidos o ganados, y no sabía ahora qué cosa sería mejor pedir, uno con cuerda o uno sin cuerda.

—¡Bueno! Tal vez le pediré otra cosa... —dijo evadiendo el dilema. Convencido de que Mariluise tenía razón, pero sin descender aún a dársela, añadió al cabo de un rato: ¡O no le pediré nada! ¡Se acabó! ¡No le pediré nada!

—¿Nada?

—Y Mariluise lo miró con inmensos ojos asombrados, como a un ser incomprensible, a un verdadero monstruo.

—Sí, nada, para que lo sepas, ¡nada! En ese momento entró la madre.

—¡Mamá! ¡Mamá ponme aquí —le pidió Mariluise sofocada, enfebrecida, fuera de sí—, ¡hazme el favor! (era ésta su frase predilecta de niña bien educada), ponme aquí bien claro —tenía el papel en la mano—, bien subrayado, ponme: una bicicleta de-dos-ruedas, ¡hazme el favor!

—¡Mil gracias, mamá! —dijo. Y ya salía, ya se iba, ya corría otra vez hacia la puerta. Pero se devolvió al ver a Esteban, inmóvil, mirando a la mamá sin decir nada.

—¡Mamá! —dijo—, imagínate que Esteban quiere pedirle al Niño un animal que no come. ¿Qué dije? ¡Oye! ¡Un reloj que no tiene cuerda! ¿Para qué sirve eso? ¿Verdad, mamá, que un reloj que no tiene cuerda no es nada, es como...

—¡Yo no le he dicho eso a Mariluise! —gritó Esteban colérico—. Tú no entiendes, Mariluise, ¡déjame tranquilo!

—¿No es verdad que un reloj mientras más cuerda hay que darle es mucho mejor? Y que suene: rac, rac, rac.

—Sí, sí, hija, tienes razón, no le hagas caso a Esteban... ¡Bésame, hija! Besa a Esteban. Bésenme los dos.

Apretujándose entre sí, todos tres se besaron al mismo tiempo, entrechocándose las cabezas, confundidos los tres matices de sus cabellos en una sola mancha única, triple.

—Y cada vez que se da vuelta al resorte, mamá —siguió diciendo Mariluise cuando sacaba la cabeza fuera del torbellino de los besos y las caricias para correr veloz hacia la puerta.

—Mamá... —dijo entonces Esteban, acercándose un poco a ella.

—Mamá... —repitió en voz muy baja, estrechándola.

—¿Qué hay, hijo? ¿Qué tienes, hijo? Dime... Estaba indeciso.

—¿Qué hay? ¿Qué pasa? —insistió ella, inclinándose sobre él, atrayéndolo, invitándolo a hablar.

Esteban la abrazó. Por fin le dijo:

—Es una lástima, mamá, pero... —empezó a decir titubeando y como avergonzado de lo que iba a confesar— debo decírtelo, mamá —volvió a empezar Esteban—; pero... mira, mamá, yo no creo ya que es San Nicolás, ni el Niño, el que nos trae los regalos de Navidad.

Ella le acarició el cabello, metió sus dedos, algo convulsos y temblorosos de repente, entre los castaños rizos revueltos. Permaneció un rato callada acariciándolo en silencio. Después, al cabo de un rato, dijo lentamente:

—¿Qué vamos a hacer, hijo, si es así? ¡Si ya no lo crees! Lo creíste en años pasados... estos últimos años tan felices... era tu infancia, hijo... eras mi niño... Bueno... ¡dame un beso! A Mariluise le traerá el Niño una bicicleta de-dos-ruedas; a Esteban, un reloj automático; y a mí un... a mí un...

En ese momento regresó Mariluise.

—A ti mamá... ¿qué va a traerte a ti? —preguntó la niña, ¿qué le pediste tú?

—A mí... a mí me va a traer un hombrecito —dijo suspirando, pensando en el buen tiempo pasado. A mí me trajo ya un niño grande, y ahora me traerá un hombrecito, ¡un hombrecito! —dijo mirando a Esteban a los ojos, con mirada significativa, una nueva mirada cómplice, que le daba a entender que estaba él, ya en lo adelante, en la categoría de los que sabían, frente a Mariluise, que seguía estando en la compañía de los que creen.

Era la vida, eran los años que pasaban, tan veloces, tan... Algo, allí en el fondo de su alma, algo suspiraba, por el tiempo ido, después de lo que su hijito le había dicho. Ya Esteban había dejado de ser un niño candoroso que anhelaba, a la vez que temía, la aparición del hombre rojo de la Nochebuena.

La romería del consejero Úbeda

El doctor Francisco Ernesto Úbeda, diplomático que había pasado toda su vida en el extranjero, no había olvidado, sin embargo, a su tierra, y era además el autor de aquel folleto titulado ¿Qué remedio a los males de nuestra luminosa patria? Este folleto, publicado hacía años y muchas veces reeditado, era la obra maestra del Consejero. En él había puesto, en un momento de feliz inspiración, la quintaesencia de su preocupación y sentimientos venezolanistas y patrióticos.

Cada vez que en Venezuela se producía algún terremoto, incendio o inundación, o se extendía notablemente alguna peste o plaga ruinosas, alguna epidemia o epizootia de importancia, o sucedía cualquier otra catástrofe de carácter nacional (algo, cualquier cosa que en realidad lo justificase), inmediatamente el Consejero Úbeda enviaba al Comité de Auxilio un buen lote de ejemplares del folleto, como contribución al restablecimiento de la colectividad «tan cruelmente azotada», o «tan duramente puesta a prueba», o «tan dolorosamente conturbada». No contento con esto, el doctor Úbeda se había hecho a sí mismo la promesa («la sagrada promesa improrrogable», lo había dicho de este modo, textualmente, en el epígrafe de las últimas ediciones de su folleto), de dirigirse a visitar aquellas apartadas y casi desconocidas latitudes que lo habían visto crecer y alejarse para siempre a toda carrera diplomática, pero en donde, a fin de cuentas, se había plasmado la originaria personalidad del doctor Úbeda.

Sin embargo... no era fácil. Úbeda jamás se había alejado de París por un tiempo que pudiera llamarse considerable. Allí habían transcurrido felizmente años, lustros, décadas, media centuria casi, de vida civilizada y sin nuages (había olvidado la palabra «nube»). Heroicamente había resistido invasiones, crisis, restricciones, odios, penurias y momentos muy difíciles en guerras frías, tibias o calientes. Estaba casado con una francesa, todos sus hijos habían nacido en París, y hasta había acabado por tenerse a sí mismo, o por serlo en realidad, medio francés, o más bien francés y medio. Había hecho todo lo posible y lo imposible por quedarse en aquel suelo, en aquel Paraíso, en aquel Nirvana. ¡Cómo alejarse de allí! ¡Cómo ausentarse de París por tanto tiempo! Este asunto lo discutía una y otra vez con su mujer, quien se sonreía de aquellas veleidades tropicales del marido, y ahí quedaba todo por el momento. «La sagrada promesa improrrogable» volvía a ser diferida, el gran regreso sufría un nuevo retardo, la patriótica peregrinación era aplazada.

Pero un día... hasta una cosa tan improbable como la patriótica romería del doctor Úbeda comenzó a ocurrir bajo los espaciosos cielos del Atlántico. Navegaron tranquilamente el doctor Úbeda, la francesa y los hijos, «robustos vástagos del gran árbol de la patria en el exterior» —así solía llamarlos haciendo gala de su brillante patriotismo, aunque los muchachos no querían ser sino franceses—, y una caja con cientos de folletos, de aquellos folletos titulados ¿Qué remedio a los males de nuestra luminosa patria?, para distribuirlos por todas partes en la nueva edición, ahora aumentada y revisada, que él se proponía repartir a manos llenas durante su recorrido por la patria, como obsequio a sus amigos, admiradores e ilustres compatriotas.

¡Al fin! Después de treinta o cuarenta años de ausencia, el esclarecido Consejero había vuelto a Venezuela, había venido a visitar el suelo natal, la familia, los amigos y esos sitios y lugares de la infancia y juventud primera, que nadie puede nunca olvidar completamente. Había traído el folletón que le había valido tantos grandes méritos. Había sido reeditado varias veces (pues se agotaba rápidamente, según decía su autor) y volvía entonces a enviarlo a los periódicos, a los ministerios, a las academias e instituciones, y hasta a algunas gobernaciones regionales. Este folleto, pues, era como parte de la familia del Consejero, y con ella había venido. En Caracas, el ilustre Consejero había sido recibido, agasajado, celebrado como era de esperarse. El viaje se revelaba fructífero y triunfal.

¡Una verdadera campaña admirable! —decía él mismo. Su meritoria, su digna ausencia había sido ampliamente reconocida y recompensada por la patria en forma no menos digna. Se le dio una orden sustanciosa —independientemente de la del Libertador, por ascenso—, para resarcirlo de los gastos y fatigas de su viaje; consiguió una beca para la educación de su hijo mayor en una célebre Escuela Militar de Norte América (pues su hijo iba a ser militar); además una pensioncilla para que su hija siguiera estudios y se perfeccionase en Milán, a título de futura gloria del bel canto nacional, según dictamen de eminentes autoridades en la materia. «Tan solo para mí no pido nada», fue la frase de Úbeda, «es suficiente para mí la inmensa satisfacción de ponerme en íntimo contacto, en franca comunión espiritual, con esta luminosa patria».

Todos los puntos del programa habían sido alcanzados y el éxito de la «patriótica romería», de la «peregrinación sentimental», era completo. Ahora faltaba únicamente, como deber ineludible por cumplir, la visita a aquella olvidada comarca del interior, cuna de sus mayores y residencia de la madre del ilustre visitante.

Pero el hombre propone y Dios dispone, y por extraña coincidencia, el corto viaje, la pequeña «romería patriótica» del Ilustre Consejero Úbeda y familia, vino a convertirse de improviso, precisamente en uno de aquellos acontecimientos desastrosos, en otra más de aquellas trajedías o pérdidas inmensas, que tantas veces se esforzara por mitigar el doctor, con el generoso envío de folletos, todo por obra y gracia del destino fatal de nuestra patria.

Parece ser que mientras admiraba unas nuages en el diáfano cielo del pueblo natal, el ilustre visitante tuvo de súbito un atroz presentimiento. Se acercó a su mujer y la oprimió con fuerza entre sus brazos. Ella, con la profundidad de su amor, lo miró al fondo de los ojos.

—Mon cheri —le dijo, enternecida y conturbada.

—Oui, nous rentrerons bientot —dijo a su mujer en voz muy baja, para que nadie más le oyera (aunque ningún pavo o gallina de los de por allí sabía francés).

El regreso a Caracas quedó resuelto y fue anunciado para el amanecer del día siguiente, no obstante las protestas y lamentos, ruegos y resistencias de la madre, parientes y allegados. Con su dulce mitad y los «robustos vástagos», el Consejero se dispuso a salir rumbo a París. Pero, durante la noche, su estado provocó súbita alarma e inquietud. Cuando un deudo cercano que salía del cuarto del enfermo contó que éste había tratado, en vano, de decir no se sabía qué, en un idioma o gangueo incomprensible aun para la propia esposa, todos dieron por seguro que estaba ya en las últimas...

Nada pudo salvar la tez del doctor Úbeda, la sonrosada y clara tez adquirida en cuarenta años de existencia europea al servicio del país. Un terrible tinte ceniciento se esparció al fin por su rostro... Murió en la madrugada sin haber recuperado el uso del francés.

En la mejor casa del pueblo, en una vieja sala familiar de negras rinconeras y empañados espejos de otra época, yacía aquel triste amanecer el
ilustre muerto. Podían verse, destacándose sobre algunas de las rinconeras, muchísimos folletos que dormitaban, aún no distribuidos. Allí estaban
puestos en rimeros, y habían surtido poco o nulo efecto en esta ocasión:
no revelaron las mágicas virtudes curativas que parecía atribuirles el autor;
permanecían inertes o inoperantes encima de la fúnebre rinconera de los
tiempos pretéritos, en aquella tremenda desventura en que había venido a
parar el viaje del autor de ¿Qué remedio a los males de nuestra luminosa
patria? El cadáver fue llevado a la capital de la República (pues el humilde
lugarejo de donde era oriundo el diplomático y en donde había ocurrido la
catástrofe, fue juzgado indigno de guardar tan importantes despojos). Lo
seguían la viuda y los «robustos vástagos del gran árbol... etc.», a quienes
acompañaban autoridades, familiares, amigos y admiradores del ilustre fene-
cido. Mientras doblaban las campanas lugareñas, se distribuía por las her-
bosas callejuelas una hoja orlada de negro: Aeternum Vale, necrología que
no podía leerse sin llorar, escrita por la mejor pluma del poblado. Al borde de
la carretera, los campesinos se descubrían al paso del convoy y alzaban los
aludos y sucios sombreros de cogollo. Las mujeres se santiguaban paradas
a las puertas de las casuchas, rodeadas de míseros chiquillos que en nada
se parecían a los «robustos vástagos». Ladraban o aullaban los perros. Por
largos trechos, el polvo cubría al convoy con denso manto impenetrable. Burros, cabras y vacas se apartaban silenciosamente hacia la orilla; gruñían los
cochinos tras las empalizadas; uno de ellos, en cierto lugar, lanzó al aire de
las soledades desgarradores chillidos, como si estuviera siendo asesinado.

El cadáver fue velado en Caracas con toda solemnidad. Ceremonias, flores, discursos, notas periodísticas, gentío, nada faltó. Se habló mucho de los
inapreciables, largos y útiles servicios; se le dio su nombre a una escuela;
se hizo repetida mención del trascendental trabajo titulado ¿Qué remedio
a los males de nuestra luminosa patria? En una palabra, se le rindieron al
desdichado visitante los más justos y merecidos homenajes. Y por los ojos
de la francesa (el luto le sentaba a ella admirablemente), la consternada y
luminosa patria derramó ardientes lágrimas por la desaparición del Ilustre

Úbeda, considerándola una más entre sus penas infinitas, uno más entre sus males sin remedio.

¿Qué había pasado? ¿De qué había muerto el doctor Úbeda? ¡Nadie lo supo! ¿Fue víctima de trastornos intestinales? Era una explicación demasiado vaga, formal y obvia. Se habló bastante del corazón del Consejero, rumorándose que desde años atrás venía afectado de cierta grave dolencia, cosa que nadie había sabido hasta entonces, excepto algún íntimo, pues el previsivo Consejero había siempre temido que, de hacerse del conocimiento público esta deficiencia, pudiera perjudicarle en el presente y en el porvenir que le esperaba. ¡Y se comprende! ¿Cómo podía estar dañada o carcomida una de las mejores vísceras del país? Hubiera sido una amarga decepción, y el buen Consejero quiso escamotearla mientras estuvo en su poder.

Se hicieron conjeturas sobre cierta ampolleta en dudoso estado de conservación, que le había sido puesta al enfermo. Se habló asimismo sobre los efectos de la altura, la humedad, el cambio de clima, juzgando cada quien por algún síntoma aislado de diferentes fiebres malignas o perniciosas, de tétanos, nefritis y cien otros males más que hubieran podido —cualquiera de ellos, y todos juntos ni se diga—, acabar con la vida de cualquier consejero.

Pasarán años y todavía seguirá siendo este problema el principal tema de las discusiones entre las mejores familias del lugar, allá en el pueblo en donde murió, casi repentinamente, el Ilustre Úbeda (que así siguió siendo llamado en lo adelante). De los últimos análisis, lo único que puede afirmarse sin temor a equivocarnos, es que el doctor Úbeda... era mortal, sin duda alguna.

Solo falta añadir que, a poco de muerto el Consejero Úbeda, empezó a perfilarse en otro lugar de Europa, un nuevo Consejero (tampoco él había sido el único hasta entonces), con características muy semejantes a las suyas. Indudablemente habrá que repartir todavía muchos, muchos más ejemplares del folleto titulado ¿Qué remedio a los males de nuestra luminosa patria?

La empanada

He llegado yo a la conclusión de que nada, en el panorama de nuestra alimentación tradicional, tiene un valor nutritivo, y de tanta trascendencia educativa además, como la empanada. Y me refiero, claro está, a la conocida y sabrosa empanada tan enraizada y persistente en nuestras costumbres culinarias.

Casi todas las personas, familias o viejas caseras que en otro tiempo hacían empanadas para vender por la calle y levantar convenientemente a sus hijos, han venido alcanzando unas tras otras, por sí y por medio de sus descendientes directos, las más altas y distinguidas posiciones en las más variadas ramas de la actividad contemporánea. No cabe duda de que estos descendientes estuvieron alimentados, principalmente, a base de empanadas. Y es fácil deducir de esto que la empanada, además de las otras virtudes que posee, alienta, alimenta o provoca en el organismo así nutrido, una especie de fermento agudo y persistente...

Tengo a la vista el caso extraordinario de Lope Villoria. Era éste, hijo de un señor López, muy blanco él, pero muy opaco al mismo tiempo; y como tal estaba destinado (hablo de Lope, su hijo), a no ser sino un opaco y abúlico miembro del pequeño grupo al cual pertenecía por su padre. Pero... (y aquí vienen las empanadas), tuvo Lope la fortuna —la inmensa fortuna—, de no ser únicamente hijo de López, sino que, a la vez, por razón natural, era hijo de una madre oscura, que hacía muy buenas empanadas doradas. De ahí vino todo, como por vía de consecuencia lógica implacable.

Andando el tiempo, las empanadas produjeron su efecto. Lope creció, estudió, graduóse... y abandonó los predios de Peña Negra, lugar de su origen, voló a Caracas; y con aquel dinamo —dentro del espíritu o el cuerpo—, que le habían dejado las empanadas de su madre, empezó a subir, subir, subir... Casó con una dama de gran alcurnia y de ninguna empanada en sus orígenes. Hizo dinero, tuvo hijos, figuró en la sociedad y en la política y en la academia y demás yerbas... Bueno... y se murió. Pero... pero aquí es donde viene lo mejor del caso, y donde se prueba, y contraprueba mejor dicho, el valor trascendental de la empanada originaria: el hijo de Lope Villoria ha venido a revelarse como uno de los genios del arribismo más preclaro y contundente que pueda uno imaginarse, aun para obras de caridad.

Los descendientes de empanadas son, por otra parte, todos, profunda y radicalmente conservadores, y hasta con pujos de aristócratas, o de «alta burguesía», muchos de ellos. Desde este punto de vista, la empanada puede considerarse como un factor de orden de primerísima importancia; como un apreciable elemento de equilibrio en nuestras desquiciadas sociedades subdesarrolladas y raídas por la inseguridad y la anarquía. Hasta pienso yo, a veces, que nada sería más urgente y provechoso que formar, cuanto antes, el verdadero Partido de las Empanadas, el cual, a buen seguro, no podría dar sino provechosos frutos, como ya hemos visto que lo suelen dar las empanadas.

Es un hecho histórico y requete comprobado que social, económica y políticamente hablando, no hay nada tan conservador como la empanada. La empanada se adhiere a la burguesía acomodada al través del matrimonio, como el hierro al imán. Los hijos de la empanada están siempre muy dispuestos a contraer matrimonio con damas de la burguesía, y entre éstas nunca falta alguna dama algo gorda, o algo vieja o algo fea (pero siempre acomodada) que se deje convencer (por aquello de que «a falta de pan buenas son tortas»).

La empanada lleva muy lejos —muy lejos— y muy alto —tal vez no a los hijos, todavía, pero ¡los nietos! Los nietos de las empanadas son irresistibles —sobre todo si están combinados con sangre de la buena burguesía acomodada y tradicional (como es el caso del hijo de Lope). En esos casos se convierten, de la noche a la mañana, como por arte de magia, en luminarias de la sociedad, del foro, de la ciencia, de la política y sobre todo, del dinero...

—¡Ay! —me lamento yo a veces en medio de mi desgracia—. Si mi abuelita hubiera hecho empanadas ¡otro gallo me cantaría! ¿Dónde estaría yo ahora? Sería uno de los grandes abogados del escritorio Zulbarán, o el médico más caro de los médicos del centro comercial. Por desgracia, ¡no hizo sino hallaquitas! ¡Sarcasmos del destino!

La cachucha

Sentí verdaderamente gran satisfacción, el día en que fui presentado al hombre que conocía a la Cachucha.

—Es íntimo de la Cachucha —me había dicho mi amigo, el presentante—; con frecuencia andan juntos, en automóvil, sobre todo de noche. «¡Ah! —pensé yo— ¡amigos de farra y mujeres! Son éstos los más íntimos e influyentes, y a éstos no se les niega nada».

—Va a comer a su casa —prosiguió mi amigo—. ¡Nada menos! Este era el hombre cuya mano anhelaba yo estrechar, simulando no darle demasiada importancia al momento. Pero a través de aquella mano presentía yo el fluido, el misterioso fluido emanado de la Cachucha.

¡Qué gran Cachucha debía de ser aquélla! Y yo estaba en contacto, si bien indirecto aún, con ella y con todo lo que ella podía representar y significar para el presente y para el futuro.

—He tenido muchísimo gusto en conocerlo —dijo de repente el hombre que conocía a la Cachucha—. Espero que nos veamos nuevamente uno de estos días. Ahora tengo que dejarlos. Debo encontrarme con... (aquí pronunció el nombre propio de la Cachucha), y temo estar ya retrasado.

—¡Por supuesto! —dije yo con el mayor entusiasmo—. Ojalá podamos vernos pronto un día de éstos ¿verdad?

—¡Claro! —dijo el hombre que conocía a la Cachucha—. Nos veremos uno de estos días con el amigo nuestro.

—¿El uniformado? —inquirí yo, creyendo que se trataba de la Cachucha misma en carne y hueso, si puede hablarse así, tratándose de una cachucha.

—Me refiero a nuestro amigo aquí presente —aclaró enseguida, disipando el fluido interior que ya se me había subido involuntariamente a la superficie.

Aquella misma noche, por un azar maravilloso, vi pasar al hombre en su automóvil silente y misterioso (esto me pareció), sentado ¡al lado de la Cachucha! ¡Oh, maravilla! Cuando el hombre que conocía a la Cachucha me saludó con un gesto de la mano, ¡la Cachucha también me saludó con esa rigidez de movimiento gestual propia de algunos militares, como conviene a una Cachucha de su importancia! ¡Me saludó como si fuéramos íntimos amigos! ¡Como si se tratase de un viejo conocido! Sentí de nuevo la corriente del fluido que procedía de la Cachucha y que me llegaba a través del ademán del hombre que conocía a la Cachucha. Era prueba evidente de que ya le había hablado, probablemente, de mí.

Yo tenía algunos negocios en cartera. Pero todos eran de ese tipo de negociaciones que jamás llegan a realizarse, y cuyos éxitos necesitan de influencia, de palancas, de discreta y eficiente protección, ¡de Cachuchas!, en una palabra. De modo que pocos días después, alentado por los saludos que nos cruzáramos en esa noche afortunada, escribí una esquela al hombre que conoce a la Cachucha, proponiéndole un encuentro para tratar algunos asuntos que podían interesarle, tanto a él personalmente, como a alguno entre sus importantes relaciones. Ansiosamente esperaba la respuesta, cuando días después, leyendo con desgano las páginas del periódico, me enteré de lo que sigue: «Antenoche fue finalmente detenido —por un agente especial que le venía siguiendo la pista— un sujeto que se valía de raras artimañas con el fin de hacerse pasar por un personaje muy influyente y altamente relacionado en los medios militares. Entre otras cosas, se le sindica de exhibirse por las noches, acompañado por un maniquí de uniforme y cachucha, en el interior de un potente automóvil».

La mención

Puesto que tantos otros narradores mandan sus creaciones al certamen, ¿no podría yo también mandar algo, alguna vez? —se preguntó la Vida cierto día.

Y diciendo y haciendo, pues suele ella ser así, cogió una de sus narraciones —una de esas que suele ella componer, así, así, como jugando—, y de esta manera, sometiéndose a todas las bases del certamen, le puso título, firmó con un seudónimo, la metió en un sobre y la mandó por correo.

—No está mal, no está del todo mal —dijo uno de los miembros del jurado—, solo que carece de estilo, de expresión.

—En cambio... en cambio ¡vean esto! ¡Es estelar, es algo deslumbrante!

—Y este otro, ¿dónde me lo dejan? ¡Hermético! Este es un primer premio indiscutible —dictaminó el tercer jurado, esgrimiendo otra de las obras estudiadas por la junta.

—Volviendo al trabajito ese... ¡bueno, claro!, no está mal, es la verdad, aunque le falte algo esencial, fíjense ustedes: ¿no es demasiado simple para ser un buen relato?

—¿Simple? Yo diría más bien ¡absurdo, contradictorio, exagerado, inverosímil! Eso es lo que es.

—¿Le falta la vida...?

—Le sobra, le sobra, es su mayor defecto justamente en mi opinión, y es demasiado tierno, además; por otra parte, es triste.

—¿Qué dice usted? Todo lo contrario ¡es humanístico! ¿Cómo no ve usted lo que es un relato humanístico? Es decir, es un relato que quisiera ser humanístico, sin conseguirlo, claro está. Es por eso por lo que a usted le resulta triste.

—En todo caso, resumiendo el debate, está bien claro: no tiene una línea bien definida.

—No, no la tiene, claro que no la tiene... Pero con todo, no deja de tener unos ciertos valores, aunque se echa de ver que es un principiante; le falta estudio, estudio, estudio; a la legua se echa de ver que no ha leído a..., ni tampoco a...

—Bueno, pero no vayamos a repetir palabra por palabra todo lo que se dijo.

—¿Sí o no?

—¿Una mención? ¡No!

—Sí, una mención sí podríamos darle, para estimular a un talento nuevo, aún vacilante.

—A falta de algo mejor, bueno, le daremos un accésit. Buscaron el nombre del autor.

No estaba dentro del sobre, y por supuesto que no pudieron otorgarle la mención: hubiera sido contra las bases del certamen.

El conchabado

Desde hace un buen rato, en un ángulo del corredor, los dos niños juegan a cierto juego, que llaman ellos del Conchabado y el Patrón, en el cual, aquél que entre los dos esté haciendo de conchabado tendrá que obedecer, sin objeciones, a todo cuanto le mande el patroncito.

Ahora mismo, una tanda, o turno, no sé yo como decirlo, de tal juego, ha llegado a su fin, y ya se dispone el patrón a impartirle nuevas órdenes a su conchabado.

—Fíjese bien —le dice muy seriamente—. Fíjese bien. Yo soy su patrón y usted es mi conchabado...

(Son oriundos, estos niños, de una región de Los Andes, y se tratan de usted, según costumbre allá en algunas partes).

Pone muy mala cara el conchabado, al oír aquello, y el patrón lo mira atentamente, a ver qué le pasa.

—Pero ¡bueno! —grúñele con destemplada voz el conchabado—; pero, ¿por qué? ¿por qué tengo que ser siempre conchabado suyo y usted patrón mío? ¿Cuándo voy a ser patrón yo también?

—Ah —exclamó el patrón, sin molestarse—, es que así es el juego.

—¡No! —grita aún más fuerte el conchabado—. Eso no es verdad, así no es el juego. ¡El juego no es así! Yo no juego más. Yo quiero ser también patrón.

—Pero tenga paciencia —le dice el patrón—. Espere un poco más y verá.

—¿Verá qué? ¿Cuándo voy a ser yo patrón? ¡Dígame! Ya estoy cansado de ser siempre conchabado.

El patrón consiente, al fin.

—La otra vez será —le dice—; la próxima vez usted será el patrón. El juego continúa.

—Pero ¡no! —vuelve a estallar, de pronto, inesperadamente, interrumpiendo el juego ya iniciado. Yo no quiero ser más conchabado suyo.

¡Yo quiero ser patrón! —repitió, enfurecido, alejándose del sitio.

—Bueno —dice el patrón—. Está bien, venga; vamos a jugar así como usted quiere... Fíjese, pues: ahora usted es mi patrón y yo soy su conchabado...

—¡Bueno! —dice, satisfecho y feliz, triunfante, el conchabado—. ¡Yo soy ahora patrón de usted y usted es mi conchabado! Y... ¿qué hacemos ahora?... Bueno... eso quiere decir que... que, entonces... ¿Cómo hacemos?...

—¿No ve? —exclamó el viejo patrón ahora retirado—. ¿No ve? Quiere ser patrón y no sabe lo que se va a hacer. Así no podemos seguir. Yo no juego más así.

El viejo conchabado saliente, ahora nuevo patrón incapaz (en opinión del antiguo patrón ahora en retiro), se queda perplejo, callado, rumiando su derrota, mirando el suelo.

Pero, entre tanto, el juego se paraliza... el juego no sigue... el juego languidece y se termina...

«Cáspita, voy a tener que volver a ser conchabado» —piensa, para sí, el nuevo patrón fracasado, antiguo conchabado sin relevo, deseoso, sin embargo, de seguir jugando, a pesar de todo. Pero, al mismo tiempo, un confuso sentimiento, indefinido y oscuro, todavía, en su propia intimidad, viene a perturbarlo e inquietarlo y oye entonces como si desde allá dentro de sí mismo unas voces le dijeran: «¿Y entonces?... ¿y después?...

¿y siempre conchabado?...».

El regreso de Toñito Esparragosa (contado por él mismo)

Siendo pequeño, muy pequeño, demasiado pequeño para mi edad, me mandaron mis tíos, los tíos que me quedaban (o a quienes les quedaba yo, que fui huérfano de padre y madre a poco de nacido), a viajar por los países extranjeros, a ver si crecía (¿o tal vez no sería sino pretexto y ardid de todos ellos para mandarme fuera y salir de mí? ¡A veces lo pensaba!). «¡Para que aprenda algo útil!», dispusieron tajantemente mis tíos Roque, Mauro y Régulo, sin posibilidad de apelación. «¡Y que no acabe de convertirse aquí en un animal, que es lo que él quiere!».

Yo no pensaba más que en monear palos (por la misma exigüidad de mi tamaño, me era fácil), en subirme a los tejados a elevar papagayos, y en «no dejar vivir a los cristianos» (palabras estas últimas, mil veces repetidas por mis tías Pragedes, Constanza y Eloína).

La sola compañía que me gustaba, eran las bestias, y no la de mis tíos y mis tías. «Está estudiando para bestia», decían con menosprecio (como si fueran ellos el polo opuesto a lo bestial). Según mi modo de entender, eran ellos mismos, sin embargo, esos ásperos tíos Roque, Mauro y Régulo, quienes menos que nadie pudieran censurarme y decirme eso (no diré yo por cuál motivo, aunque se me saldrá tal vez, más adelante). Precisamente, la mayor dificultad que nos partía era a causa de animales. Ellos no podían vivir sin éstos, yo tampoco; pero los entendíamos y tratábamos de modo harto distinto, ellos y yo, y así empezó nuestro conflicto, la hostilidad de ellos conmigo y la mía con ellos (a pesar de que en el fondo nos queríamos, y que no poco teníamos en común).

Desde mi llegada a los estados o países extraños adonde había sido mandado, y apenas instalado, empecé a escribirles largas cartas a mis tíos y a mis tías, en las cuales les hablaba de mi maravilloso crecimiento y rápido desarrollo. En poco tiempo, y a juzgar por estas cartas, debía yo de ser para ellos ya casi un gigante, capaz y responsable, y harto formal. Y cada vez que me decían de regresar, volvía yo a escribirles nuevas cartas en que les contaba los progresos cada día mayores que estaba haciendo, citándoles palabras y expresiones de personas autorizadas que respaldaban mis decires, según yo mismo les indicaba, y se lamentaban de que tuvieran que interrumpirse y quedar truncos ¡tan felices y positivos resultados! Pero sabiendo yo muy bien que nada, en realidad, había crecido, o casi nada, ni me había desarrollado en absoluto, sino que seguía siendo endeble y pequeñito, y tan minúsculo y menudo y poco útil como antes, no quise regresar por los momentos y, una y otra vez volvía a escribirles que tenía aún que visitar otra nación, conocer más ciudades y terminar varias materias, sin el conocimiento de las cuales mi formación sería incompleta y acabaría por agrietarse y hasta hundirse. Así que estuve visitando esos países, y acabando de educarme y perfeccionarme por completo en todos ellos.

Les escribía a mis tíos, a cada rato, para hablarles de mi maravilloso crecimiento y desarrollo, y de mi cultura y saber, que les pintaba con los más vivos colores e impresionantes pinceladas (en esto último era muy hábil). Según estas cartas, debía yo de ser para ellos un verdadero tipo de Esparragosa bien plantado, casi un gigante o un atleta, un precioso y competente ayudante o encargado de hacienda, y llevador de cuentas en todo caso. Pero no es que fuera mentiroso, o que lo hiciera por vulgar afán de vanagloria, no: lo hacía yo en realidad por ellos mismos, por darles la satisfacción de que creyeran realizado lo que sabía yo que anhelaban ellos con tal ansia. Trataba así también, de resarcirlos de sus desvelos, y de sus sacrificios, sus giros y sus cheques (esto último era una razón muy importante). Sabía yo lo que ese anhelo de crecimiento significaba para ellos, sin hablar de los proyectos de orden práctico con los cuales estaba en relación aquel ideal de crecimiento. Hacendados y Solterones, viejos los tres, veían ellos en mí a su propio hijo, y el solo heredero y descendiente, en cuyas manos habrían de conservarse la hacienda, la casa, el apellido y la familia, las responsabilidades, los deberes y obligaciones de todo orden (todo esto iba a caer sobre mis hombros), sin contar por ahora los dos machos, ni la yegua, ni los aperos de plata y dos arreos, ni aquel peculiar modo de ellos de saber montar bien a caballo, en que fincaban tanto orgullo como en sus propias haciendas y personas. Era yo el único hijo del único de ellos que había muerto, y fui también huérfano de madre apenas al nacer, siendo criado por aquella vieja sirvienta Micaela que todavía estaba arrastrándose por el fondo de la casa, negra y fea, pero preciosa y maternal como más nadie.

Y entonces cada vez que me escribían, diciéndome de golpe que era ya tiempo de que volviera, para que los ayudara en su trabajo, y que no veían el momento de salir a encontrarme a El Semeruco (aludiendo en esa forma a cierto sitio en las afueras del atrasado pueblo nuestro, en donde era vieja costumbre salir en grupos a caballo hasta cierto punto, a esperar a los parientes y amigos que volvían, después de una larga ausencia, para darles la bienvenida).

Fueron así pasando años y años, hasta que al cabo, cierta vez, me ordenaron en forma perentoria que volviera, porque me necesitaban enseguida para que los ayudara en su vejez (o en sus vejeces, siendo dos, Mauro entre tanto había fallecido), y para que me encargara de inmediato de los trabajos de la hacienda, y porque dizque se necesitaban en el campo hombrones tales como yo. Corroboraban estas palabras con la acción, y me suspendían pensión, giros y cheques, cortándome los víveres, y todo.

Esta cortada para mí era mortal, y tanto más sensible fui yo a ella cuanto que me fue inferida en un momento en que por uno de esos azares que la vida nos ofrece tantas veces, había oído una conversación entre ciertos conocidos míos de por allá, en el extranjero, que propalaban sobre mí cosas malignas. «Este Toñito Esparragosa —dijo uno— no tiene más remedio, es un enano». «En vez de crecer —admitió el otro— cada día está más chiquito...», y otras cosas más por el estilo, pesimistas, degradantes y empequeñecedoras en extremo, que me habían sumido en profundo malestar.

Mis tíos eran todos muy altos y fornidos, y lo fue mi padre, como todos los demás de la familia; de modo que nadie se explicaba (ni se habrá explicado todavía hoy) por qué era yo tan exiguo y reducido, y tan reacio al natural crecimiento y desarrollo, y esto había acabado por roerme el corazón y hacer mella, a tal punto que, cualquier nimio problema o palabreja más o menos mal interpretada, eran motivos más que suficientes para ensombrecerme la existencia. Aunque a disgusto, tuve entonces que regresar. Pero, durante el viaje de vuelta, sin embargo, mil y mil dudas me asaltaron, y a medida que me acercaba a la etapa final de mi retorno, me hostigaron en forma cada vez más despiadada.

Ya estaba a la vista de la Sabana y me faltaba valor para presentarme ante mis tíos; y no solo ante mis tíos, sino también ante mis tías Constanza y Eloína, y las filas de los parientes, allegados, amigos, servidores, conocidos y desconocidos, y de todos aquellos que aguardaban con curiosidad, o con envidia o con amor, mi aparición. ¿Cómo iba yo a presentarme ante ellos? Aquel hombre hecho y derecho, alto de talla, ancho de espaldas, fuerte de músculos y brazos, erguido y vigoroso cual muy pocos (ahora me acongojaba de mis propias palabras y expresiones); ese mismo que les había descrito yo en mis cartas, con tan subidos colores, relieves exagerados, prominentes, tal como era y tal como yo mismo me había pintado y esculpido en mis epístolas, y ahora me acordaba y me pesaba, remordiéndome atrozmente la conciencia. ¿Qué iba a hacer? ¿Cómo iba a soportar esas miradas, esas sonrisas y el desencanto, el desconcierto y el despecho que no dejarían de causar mi aparición, por el contraste entre mi minúscula presencia y aquella otra imagen figurada, que yo mismo había creado y me había encargado de trasmitirles y fijarles por medio de mis cartas durante años y años? El contraste no podía ser más deprimente para mí, entre uno y otro Toño Esparragosa; el que mi presencia real les iba a dar y el que yo mismo había creado y propagado, el de aquel supuesto crecimiento y desarrollo que había hecho algo así como un gigantón del pequeño Esparragosa, que todos seguramente recordaban tal como era el día de su partida a tierras extranjeras. A tal punto subían mis inquietudes que no solo me parecía no haber crecido, sino que hasta empecé a temer que estaría quizás más chico de cuando me fui (ahora me volvían aquellas malas palabras escuchadas). No solo volvía tan desmirriado, ¡sino más pequeño aún, quizás! Y este nuevo pensamiento me alocaba. ¿Cómo podía soportar sus burlas y sus risas? ¡No, no podía ni siquiera pensarlo! A poco las fuerzas me volvían; cobraba algún valor, y me daba ánimos diciéndome a mí mismo: «Pues claro está que sí he crecido, y soy ya otro muy diferente del Toñito que se fue hace unos años; en realidad nunca he mentido, y ni siquiera he exagerado en absoluto al hablar de mi prodigioso crecimiento y desarrollo».

«La verdad —me decía yo—, es que he crecido extraordinariamente... pero solo por dentro, y no por fuera. Yo les escribía en lenguaje figurado y ellos lo habían tomado quizás al pie de la letra, pues mi crecimiento no es externo, ni visible, sino interno (es decir, aún más raro y más valioso); todo él logrado en profundidad y hacia adentro». De modo que bien podía alegarles que yo nunca había mentido, ni siquiera exagerado al hablarles, y que hasta me había quedado algo corto en mis elogios de mí mismo. Solamente que lo había hecho en forma de lenguaje figurado y metafórico (pues, como he dicho, en esto había alcanzado gran maestría).

Pero, después de meditado un poco más, volvían a asaltarme y crucificarme aquellas dudas, y aquel miedo, y la certidumbre y la inminencia del conflicto se me hacían evidentes de nuevo. «Es cierto que he crecido —pensaba consolándome—, solo que este crecimiento y desarrollo son de un tipo raro y superior, que mis tíos estaban tan poco preparados para apreciar debidamente y estimar en su valor, para mi desgracia, pues va a serles poco útil en la hacienda». Y volvía a sumirme, entonces, en la desesperación más angustiosa.

En esta disyuntiva, opté por adelantar varias horas mi aparición en la familia, prefiriendo presentarme ante ellos en la casa, modestamente y en privado y sin testigos, antes de que salieran en sus caballos, sus machos y sus yeguas a encontrarme, recibirme y darme la solemne bienvenida en El Semeruco, como seguramente se planeaba, según la vieja costumbre ya anotada.

Me faltaba valor para soportar la idea de aquel encuentro en las afueras, imaginándome el asombro que se pintaría en todos los rostros, y en los de mis tíos principalmente, apenas se dieran cuenta de que era yo, no más que yo, quien se acercaba por la ruta, y me fueran mirando y remirando de cerca y más de cerca, tan chiquito y desmirriado (o más aún) como cuando los dejé, cuando me fui, cuando me acompañaron y abrazaron ellos mismos, tiempo atrás, para que siguiera entonces solo con el encargado de llevarme a mi destino, en aquel mismo punto de la Sabana...

Y ahora rodaba lentamente un autobús (dentro del cual, confundido entre otros muchos anónimos viajeros, iba yo «de incógnito», acurrucado en medio asiento); rodaba ahora este autobús por las calles de un largo pueblo chato, polvoriento y aburrido, tendido a media tarde bajo el candente Sol del trópico. Atrás había dejado en su marcha tambaleante algunas barriadas algo nuevas, y empezaba a entrar ahora en ciertas otras en las que el sello del tiempo era visible. Comencé a dudar si sería o no sería éste el viejo pueblo (pues su imagen se había borrado de mi recuerdo desde el ya lejano día de mi partida).

De repente me sorprendió un cierto ruido sordo, subterráneo, que hacía el pobre autobús al rodar por una calle, en cierta cuadra, y súbitamente me acordé: «¡El Bocoy! ¡Es el Bocoy!». ¡Sí, sí, ya lo sé! Bajo este suelo que sonaba como sordo, bajo aquel pavimento que daba la sensación de ser un puente o de tener debajo un túnel, era el Bocoy, el viejo Bocoy, cuyas aguas veía yo correr al aire libre en los días de torrenciales lluvias. Y todo se ordenó enseguida en mi espíritu alrededor del recuerdo de la negra y sucia boca del Bocoy: calles, casas, nombres, paredones, esquinas, plazas, torres, solares, formas y colores, anécdotas e historias, acontecimientos y episodios, encontraron de súbito sus sitios sin distancias, sin orientación, sin perspectivas, aquellos sitios en donde se hallaban todavía ahora, o aquellos que estuvieron en el tiempo que había sido ya.

¡Ah, sí! Ya sé, ya sé, tras ese paredón descalabrado está el jardín de los Pereda; tras esas cuatro puertas bien cerradas están los armatostes vacíos de don Gregorio, y las ratas corren entre ellos. ¿Y no es aquélla, ligeramente rosa, la casa de Lucrecita, no es ésa, ésa de cierto color subido en las ventanas de anchos barrotes de madera torneada? Detrás de esa ventana entrecerrada está Conchita y pronto la abrirá completamente, para que se le acerque Colmenares. ¡Ya sé! ¡Ya sé! ¡Ya recuerdo! ¡Ya recuerdo! Y la moderna calle se resquebraja y se recubre de grandes piedras grises, entre cuyas junturas brotan tufos de hierba y sus macollas; se recubren las aceras de cuadrados ladrillos que sueltan aquel polvillo rojo por las pisadas. Las nuevas construcciones se vienen abajo, se derrumban por sí solas y dejan su sitio a las casonas que en otro tiempo ahí estuvieron. La calle larga y chata no es ya larga y chata; no es ya ni polvorienta, ni está solitaria. Mil recuerdos ya la pueblan, mil y mil recuerdos que se asoman por el hueco oscuro de los postigos entreabiertos o por encima de interminables paredones; cada cual me hace su seña o su mohín, que él sabe que atinará a despertar en mi memoria ese algo que él mismo es. El viejo pueblo se reconstituyó completo en mi memoria con la geometría de un mosaico.

Salté a la calle desde la puerta trasera del autobús y me metí por la oscura y nauseabunda boca del Bocoy, que yo conocía mejor que nadie porque en sus alrededores y en su vientre había jugado. Por ahí estaba seguro de ir a salir al solar de mi casa, siguiendo su curso embovedado y negro. Aunque sin llegar a ser duende ni gato, yo había aprendido en los países en donde me había educado a tanta costa, a moverme por encima de las paredes, los tejados y por dentro de las chimeneas, así como sobre los hilos del telégrafo y los postes de la luz. También había aprendido —pues, como queda dicho, estuve largos años en los mayores centros de cultura y adelantos de la técnica—, a meterme por las tuberías del acueducto, los túneles, los bocoyes y albañales, las cañerías y otras vías además de las normales.

Ahora contaba con todas estas habilidades para poder desenvolverme en la difícil situación en que me hallaba. De modo que mi determinación quedó tomada en un segundo, sin pensarlo mucho, cuando vi abierta frente a mí la entrada o salida del Bocoy: escabullirme e irme por el Bocoy, las cañerías y los solares, sin ser visto ni oído, a darme cuenta por mí mismo de lo que ocurría en casa antes de hacer yo en ella mi temida llegada solemne y oficial, y hasta para decidir si esto mismo era posible o no lo era.

Había un gran movimiento y animación en la casa. Ya de lejos podía verse (y además olfatearse, a leguas) que se hacían preparativos para un magnífico recibimiento digno del grande hombre —o mejor, del hombre grande que era yo— cuya llegada debía ser inminente, a juzgar por los preparativos. Me fui acercando desde lo alto del caballete hasta el borde interior del tejado, por donde pasa la canal de hojalata que recoge las aguas de lluvia, para mirar hacia el patio y corredores, oculto a las miradas de abajo por los adornos de hojalata de la canal y por las frondosas ramas de las matas del patio, algunas de las cuales sobrepasaban varias veces la altura de la casa. Desde allí podía muy bien mirar hacia abajo, ver el jardín de tan profusa exhuberancia, y observar lo que pasaba en los cuatro corredores que lo rodean.

Lo leve de mi peso y la exigüidad de mi estatura me permitían mantenerme casi escondido en el hueco de la canal, o entre lo cóncavo de las tejas, sin ocasionar el menor daño ni ruido capaz de llamar la atención de los moradores de la casa. De nadie me dejaba ver, sino que me mantenía boca abajo pegado allí, al techo, inmóvil y mimético como un aguaitacaminos en reposo, observando el inusitado ajetreo y agitación que reynaban en la mansión de mis mayores. Había un constante ir y venir. Salían voces del cuarto de mis tías, en donde yo alcanzaba a ver las cabuyeras de un chinchorro o de una hamaca cuyo extremo iba y venía meciéndose blandamente.

En el corredor había varias personas sentadas en los mecedores de esterilla, y entre sus muebles descollaba por su maciza consistencia y las enormes proporciones, un sofá, recubierto de negro cuero, abombado y sostenido por ocultos resortes (como le pasa también a mucha gente en la vida), en cuyos brazos me hicieron cabalgar durante los años de mi infancia aquellos tíos de las botas que eran tan crueles y tan imperativos al mismo tiempo; en este sofá venía a sentarse alguna beata del vecindario, algún amigo de nariz algo rosada como la del cuadro de don Lorenzo el Magnífico, y con mayor frecuencia todavía, una, dos o tres, o todas, las cuatro juntas, las hermanas Quintanilla. Eran éstas nuestras más íntimas vecinas, y su estrecha amistad con Doña Tea databa, al parecer, de tiempos tan remotos que se perdían en la neblina de la prehistoria; hablaban de viejos carnavales, o de grandes aguaceros caídos en un día de solemne procesión, vestidas de azul y blanco todas ellas.

Un poco aparte, en dos sillas contiguas modestamente pegadas contra la pared, dos beatas estaban sentadas, ostentaban vistosos escapularios prendidos sobre el pecho, grandes como flores de cayena; y había un cura que me era desconocido y que a cada momento fruncía la nariz y las cejas (tic que debía serle habitual, pues nadie paraba mientes en ello).

Los tíos de las botas estaban sentados atendiendo a las visitas, si bien hablaban poco, liaban cigarrillos o sorbían con ruido tacitas de café. Dos o tres veces vi llegar tortas o ponqués de notables dimensiones, y alcancé a ver escrito, con letras de caramelo, el nombre «Toñito». También oí el recado de una muchachita desgreñada que entró a preguntar «de parte de la niña Lucrecita que a qué horas llegaba el señor Toñito».

El Sol, que hacía brillar intensamente el húmedo verdor de las matas del patio, había invadido entre tanto aquella parte del corredor, y ya se reflejaba en las punteras de los embetunados zapatos de ciudad de los tíos de las botas (que en ese momento no llevaban botas, aunque bien podía yo imaginarlas en la rigidez de sus piernas y aun en ciertos pliegues de sus pantalones algo estrechos). Circulaba al mismo tiempo por allí un perro orejón, un buen perro; se echaba a descansar, volvía enseguida a pararse y se ponía a husmear levantando el hocico, esbozando un gruñido, como si algo que no alcanzaba a precisar estuviera ocurriendo por allí...

—Me huele a mí —me dije—, y así redoblé mi inmovilidad en el tejado.

Entre la tupida espesura del jardín empezaba a moverse un morrocoy; en su concha lustrosa brillaban como esmaltes los simétricos dibujos. Yo me preguntaba, mirándolo pasar entre las ramas, si no sería éste el mío, aquel mismo del que me despedí amorosamente el día de mi partida, y que era entonces tan pequeñito como una caja de fósforos. De repente salió el tío Roque de su cuarto, retorciéndose el bigote, su habitual aire malhumorado y rojizo en la mirada. Este simple hecho, tanto o más que la matinal presencia del cura y de las beatas, me dio idea de la magnitud del acontecimiento que aguardaban, pues nunca el tío Roque venía de El Bucaral al poblado en tal época del año, a no ser por alguna razón muy poderosa. (Cuando se agravó Papá Viejo, recordaba yo, había venido tal mes como éste). Tan importante dato vino a dar nuevo incremento a mis zozobras, y decidí permanecer en el tejado y evitar que se me viera.

El tejado me brindaba amplio refugio. Sus variados accidentes me servían a maravilla, me proporcionaban escondrijos y abrigos en donde hubiera sido muy difícil descubrirme. La vieja casa no había sido edificada toda de una vez (como un moderno edificio o quinta), sino que había ido creciendo y desarrollándose en el curso del tiempo como un organismo vivo, hasta llegar a ser lo que era hoy. Nuevos pedazos —corredores, cuartos o pesebres de caballete o de media agua— le habían sido añadidos o yuxtapuestos en diferentes épocas. Una casita que hubo al lado fue absorbida y asimilada por ella. Todos estos tejados de diferente formas, alturas y extensiones se tocaban, formaban altos y bajos, recodos y recovecos; algunos estaban semi hundidos y formaban ondulaciones, salientes y desniveles con lomos y bajíos, ángulos, rincones; había la zona que daba contra el paredón descalabrado, la más alejada y secreta, oculta a todas las miradas; había también la banda sombreada y a mitad cubierta por densa arboleda. En esa parte del tejado habían nacido y crecido muchas matas, arraigadas unas contra las junturas de las tejas, agarradas otras a la tierra del paredón. Espesa capa de musgo la cubría allí en donde no daba casi nunca el Sol. Ciertos trechos de la canal desbordaban aquí de verdes tallos de parásitas, de la verdolaga de jugosos tallos rojos como las patas de las palomas. Todo ese lado del tejado estaba completamente alfombrado de musgo sombreado por las armazones de la arboleda; era de un verdor maravilloso; más lejos, el musgo aparecía negruzco y tostado en otros sitios más expuestos al Sol de ciertas horas, hasta desaparecer en todo el resto del tejado.

Andando por el tejado fui a asomarme al otro patio. Sobre éste se abría el ancho y espacioso corredor de horcones, algunos de ellos torcidos como los torcidos troncos de cují. La piedra de moler, el pilón de maíz, los butaques de cuero estaban allí. Una ligera capa de nepe cubría el suelo alrededor del pilón. Cerca del horno —y tan negra como una de sus bocas— abría la puerta de la cocina, que no parecía sino un horno más grande. Por el patio, a mitad empedrado, cacareaban o picoteaban las gallinas y sus polluelos. Parado bajo la sombra de la frondosa trinitaria violeta, un odioso muchachejo apuntaba con una china hacia una palomita montaraz posada sobre las tejas de una pared. Su plumaje era gris, y se confundía con el color del tejado: era difícil distinguirla. Pero a ratos cantaba, y se esponjaba entonces su pequeña garganta. Varios zamuros estaban parados más allá, sobre el caballete de un tejado contiguo, pero miraban hacia el solar de nuestra casa, prueba cierta de estos testigos mudos de que acá había recibimiento y comilona.

Me asomé al interior de la cocina por una de las claraboyas que le servían de respiraderos. Aquello era un «hervidero» espantoso: los fogones estaban todos «prendidos», también las hornallas; espesos borbollones de humo subían por el hueco de la chimenea, las claraboyas y otras rendijas, y en el fondo de ese infierno, entre pailas, llamas y sangre se afanaban unos fantasmas envueltos en grandes humaredas. Los ojos me lloraban, pues el fuego y el humo eran de leña, y yo había perdido el pañuelo en una de mis recorridas por Europa. Pero supe, por algo que pude captar de unas palabras, que se trataba, entre otras cosas no menos criminales, de matar unos conejitos que yo había visto ya en el patio, dentro de una jaula de alambre, sentados sobre sus paticas traseras y saboreando manojitos de hierba y hojas y barbas de «jojotos». Apenas se alejaron un momento los «humeantes» y el muchachejo, bajé rápidamente al patio, deslizándome por uno de los torcidos y corronchosos horcones del corredor, y me llevé los conejitos al techo, en su jaulita, y los instalé conmigo en lugar seguro, en donde nadie pudiera verlos desde abajo.

¡Buen chasco se iban a llevar los inmundos moradores de aquel antro del crimen que era la cocina de la casa! ¡Pretendían celebrar mi llegada matando a unos pobres conejitos a los que yo, precisamente, quiero tanto! Jamás se les hubiera ocurrido la idea de regalármelos sanos y salvos en señal de alegría y celebración. Y esto sí que hubiera sido un digno festejo a mi llegada. ¡Qué alegría recibir como regalo, al llegar a su casa después de larga ausencia, unos conejitos lindos y mansos —que yo hubiera ido a soltar después, a escondidas— allí en los lugares en donde no llegan los cazadores.

Esto me hizo cogerles odio fulminante a los «humosos» —sin saber quiénes eran—, y empecé a arrojarles terrones sobre la cabeza, cada vez que salían al patio, a descubierto. Esto produjo cierto desconcierto, y hubo una búsqueda general a ver quién era el causante de los terronazos. Al fin sacaron de un cuartico oscuro al muchachejo, al odioso muchachejo de la china, que chillaba como un condenado, y le dieron varios azotes con la suela de unas alpargatas. Me asomé por el hueco de la chimenea —en realidad no era tal chimenea, sino un pequeño techo sobre alzado que dejaba salir el humo entre sus lados— y eché algunos terrones en lo que debía ser la sopa o sancocho, que hervía a borbollones en una gran olla de barro puesta encima del fogón de tres topias.

Cuando se sentaron todos a la mesa para el almuerzo, me fui acercando otra vez al borde del tejado, dejé pender ligeramente la cabeza hacia abajo, mientras el resto de mi cuerpo permanecía de barriga pegado a las tejas. Desde allí podía ver todo, si bien, como mi cabeza pendía hacia abajo a la manera de la de los murciélagos, lo veía todo en forma algo inusitada. Por primera vez los veía reunidos, allí estaban todos, y pude oír que no me esperaban todavía a esa hora, sino al atardecer. (Yo mismo había mandado un mensaje diciendo esto). Los tíos de las botas se contaban sus cacerías, no hablaban más que de escopetas, tacos y guáimaros, no referían sino episodios de pobres venaditos y ciervas y matacanes caídos bajo sus balas y sus punterías. Esto cuando no hablaban de gallos, de peleas y desafíos y de onzas y morocotas logradas o perdidas en esta forma.

El tío Roque, que a mi juicio había sido siempre el más feroz de todos, rodeado del más grande respeto por ser el mayor de la familia, ocupaba ahora la «cabecera» de la larga mesa, sentándose en el antiguo puesto del abuelo. Estaba encorvado sobre la mesa y tomaba la sopa produciendo gran ruido con la boca. Primero soplaba sobre la cuchara de sopa humeante, luego la absorbía ruidosamente, tragando aire a la vez que sopa. No pude retenerme, y le tiré un terrón bastante grueso.

El duro terrón se estrelló en la cabeza cubierta de blancos cabellos cortados al rape y chisporroteó sobre la mesa y los platos, desbaratándose. Hubo un instante de estupor. Una cuchara cayó al suelo. Tío Roque se quedó con la suya en suspenso, goteándole sopa sobre el chaleco cruzado por la cadena de oro, de la cual pendía el medallón con pelo de... Los invitados estaban atónitos, a la vez que temerosos de ser blanco de nuevos impactos o proyectiles. Don Roque se puso de pie, lívido pasábase la mano por la cabeza como para defenderla disimuladamente de otro golpe. Entonces fueron a buscar otra vez al muchachejo, y le dieron grandes azotes con unas riendas que colgaban junto a unas sillas de montar, puestas sobre un «burro» de madera. Gritando y pataleando se lo llevaron fuera, como quien se lleva un hachón humeante. Todos volvieron a sentarse a la mesa, y de nuevo empezaron a beber sopa caliente, o ya medio fría, a pesar del calor. Ellos quizás no lo sabían, pero yo, desde arriba, casi les veía salir humo por el cráneo. Volvió la calma, y mientras almorzaban, llegaron unos amigos de confianza y se sentaron en el recibo del corredor.

Tomaban ya el café cuando llegó una joven que fue acogida con muestras de maliciosa cordialidad, y a quien a poco empezaron los tíos de las botas a dar bromas conmigo, con mi llegada y mi persona, dándole a entender que era nada menos que la futura novia de don Toño. Esto me horrorizó a tal punto que me vinieron escalofríos, no obstante estar achicharrándome bajo el Sol de aquélla hora. ¡Tan alta y yo tan pequeñito, Santo Dios! La llamaban Chepina, y llegó a decir, en su graciosa simplicidad, que no la burlaran porque estaba lejos de ser ella la persona que pudiera interesar a un hombre que llegaba del ancho mundo, que había cursado estudios y estaba destinado a un brillante porvenir. Se me erizaron con esto los cabellos, y tapándome los oídos abandoné inmediatamente la canal para ir a refugiarme en otra parte del tejado, a la sombra que venía de la arboleda, pues ya el calor del Sol me derretía y las tejas recalentadas empezaban a quemarme la piel.

Allí estaba reposando al fresco un gato de color barcino. Cuando me vio acercarme, abrió grandes ojos ante acontecimiento tan insólito y se paró. Yo empecé a hablarle «¡miso! ¡miso!», mientras me aproximaba, y así empezó nuestra amistad. A poco ya sabía yo de las maldades del muchachejo para con él, y esto selló nuestra amistad y nuestra alianza. Su nombre era Mirzo, y bien vi que era nieto o biznieto de mi mejor y más querido amigo de infancia, el gato Mirzo. Abrazados como viejos amigos, sellamos nuestro pacto sobre la base de que él no atacaría los pajaritos que vinieran a posarse o anidarse en el tejado, así como tampoco a los ratoncitos que de noche pasaran por la canal. En cambio, yo me encargaría de mantener a raya al muchachejo por medios que yo bien sabía por haberlos estudiado en los mayores y más adelantados centros de cultura y civilización, lo que le facilitaría a él obtener su alimento mediante frecuentes y seguros descensos a incursiones a la cocina.

Serían las cuatro de la tarde cuando un ruido insólito me hizo mirar hacia el patio de los caballos. Los estaban desamarrando, y se llevaban una tras otra las bestias que estaban en los pesebres y las que habían sido atadas bajo los árboles. Me estremecí al ver lo que ocurría allí abajo: se estaba formando la rumorosa y alegre comitiva que se dirigiría a mi encuentro en las afueras del pueblo; estaba ya lista para salir. Un hombre, un peón de la hacienda, a quien yo no conocía, y a quien decíanle Juan de Dios, abría de par en par el ancho portón de campo. Los caballos estaban excitados; sus cascos golpeaban agradablemente en los empedrados. ¡Santo Dios! La cabalgata era numerosa, desde el tejado la vi salir por el portón de campo, y alejarse rumorosamente por la empedrada calle.

Los jinetes fueron saliendo uno tras otro; se inclinaban un poco hacia delante al pasar bajo la lumbre del portal. Algunos jovenzuelos caracoleaban, pero los tíos de las botas iban pausadamente arriba de sus mulas o sus machos, serios y tiesos como siempre. Las mujeres de la casa abrieron estrepitosamente las ventanas de la sala y allí se pusieron en montón a presenciar el ruidoso partir de la caballería. ¡Qué lejos estaban unos y otros de pensar que desde el borde del tejado que daba hacia la calle, también miraba yo partir a los que iban a encontrarme en las afueras! Me quedaba todavía una última posibilidad: era acercarme rápidamente al tejadillo sobre el portón de campo y dejarme caer desde el borde del tejado sobre el último de la partida, y hacerme llevar en el anca sin que los demás se dieran cuenta; después, en el momento y sitio adecuados, descubrir yo mismo mi presencia y revelarme a las atónitas miradas de la concurrencia. Ya me había deslizado hasta el tejadillo que cubre el portón de campo, ya iba a echarme sobre las ancas del último caballo que salía del corralón, como un pesado cambur maduro cayendo de la mata... pero me contuve en el instante decisivo.

—No, no, no les daré el gusto de ver aparecer al chico Toñito mientras esperan a un gran Toño —dije, entre mí—. ¡Al diablo el encuentro y los encuentradores! ¡Tanto peor para ellos si no encuentran nada en el camino! ¡Que se vayan al diablo o que regresen! Y me quedé.

Encaramado en lo alto de mi techo, yo comía y respiraba poderosamente el aire vivificante de mi pueblo natal. Las aletas de mi nariz se hinchaban, olfateaban cada vez que un soplo de brisa —la brisa que se levantaba por las tardes— me traía los cálidos efluvios de aquella tierra que se dilataba a mis pies. Ante mis ojos se extendían el mágico espectáculo de mi ciudad y su paisaje, con sus torres, sus montañas, su sabana, con el río y su verde valle, con las innumerables manchas de verdor entre los parduscos tejados de los templos y las casas. Mis miradas iban a perderse en dirección de la Sabana, o se detenían en los cerros, o se aventuraban en las montañas cubiertas de boscajes que se levantaban más allá del río. Hasta ese momento yo había estado demasiado ocupado con lo que pasaba dentro de la casa para detenerme a contemplar todo esto, pero no por eso había dejado de mirar con el rabillo del ojo cada vez que había podido.

Veloz llegó la tarde y se produjo un espléndido crepúsculo. Yo me extasiaba mirando desde mi seguro observatorio los cerúleos esplendores de aquel cielo de mi ciudad natal. Pronto me sacó de este ensueño un bullicioso tropel. Era la comitiva que se devolvía malhumorada y alicaída. Las mujeres corren otra vez a abrir sus ventanas de empolvados antepechos. La calle se llena del rumor de las voces y de los cascos sobre el empedrado; a veces saltan chispas. A los portones y ventanas del vecindario asómabanse niños y mujeres tras los entornados postigos; ladran los perros. El que ahora viene delante —muy claro pude verlo yo mismo a la luz del farol de la media cuadra— es el tío Roque, el grandotote, con sus bigotes chorreados; pero las imbéciles mujeres, que otra vez se amontonaban en las ventanas, viéndolo jinetear calle arriba a la cabeza de la cabalgata, lo tomaban por mí, sin que para esto mediara ninguna razón lógica, ni siquiera aparente, y formaban alharaca, chillando:

—¡Ahí viene Toñito! ¡Miren a Toñito! ¡Ése es Toñito! ¡Santo Dios, y cómo pudo ponerse tan grandote! ¡Es enorme! ¡Es increíble! Al oír semejantes cosas desde lo alto de la ventana, yo me contorsionaba de rabia contra ellas.

—¡Imbéciles! —gruñía—. ¡Estúpidos! —decía para mí.

Pero luego se divulgó la fatal noticia, y todos empezaron a preguntar qué había ocurrido, por qué Toñito no estaba allí, etc., etc., etc. La comitiva daba una impresión de abatimiento y desconcierto. Toñito no había llegado. Nada se sabía de él. Nadie lo había visto ni oído hablar nada de él. Habían esperado, habían ido aún más adelante en el camino, a pesar de la hora tardía, habían preguntado a los viajeros que llegaban:

—¿No encontró usted a Toñito, al señor Toño, el viajero que estamos aguardando? Uno que viene del extranjero, alto, gordo él, con aire de deportista.

Y claro está: nadie lo había visto, y por obvias razones, que a ellos escapaban totalmente.

Los tíos de las botas eran hombres de pocas palabras, y no gustaban de extenderse mucho, especialmente, si se trataba de asuntos que les concernían, sobre todo si éstos eran contratiempos desagradables; así es que todos procuraron, luego de ver sus caras amarradas, no seguir hablando demasiado sobre el tema del frustrado recibimiento de don Toño, como ya empezaban a llamarme para mayor temor y sobresalto míos.

Muchos de los jinetes se ausentaban ya desde la esquina, otros al llegar al frente de la casa, sin apearse ni entrar. Se despedían brevemente con secas palabras, y partían de modo brusco, sin volverse, como si estuvieran enojados, según su costumbre.

Yo vi —o más bien oí y olí— desensillar las bestias de la gente de la casa, y la yegua, y las mulas y los caballos. Un hombre, seguramente el mismo que en la tarde había abierto la puerta de campo, y que ahora habría vuelto a cerrarla tras la entrada de los hombres a caballo, empezó a cortarles pasto a las bestias con un machetico afilado y certero, a la luz de un candil que relumbraba en la penumbra del pesebre. Ora sostenía el haz de malojo en su mano izquierda, cortándolo en el aire con el machetico que esgrimía en la diestra; ora apoyaba el haz de hierba contra el grueso y durísimo madero que servía de borde o antepecho al pesebre. El malojo exhalaba penetrante olor; un olor que hacía mucho tiempo no aspiraba; yo hubiera querido descender del techo de la caballeriza donde a la sazón me hallaba, y revolcarme en él para aspirarlo mejor. Pero le tenía miedo al machetico que a cada tajo cortaba un haz entero. Envueltos en la oscuridad y en el perfume del malojo, los caballos masticaban, rumorosamente, hojas y tallos. Yo no los veía, pues no había luz en la caballeriza, pero adivinaba el vaho de sus grandes cuerpos calientes, sudorosos, y oía el sonido de sus cascos al moverse o a veces el bufido de sus belfos poderosos.

—¡Qué bueno sería —pensaba yo— poder comer solo malojo y granos de maíz como las bestias; de niño, yo comía con gran fruición hierbas y pétalos de rosas del jardín! Tampoco podía ver yo al peón que seguía cortándoles el malojo; solo percibía su silueta en la oscuridad. Pero estaba seguro yo de que era Mano Nacho. Solamente habiéndose muerto, Mano Nacho pudiese no estar llegándose a la Puerta del Aldabón, a la hora acostumbrada, con su machetico afilado y corto en una mano, y caminando ligerito, junto a su burriquillo bien cargado. Era menudo, ágil, de tez cobriza, lisos cabellos y alumbrados ojos. Para mí, era, por entonces, un mago, un «genio», poderoso y envidiable.

Si el río estaba crecido, él era el puente, y lo pasaba. Si había sequía y faltábale el agua, él era la fuente y la traía. Usaba cotizas y camisa suelta que le llegaba hasta las corvas, y sus pantalones estaban siempre arremangados o arrollados hasta las rodillas, como si en todo momento estuviera a punto de pasar el río. Jamás salía del patio y el pesebre, para aventurarse en la casa propiamente dicha. Allí le llevaban la comida; él se agachaba, y así comía en cuclillas, junto al pesebre, y luego seguía comiendo chimó y escupiendo aquella negra saliva espesa que solo él fabricaba.

Los humanos estaban sentados a la mesa, y comían, rumorosamente, ellos también. En vez de trozos de hierba y oloroso malojo, se servían trozos de costillitas de marrano que nadaban en la grasa, hallacas de gallina puestas dentro de sus hojas de cambur, y otras cosas que habían sido preparadas en mi honor por los «humosos» que pasaban su tiempo en la cocina. Bebían cerveza helada y chasqueaban las lenguas, chupándose la boca y los bigotes con muestras de gran gusto. Los tíos de las botas hablaban entre sí; volvían a discutir de las ventajas de las carnes de venado o de lapa; otras veces, si era mejor el estofado o el mondongo. El viejo decía raras palabras, aunque sí comía con buen apetito; no se podía saber si estaba inquieto. Tal vez estaba solo temiendo recibir un nuevo terronazo en la blanquecina cabeza.

La señorita Chepina no había llegado; pero las beatas y el cura comían copiosamente. Había no sé cuantos invitados que se regalaban y seguían bebiendo sus cervezas.

—¡A la salud de Toñito y por su pronta y segura llegada de un momento a otro! —decían y repetían hasta la saciedad cada vez que querían un nuevo vaso, quizás con el deseo de prolongar la comilona lo más posible, y que no decayera el entusiasmo. El alborozo, en una palabra, estaba a punto de estallar en la chispeante reunión, y hasta me pareció que el velo del olvido comenzaba a caer demasiado rápidamente sobre el triste episodio de la desaparición del pobre Toñito. La vida seguía su mismo curso, en tanto que yo seguía sobre el tejado, sin saber qué hacer.

El aire de la noche era más fresco; batía la brisa por momentos. Salí del hueco de la canal del comedor y me acosté bajo techo, sobre la gruesa solera, en el espacio que queda entre el techo y la misma solera, en el cual cabía yo perfectamente. Más allá, en otro ángulo, pero sobre la misma solera, estaban anidadas las golondrinas —como hacía años—. Así me hallaba ahora dentro de la casa, a la vez que seguía siendo invisible a los ojos de todos.

¡A los ojos de todos, menos a los de la vieja Ela! Aún no clareaba el día cuando ya estaba en pie y arrastraba por los largos corredores sus pies calzados con chinelas. Ese día, cuando nadie más se había levantado, con sueño aún la vieja Ela fue a abrir el portón, volvió después a barrer los corredores y a regar las matas. Fue entonces cuando me sorprendió adormecido, y cuando casi pierde el conocimiento al descubrir que era yo, ¡el niño Toñito!, aquel pequeño ovillo que le había llamado la atención. Acercando su arrugada cara a la mía y juntando las manos ante su pecho, exclamó con voz contenida:

—¡Alabado seas Dios! ¡Ha vuelto sano y salvo! ¡Bueno y sano! ¡Benditos sean Dios y la Santísima Trinidad! ¡Está en su casa! Casi me llevó a la fuerza hasta el dormitorio que improvisó sacando mi cama y arrastrándola silenciosamente a otro cuarto, en el que hacía años no entraba nadie. Me hizo acostar sobre un colchón que me pareció tanto más blando y tibio cuanto que hacía algún tiempo que dormía sobre la solera; me arropó luego y me dijo que no me preocupara, que durmiera tranquilo, porque allí nadie me encontraría.

Para esc momento, las golondrinas estaban ya despiertas, sus pichones piaban fuertemente, pidiendo comida, en lo alto del pilar de la solera; a ratos callaban como si se adormecieran otra vez. Al darme vuelta, me di cuenta de que muy junto a mí, Mirzo, el gato, dormía a los pies de la cama, hecho, él también, un ovillo.

—Mirzo amaneció contigo, Toñito —me dijo Ela pasándole la mano por el pelo suave—. Tan ligero, y ya te conoce.

De cuando en cuando Ela volvía a entrar al cuarto, a verme mejor a medida que la luz del amanecer se acentuaba en la penumbra del dormitorio; hasta que yo salté fuera de la cama mientras ella me contemplaba y, dándole un beso en las hundidas, arrugadas y terrosas mejillas, escapé del cuarto y me subí al techo por el pilar en cuyo extremo estaba el nido de golondrinas. A Ela nada le dije, ninguna recomendación le hice, pues estaba bien seguro de que no diría nada. A poco la vi que hacía rodar mi cama hacia el cuarto de donde la noche anterior la había traído.

El Sol de la mañana empezó a brillar sobre el tejado, doraba las negras tejas vetustas; rozando apenas el lomo de las tejas convexas, y espolvoreando sobre ellas como una áurea pelusilla; dejando así en la sombra los canales de las tejas cóncavas.

Mi viejo Sol amarillo está ahí, posado sobre las hojas de las matas, echado sobre los rojos ladrillos, como un buen animal de la casa. Sobre las flores y los pimpollos se posa y se pasea con patitas de grillos verdes, de cerbatana o de brillante mariposa, espolvoreándolas de brillo, acariciaba el penacho de las altas ramas.

Era una de esas mañanas en que el viento sacude alegremente las matas, volteando hacia arriba las hojas de los árboles y haciéndolas aparecer de un verde pálido, y permitiendo ver a veces el reverso, casi blanco de algunas de ellas. Tan pronto llegaba al oído el alegre repique de las campanas, como se iba, se alejaba y se perdía hasta hacerse casi imperceptible, o escuchándose solo a intervalos. Grandes nubes blancas pasaban rápidamente por el alto cielo azul. Las copas de las maporas se veían agitadas y echadas a un lado por el viento. En los árboles, las barbas de palo se mecían al vaivén de las ramas. El viento había hecho caer algunas hojas, y éstas se arrastraban todavía en el suelo, haciendo un pequeño ruido como de conchas de morrocoyes. Se movían pesadamente empujadas por el viento, como si estuviesen caminando.

Abajo, el fondo del jardín permanece aún envuelto entre el frescor y la sombra de sus mil fragancias, y de sus entrelazadas matas creciendo al pie de las más grandes en forma salvaje a la vez que familiar.

Cuando me acerqué al borde del tejado y miré hacia el fondo del patio, vi aparecer el jardín en todo su esplendor.

A trechos el suelo estaba cubierto de hierba intensamente verde, como nunca antes lo había visto. Era un jardín nuevo, salvaje, enmarañado, un trozo de selva o un pedazo de campo o monte desconocido, inexplorado y fascinante. El Sol caía sobre una parte del jardín, e invadía el corredor por un lado, echado sobre los rojos ladrillos como un buen can matutino. Las hojas brillaban llenas de humedad, e irisaban la luz en las gotas que aún conservaban del riego nocturno. La otra mitad del bosquecito permanecía en la sombra, y el contraste la hacía aparecer aún más húmeda y sombría —misteriosamente húmeda y sombría—. En el ámbito de los anchos corredores se difundía una luz verde, serena y vegetal, como impregnada del verdor de las plantas y del húmedo vaho de la tierra. Cogí una granada que pendía sonrosada y entreabierta a la altura del borde del tejado, y empecé a comer los granos mientras seguía mirando el amanecer de la casa.

A la altura del borde del tejado, además del granado y el jazmín del cabo, sobresalían algunos arbustos elevados que yo nunca había contemplado desde lo alto, pero cuyos viejos troncos, cuyo emplazamiento y cuyas formas y aspectos inferiores, me eran familiares desde época inmemorial. ¡Qué bien conocía yo la horqueta que formaba el jazmín del cabo al bifurcarse en dos tallos! Las flexibles ramas de la rosa de Berbería, dispuestas siempre a balancearse al menor soplo con sus macetas blancas o rosadas en lo alto de los gajos; la copa azul, apretada e impenetrable, punzante del ciprés, en donde toda la vida habían anidado los pequeños cucaracheros, cuya dulce cascadita de gorjeos me arrulló a todo lo largo de la infancia. Algo más abajo, como si formaran otro piso de verdor en el ámbito del patio, veía yo los redondos macizos que formaban el jazmín estefanotis, la diamela arrollada en torno a su rodrigón, los rosales, mientras el jazmín de España subía por uno de los pilares del corredor de la sombra, que era de su exclusiva pertenencia, y de la cual la gruesa podadora ennegrecida mantenía alejadas la maraña creciente de la madreselva y el velo de novia y la bellísima que, entrelazados en inextricable maraña, daban su nombre y su frescor al corredor de la sombra.

Más abajo de los estefanotis, las begonias o las guaruras, había otro piso de verdor aún más húmedo y sombrío: era el mundo misterioso y sobrenatural de las violetas que bordeaban los senderitos del patio, daban vueltas alrededor de los gruesos troncos y se apiñaban alrededor de la pila, de los lirios, las coquetas y las conejas. Yo las veía desde arriba como pequeñas piñas oscuras: parecían llamar a mis manos, recordarles, con solo su aspecto, la suavidad y el encanto de la búsqueda de sus florecillas, levantando apenas las redondeadas copas.

Pero no, no concluía ahí el jardín, cuyos límites se prolongaban para mí mucho más allá de la región de las violetas, de los lirios y de la suelda con suelda, en donde terminaba para las personas mayores, cuyos ojos y manos no iban más lejos. Pero debajo de las violetas, del llantén, de las conejas o las buenas tardes —bien lo sabía— había un mundo aún más atrayente, un mundo estremecido de sombra, humedad, calor y germinación; de filtrados rayitos de Sol entre la espesura; descolorido, de negruzcos terrones que se deshacían blandamente al apretarlos; de finísimos y frágiles pequeños tallos increíblemente tiernos y finos que salían de una semilla entreabierta inclinada al ras de la tierra, y que no tenían nombre conocido; de menudos caracoles o guaruritas, prontos a retirarse al interior de sus viviendas, de rosadas lombrices: seres privilegiados, prodigiosamente ricos, dueños de aquella tierra y sus tesoros, y prontos a hundirse en ella y desaparecer en su seno como criaturas que se ocultan en el regazo de su madre; de hormigas atareadas en desfilar o transportar pesados comestibles. Ese mundo bajo de las grandes hojas pegadas al suelo, que al levantarlas ponían al desnudo los saltarines grillos, que por las noches van a cantar arrullando con su canto el sueño de la casa. Las tímidas y acezantes lagartijas y limpia casas, verdes, amarillentos u oscuros insectos mágicamente espolvoreados sobre la tierra, las plantas y las flores, adonde no llegaban las miradas de los tíos de las botas.

Y no se detiene ahí todavía la frontera de aquel mundo, aún había otro más abajo, más profundo y oscuro: el albañal donde vivía el sapo, el viejo sapo que a la vez me asustaba y me atraía; ese mundo del albañal del cual yo solo sabía una cosa: que en él vivía el sapo, y que alguna vez había visto entrar a Mirzo dentro de él, como quien se va de excursión a alguna estrella o planeta inaccesible al resto de nosotros.

Aunque cubiertos de maleza y de monte, obstruidos a trechos por las raíces que se entrelazaban por encima, los mismos senderitos lo surcaban, lo serpeaban en los mismos sitios de antes. Yo sabía como de memoria esos suaves recodos, esas ligeras curvas, casi las sentía en mí, ahora físicamente, bajo mis pies impacientes de andar por ahí; uno de ellos iba a perderse tras el ángulo de la casa, a la vez, hacia la parte de adentro. Sí, yo sabía también adonde iba ése, por dónde pasaba y qué curvas o recodos iba formando al pasar. En su mitad, más o menos, estaría la boca del albañal, cuya gran laja había sido removida. Allí estaba la vivienda de mi querido viejo sapo.

—¿Vivirá él todavía? —me pregunté.

—¡Oh, no! —me contesté—, seguramente no, varios años han transcurrido.

Ellos tienen la costumbre de salir por las noches y aventurarse fuera del límite de los jardines hasta la calle, y esto los hace muy vulnerables.

Hacia el mediodía el fuego del Sol se fue haciendo insoportable; siguiendo el ejemplo de Mirzo, fui a guarecerme a la sombra que los viejos árboles derramaban en una parte del tejado. Extendíanse sobre ésta las horizontales ramazones de la arboleda, y por un buen espacio le formaban encima como un segundo techo verdeciente y rumoroso. Sobre nuestras cabezas —de Mirzo, de los conejitos y la mía— se extendía ahora este dosel maravilloso de sombra, de vida y de frescor bajo el terrible Sol del trópico en las primeras horas de la tarde. Mientras reposábamos o dormíamos la siesta, del ramaje nos llegaban ráfagas de frescor, bocanadas de brisa que nos abanicaban. También los pájaros se habían adormecido o amodorrado, ninguna de sus voces se escuchaba ahora en la arboleda. Solo los conejitos comían incansablemente su malojo dentro de la jaulita, o correteaban por aquel sombreado y alumbrado paraje de los techos.

El Sol ha abandonado los corredores de la casa, y cae de plano sobre el cuadrilátero del jardín. Pero los arbustos y las matas se dan sombra a sí mismos. Abajo, el fondo del jardín permanece siempre envuelto en el misterio y el frescor de sus mil pequeñas plantas creciendo a los pies de las más altas, en forma ruda a la vez que amigable.

En ese apacible y retirado rincón del tejado, a cubierto del viento por el ángulo que formaban allí los dos altos paredones que levantaban, se había formado una especie de colchón de color terroso que lo recubría por un gran trecho y lo hacía blando a mis espaldas y a mis rodillas. No sabía yo al comienzo de qué provenía este muelle colchón; luego descubrí que era lana de la ceiba, que había venido acumulándose allí año tras año, detenida en su vuelo por la disposición angular de aquel rincón; mezclada luego con el polvo y la lluvia, había originado aquel muelle colchón que ahora me servía de lecho y de alfombra. Innumerables pequeñas ceibas habían germinado en este lugar del techo, y también se veían los tallitos secos de muchas otras detenidas en su crecimiento por el agotamiento de la capa de tierra que allí había y en la que sus semillas habían germinado.

La tienda de muñecos y otros textos

Después del desayuno, los tíos de las botas mandaron a Juan de Dios a ensillar sus bestias, y se fueron, cada cual por su lado. El aire de fiesta que reinaba en la casa el día anterior había desaparecido por completo. Los corredores estaban silenciosos. La cocina también su aire de fiesta de la víspera: apenas si un hilillo de humo azulado salía perezosamente por la chimenea. El arrendajo, que Ela había puesto al Sol en una de las avenidas del jardín, abría en forma de abanico la cola amarilla y negra, y se mantenía inmóvil, el pico entreabierto; otras veces movía su cola, y todo él se estremecía, mirando fijamente hacia arriba, recibiendo los rayos del Sol en una especie de éxtasis inmenso: era un transporte o un frenesí. El pobre pájaro recibiendo el calor del Sol con tal arrebato, con sus lindos ojillos azul y negro fijos en algún distante punto del cielo, me hizo dar un vuelco a mi corazón; me puse a llorar sobre el tejado. ¡En aquella tierra de Sol, él tenía que mendigar un poco de sus rayos! Más tarde, aprovechando la soledad del corredor, Ela me subió al techo una arepa de maíz caliente y un trozo de cuajada envueltos en una servilleta y puestos encima de la paja de la escoba. Llegándome hasta el borde del tejado sobre el patio y dejando caer un poco el busto hacia abajo, alargué el brazo para recoger la caliente servilleta de la punta de la escoba, que Ela empinaba para hacerla llegar hasta mi mano.

Unos zamuros descendieron después de hacer largas evoluciones por encima de la casa, y se posaron sobre el caballete. Tomaban el Sol, uno abrió las alas para recibirlo mejor; pero también sabían seguramente que había habido comilona por allí en la víspera, y era probable que quedaran algunos despojos merecedores de su apetito.

Comía y bebía las nuevas cosas que me había traído la escoba, y miraba tranquilamente subir la Luna llena por encima del descalabrado paredón. Ela me había hecho señas de que bajara a acostarme. También se ocupaba de satisfacer otras necesidades mías. Mi vestido estaba sucio y desgarrado.

—Yo tengo, Toñito —me dijo Ela cuando estuvimos en el cuarto—, un trajecito tuyo de antes de irte, que yo guardé como recuerdo, y que tal vez te sirva todavía.

Fue a traerlo. Cuando me lo hube probado, Ela vio algo en mis ojos y dijo:

—Pero no, Toñito, no es que te quede grande todavía; ¡no creas eso! Es que esta tela se ha ensanchado de tanto estar guardada. ¡Seguro! Era ya medianoche. Me levanté sigilosamente y me encaminé a través de los desiertos corredores, caminando pegado a la pared para que no me iluminara la luz de la Luna, que invadía parte del corredor de mi cuarto, y me dirigí a la caballeriza en busca de Mano Nacho. Sus ronquidos me hicieron hallarlo fácilmente.

En el cuartico de las monturas, echado sobre un grueso colchón de sudaderos, cubierto con gualdrapas y con viejos y rotos pero sedosos pellones, dormía Mano Nacho a pierna suelta. La claridad de la Luna que se difundía en el cuartucho, entrando por la claraboya, hacía brillar los encorvados picos de metal de las sillas de montar. Yo entré y avanzaba silenciosamente hacia él con intención de halarlo suavemente para que despertara sin sobresalto, no fuera a hacer ruido; pero de pronto Mano Nacho se incorporó abriendo los ojos desmesuradamente y empezó a santiguarse y a hacer contra mí la señal de la cruz, como poseído de espanto.

—¡Ave María Purísima! —gritó fuera de sí, mientras el montón de pellones y sudaderos se derrumbaba y caía junto con él.

—¡No grites, Mano Nacho! —le suplicaba yo abalanzándome sobre él y tratando de taparle la boca con un pellón.

—¡Es Toñito! ¡Soy Toñito! —le susurraba una y otra vez.

A pesar de que tenía los ojos muy abiertos, parecía sonámbulo o fuera de sí, y mientras más yo lo abrazaba, más forcejeaba y pataleaba en el montón de aperos. Al fin entendió, y al poco rato me decía riendo, pero en voz bajita: —¡Santo Dios! Vide llegada mí última hora, niño Toñíto, ¡a medianoche y sin confesión de mis pecados! Pero es que esta taldecita, viniendo de la hacienda me pareció que había entrevisto al mismo diablo; yo había creído ver montado en el tejado un hombrecito así como un diablo feo —añadió ingenuamente Mano Nachoy encaramado en el caballete de su casa, niño Toñíto! Debió ser una mala hora que pasaba, pero me santigüé y no lo vide más; al mesmo que le hice la señal desapareció. Lo que me extrañó fue que no relincharan las bestias, porque cuando es el bicho ése que anda por ahí, lo ventean y se espantan y revientan cualquier cabestro que sea ¡pa juír! Ahorita cuando desperté estaba soñando con él: lo vide otra vuelta andando por el techo, iy que venía a llevarme palas pailas, niño Toñíto!, los tíos de las botas volvieron de un desafío, de uno de aquellos grandes desafíos de gallos, única cosa junto con la cacería de lapas y venados capaz de animarlos, entusiasmarlos y hacerlos hablar.

Yo vi llegar los gallos importados vueltos guiñapos sangrientos algunos de ellos, y un sentimiento de horror se agudizó en mí, mientras ellos volvían a contarse sus proezas, sus triunfos, sus apuestas, repitiendo y celebrando una y otra vez las mismas cosas.

Esa noche tuve un sueño. Los tíos de las botas (Roque y Régulo) se habían vuelto gallos finos de pelea (pero eran al mismo tiempo el tío Roque y el tío Régulo). Estaban amarrados a una estaca por una de sus patas, y en cada una de éstas ostentaban espuelas, no las naturales de ellos, sino curvas y amoladas que les nacían sobre las botas (pues estos gallos tenían botas), en ese mismo punto donde los gallos verdaderos las exhiben. Se miraron con mirada sanguinolenta, desafiándose, y de pronto se soltaron (¿o fui yo quien los solté?), se abalanzaron el uno contra el otro y allí mismo empezaron a darse picotazos, espolonazos, el uno al otro y el otro a éste. El tío Roque perdió un ojo cuando Régulo tenía ya el pescuezo torcido y ya casi sin ninguna pluma. Y así siguieron, dando y recibiendo, echando y llevando ahora un picotazo, ya un espolonazo, ora en este sitio, después en cierto otro, hasta que ya no podían más y volvían a levantarse, exhaustos, sudorosos, agonizantes. Los gallos los miraban reunidos en círculo alrededor de los enardecidos peleadores; se habían vuelto, entonces, hombres o tíos de las botas, esos gallos, gozando y regodeándose con la lucha y la sangre de los otros. Los gallos los recogían y los soplaban y les echaban aguardiente en la cabeza, para que siguieran peleándose, matándose hasta el fin (aunque no sé si hacían apuestas entre sí; no llegaba a tanto, tal vez, ellos).

Desperté. Los gallos ya cantaban, bien amarrados en sus estacas, en tanto que Roque y Régulo todavía roncaban, seguramente en sus hamacas (pues aún no amanecía), soñando, a su vez, probablemente, con apuestas y ganancias.

Dos o tres noches más tarde paseaba yo por la casa, recorriendo silenciosamente los corredores, reconociendo cada mata del jardín, visitando el hueco del albañal, o acariciando la concha del morrocoy, cuando al pasar frente a la puerta de la sala, tuve la idea de entrar, y al ver el viejo piano en su rincón, no pude resistir la tentación, lo abrí y toqué dos o tres teclas. ¡Mejor no lo hubiera hecho! Enseguida llegó hasta mí un rumor; en varias habitaciones vi encenderse luz al mismo tiempo; algunas voces se llamaban unas a otras, de uno a otro cuarto. Yo escapé hacia la mata de jazmín del cabo. Una procesión de velas encendidas se había formado ya, y se dirigía temerosamente hacia la sala. Iban en camisas de dormir o dormilonas, y se habían echado sobre los hombros alguna chamarra o cobertor, lo que les daba apariencia de fantasmas. Si algún espíritu hubiera estado en la sala en ese momento, hubiera huido espantado al verlas entrar con sus mantas y sus velas. Miraron debajo del piano, que era de cola y tenía dos iniciales MM, escritas sobre la tapa de madera que yo había vuelto a cerrar apenas sonaron las dos teclas que toqué. Miraron detrás de las cortinas; las consolas y rinconeras eran objeto de inspección, cuando en esto se oyó algo más; de repente las lágrimas de cristal de la araña que quedaba todavía en el centro de la sala, sonaron:

—¡Lin, lan, lin! Por efectos del desprenderse precipitado de alguna tara o el vuelo de algún murciélago asustado por las luces, dos lágrimas de la araña que pendía del techo se habían rozado entre sí y habían producido aquel sonido.

Quedaron petrificadas, inmóvil cada una en su sitio, y fijas en la actitud en que las había sorprendido el acontecimiento.

En eso llegó Ela, que sabía muy bien lo que había pasado, que estaba en el secreto de los sonidos del piano, y le dijeron:

—¡Ay, Micaela! ¿Tú no oíste? ¡Sonaron en el piano las mismas notas que tocaba siempre Enriqueta! Es su ánima que está en pena, hay que rezar por ella.

—Las lágrimas de la araña también están sonando —añadió otra.

—Como unos dobles —añadió la tercera.

—Hay que rezar por ella.

Pues habían decidido sin más ni más, que era el ánima de tía Enriqueta, fallecida muchos años antes, la causa de todo aquello, y que había que hacerle misas y prenderle velas, para sacarla de penas (no sabía yo qué opinión tenían ellas de Enriqueta, pero no debía ser muy buena).

Y se instalaron en la sala a rezar por el alma de Enriqueta. Los ojos de don Gregorio y los de doña Antolina, aquellos ojos al óleo que lo seguían a uno por todos los rincones de la sala adonde fuera, las miraban fijamente a cada una al mismo tiempo.

Entretanto, yo había bajado otra vez de la mata de jazmín del cabo, y aprovechándome de que estaban todas reunidas en la sala, fui a curiosear en los cuartos de ellas, justamente en donde hasta entonces no había podido penetrar, porque siempre había alguien dentro. Había allí a la vez camas, hamacas y chinchorros que estorbaban el paso. Había un altar, una lamparilla de aceite ardía en un rincón. Por debajo de la mesa de los santos caminaba el morrocoy.

Después de los rezos se fueron en grupo al comedor a reponer las fuerzas perdidas y abrieron la alacena alumbrando hacia adentro con sus velas que ahora buscaban los quesos y las cuajadas después de haber buscado inútilmente a los fantasmas, a la vez todas ellas metían sus cabezas al mismo tiempo tras las velas. Yo creí que buscaban el espíritu pero no: se pusieron a comer sentadas a una punta de la mesa sin mantel, a la luz de las velas. Era noche oscura, no había Luna ni estrellas; pero, a través de la tupida madreselva, yo veía el comedor iluminado por las velas. Pragedes detuvo un momento el gran cuchillo en suspenso sobre el abombado pan de Tunja que estaba a punto de cortar en rebanadas, y le dijo a Ela, suspirando:

—Aquí, niña, ¡pidiendo a Dios por Enriqueta! ¡Que el Señor le dé descanso a su alma!

—¡Amén, que así sea! —suspiraron las otras dos—. ¡Que el Señor la tenga en su santa paz! En la oscuridad del jardín brillaba el blancor de los jazmines como una luz. El antiguo jazminero difundía a tales horas su perfume, que se me subía a la cabeza como una embriaguez.

Cuando pasaban junto al pilar para ir a acostarse otra vez, completamente olvidadas de espantos y sustos, y bien reconfortadas, apagué de un soplo la vela que una de ellas llevaba en la mano. Aunque podían pensar que había sido una ráfaga de viento, pues ninguna me vio dar el soplón, corrieron como locas y se encerraron en el cuarto todas juntas. Las oí poner trancas y síllas detrás de la puerta cerrada para asegurarse mejor.

Con todo esto, la situación se había vuelto insostenible; pero al mismo tiempo hacía frío sobre los techos. Era riesgoso bajar a dormir cerca de Ela, pero al mismo tiempo no sabía a qué sitio seguro y abrigado irme a pasar el resto de la noche.

—¡Al papelón! —se me ocurrió de pronto.

Y me fui al cuarto del papelón, que aunque siempre estaba bajo llave, yo había encontrado la manera de penetrar en este cuarto o depósito donde se almacenaba el papelón que el arreo traía de la hacienda, hasta que se vendía en el comercio cuando alcanzaba buenos precios.

En este cuarto oscuro y sin ventilación, oloroso a melcocha y pegajoso por todas partes, desde el suelo hasta las paredes —una verdadera gruta con estalactitas de azúcar moscabada—, me metía yo algunas veces a comer sabrosos terroncillos que arrancaba a los papelones de sus resquebrajadas bases. Amontonados, con la punta hacia arriba unos y hacia abajo otros, los papelones formaban una superficie bastante parecida a la de una mesa o una cama, aunque, para esto último, algo dura.

Allí me acosté seguro de que en aquel sitio no vendrían a buscarme las tías de las velas, en caso de que tuvieran el valor de salir otra vez de su recinto atrincherado, a hacer pesquisas por la casa. Allí tuve un dulce sueño.

Las cañas se extendían a pérdida de vista. Los tablones de verdes diferentes, según sus edades, se prolongaban sin término visible, interminables callejones sombreados de árboles frutales bordeaban los tablones de capa vegetal cubierta de hierbas y florecillas.

Ela, que había adivinado dónde estaba, vino a despertarme antes de clarear el día. Cuando fui a levantarme, me encontré pegado, pues el calor de mi cuerpo había acabado por derretir la superficie de mi dura y dulce cama, que ahora estaba más bien un tanto melcochosa.

El muchachejo de la china se había puesto a decir que había visto a un «bicho» pasar por el techo de la cocina. Juan de Dios aseguró santiguándose que había por allí vagando un ánima en pena. A Concha le temblaba, más que nunca, la cabeza floja sobre los hombros, y decía que era el diablo que andaba sobre el tejado; hasta a la misma Ela se le había contagiado el miedo, y me preguntó si yo no lo había visto, y si no tenía temor de encontrarme a solas con él en el tejado.

Ahora las beatas ya se santiguaban al entrar en la casa en sus diarias visitas matinales.

Volvió a traerse a colación el misterioso asunto de la desaparición de los conejitos. Se volvió a hablar de la historia del apagón de la vela, de las tres notas del piano y del sonido de las lágrimas de la araña. El muchachejo volvía a jurar cada día con mayor fuerza, que él nada sabía de todo esto. Uno de los tíos de las botas dijo una noche en el corredor:

—Debe ser un zorro o un rabipelado que anda por ahí.

Y prometió traer de la hacienda su escopeta de dos cañones para acabar con él y con todas aquellas tontas historias de diablos y almas en pena.

—¿O será un mono que se ha soltado de alguna casa de por ahí? —dijo poco después rectificándose.

—De todos modos lo mataré —volvió a decir aún más tarde, según su costumbre de volver repetidamente sobre el mismo tema—. Nos va a romper las tejas y van a caer muchas goteras cuando llegue el invierno este año.

Esto dijo. Y yo más bien había limpiado ya una parte del tejado y las canales que encontré rellenas de tierra y hojas secas que obstruían el cauce del agua. Estando ocupado en esta limpieza fue como hallé la vieja bala de fusil encajada entre las tejas. También en el paredón encontré encajado el plomo de una bala.

Varios de sus descalabros provenían de esos balazos recibidos en otro tiempo; era fácil comprender que en pasadas guerras, o cuando el sitio, disparaban desde allí y tiraban, también otros, hacia acá.

Un día muy temprano de mañana, vino el padre (aquel que hacía muecas); vino a escondidas de los tíos de las botas, se puso una camisola y una estola que sacó de un paquetico y roció abundante agua bendita por todos los rincones de la casa.

—Una buena jarra de agua está gastando en este riego —decía yo para mí viéndolo desde arriba—. ¿Por qué no regará más bien las matas? La historia había trascendido fuera de la casa, y yo mismo había visto a personas que pasaban por la calle, por lo regular viejonas con el mismo escapulario prendido en el pecho, dos o tres beatas entre ellas, persignarse mirando hacia adentro de la casa, al pasar frente al portón.

Había también otros peligros, pues ya algunos comenzaban a atribuirle al «encaramado» —como ya lo llamaban— toda clase de hurtos y pequeñas fechorías ocurridas por los alrededores, y hasta maldades de las que yo, al menos, sabía muy bien que era inocente.

Yo había frotado mi vestido contra las tejas, para darle más aún el color del tejado, y tenía que permanecer ahora casi todo el día pegado contra el techo, inmóvil como un aguaitacaminos dormido, o como los tuqueques por dentro de los techos. Mi situación se hacía cada vez más insostenible; la terrible amenaza de la escopeta pesaba sobre mí, además del gran escándalo que se levantaría si llegaba a descubrirse que el causante de todo eso era yo.

Lo único que me había librado hasta ahora de una verdadera búsqueda en los techos, en forma oficial, con escaleras y revólver en mano, era que Ela y Mano Nacho —dos personas que gozaban de gran autoridad en la familia— solían decir cada vez que se hablaba en su presencia del asunto:

—¡Eso no es nada! Son inventos de Eladio y Juan de Dios.

Así echaban agua fría sobre la hoguera que pugnaba por levantarse cada día. Todo esto lo sabía yo por ellos mismos. Pero su propia situación también se estaba haciendo comprometida. A medida que el tiempo transcurría no se me escapaba que aquello no podía prolongarse indefinidamente a costa de ellos, de su complicidad. También ellos estaban preocupados, a menudo los veía yo ahora conversar a solas los dos, con aires de secreto e inquietud.

Solo muy tarde en la noche podía yo desplazarme y esto mismo con mucha menos libertad que antes. Pero entonces comía, bebía, me lavaba, me levantaba a estirar las piernas y el cuerpo entumecido en la inmovilidad del largo día. Pero tampoco podía arriesgarme a bajar a dormir sobre mi muelle y tibia cama. Para despistar, como hacen los perseguidos, cambiaba con frecuencia de lugar para dormir: unas veces, en la solera, otras en mi cuarto, pero no encima sino debajo de la cama; otras aun, en pleno aire, a la intemperie, bajo las lucientes estrellas; en ocasiones también, dentro del cuarto de los aperos, o, si el frío arreciaba o el viento soplaba alguna que otra vez, también en el tibio, sofocante y cerrado cuarto del papelón.

A un lado del patio, debajo de una «pluma» de agua, había un tinajón enorme de barro, panzudo y bocón, al mismo que yo había conocido en tiempos pasados antes de irme. Su linfa, que en gran parte retrataba el cielo, estaba en parte sombreada por el borde del tejado, que reflejaba en el agua los extremos arqueados de sus cañas bravas y sus ennegrecidas tejas. A veces cruzaba lentamente, por el campo de este espejo, un zamuro que parecía volar tanto más hondo, cuanto más alto iba en realidad.

Asomada la cabeza a este borde del tejado, miraba yo distraídamente desde allí, mi propia imagen reflejada también en el agua quieta del tinajero. Era una de esas horas de la tarde, después de mediodía, de siesta o de rezo, en que de pronto había sobrevenido en el ámbito de la casa una maravillosa sensación de paz, silencio e inmovilidad. Me puse a hacer muecas, divirtiéndome con verme en el agua y haciendo asomar por encima de mi cabeza, por entre el cabello, un dedo de cada mano, a manera de oscuros cuernecitos. De repente hubo un grito estentóreo, un iuy! que me heló la sangre y me erizó el pelo. Al mismo tiempo vi caer un cuerpo junto al tinajón, mientras por el suelo rodaba echando chispas una jarra de peltre. Era la tía Constanza, que al acercarse al tinajón desde el corredor, había visto el rostro, al que allí, en ligera ondulación que imprimía a la superficie la gota que de rato en rato caía de la «pluma», hacía aún más extraño y parecido al diablo, ora agrandándolo, ora deformándolo o escamoteándolo a la manera de una aparición fantástica. Mientras de todos lados acudía la gente de la casa y se alzaba gran vocerío de alarma, yo huí sin despegarme de las tejas, siempre a modo de reptil o lagartija, hacia el último escondrijo del tejado, el más seguro e inaccesible, a la sombra del paredón descalabrado. Aun allí llegaba a mis oídos la confusa algarabía del patio principal que, a la sazón, se había comunicado ya a todas las esferas de la casa, y me tapé los oídos con los dedos para no oírla. Estaba muy alarmado, mi mayor miedo era que subieran al tejado, y me puse a esperar la llegada de la noche para volver a moverme. Cosa rara: parece que nadie pensó en subir al techo, sino más bien fueron a buscar al cura. Verdad es que no debía encontrarse ninguno de los hombres en casa a tal hora.

Al anochecer pude observar cierto inusitado movimiento de personas que andaban en puntillas por el corredor. La puerta de la galería estaba entrejunta, y una débil luz alumbraba dentro. Salió a poco del aposento el padre Francisco Miguel y tomó asiento en la mecedora de esterilla, rodeado enseguida por todos los circunstantes. Empezó a saborear un gran vaso de cerveza helada que alguien había ido a buscar a toda prisa.

—¡La maté! —pensaba yo con el corazón oprimido de angustia. Pero vi luego que la reunión tomaba un aspecto más animado, lo que me hizo respirar, como descargado de un gran peso. A poco salió de su cuarto la propia tía Constanza. Llevaba un gran pañuelo blanco atado alrededor de la cabeza, y arriba y debajo de este pañuelo aparecían los verdes extremos de unas hojas de clemón pegadas con sebo caliente. ¡No la había matado, por suerte! A poco me confirmó en esta idea la llegada de un azafate encima del cual humeaba un gran pocillo de caldo y un plato con una pechuga de gallina salcochada. La niña Constanza llevó este azafate hasta su cuarto.

Al toque de las nueve se cerró, con su acostumbrado estrépito y acompañamiento de chirridos, el portón de la calle, y empezó el rezo del Rosario, que se hizo esa noche con mayor devoción que de ordinario, viéndose también mucho más concurrido. Hasta el gato Mirzo parecía ronronear algo por allí cerca, andando de un lado para otro con la cola muy alzada, o bien restregándose contra los zapatos, tacón arriba y puntera abajo, de los arrodillados rezadores. Éstos se hallaban, unos adentro y otros esparcidos hacia fuera de la puerta del cuarto de los santos, iluminado para la circunstancia. A estos últimos fieles es a quienes yo podía ver mejor desde la canal donde me hallaba apostado. Fiel se mantenía echado en el suelo, junto a la puerta, parecía entregado a profundas reflexiones, de cuando en cuando, sin levantar la cabeza aplastada contra el suelo refrescante, y hacía girar moviendo solo hacia arriba los ojos dentro de las órbitas, dirigía una mirada cómplice hacia lo alto de la canal en donde yo me mantenía en la sombra, tras de las ramas. Entre las pausas del rezo podía percibir a veces el trastabilleo del morrocoy que quedaba a trechos aprisionado entre las matas de violeta y forcejeaba por zafarse y seguir su camino bamboleándose a través de la selva de violetas, conejas y buenas tardes.

Habían pasado algunos días. Mi principal ocupación era ahora, por el día, romarles las puntas a los aguijones de las espuelas de los tíos de las botas, para que no les rompieran los ijares a las bestias. Las cogía de noche en el cuarto de los aperos, me las llevaba una a una al tejado, y allí les romaba las punzantes agujas, en las que a veces encontraba vieja sangre seca, restregándolas contra una piedra. De esta manera, una mañana, al ir a montar, encontró una sola de sus espuelas de plata el tío Roque. Armó una gran trapatiesta. Estos hombres por nada se ponían furiosos.

—Y ese rabipelado, ¿también comerá espuelas? —gritó enfurecido en la caballeriza.

Empezó a pasarse distraídamente contra la palma de la mano la ruedecilla de la espuela, mientras se paseaba de aquí para allá y de allá para acá por el pesebre.

—¡Pero si ésta tampoco sirve para nada! —exclamó de repente, deteniéndose, y mirando con súbita atención la espuela—. ¿Quién es el maldito ocioso que le roma las puntas a mis espuelas? ¡Maldito sea! Después de los riendazos, Eladio no confesó la culpa.

—¡Por vía suyita, padrinito —gritaba—, no fui yo, no fui! ¡Le juro que yo no fui, por mi mamá, padrinito!

—¡Pues maldito sea! ¡Que se vaya al diablo! —gruñó enfurecido el tío de las botas. Y en su furor, tiró la espuela al tejado.

Yo, que estaba cerca sobre esa parte del tejado oyéndolo todo, y ocupado en romarle las agujas a la otra espuela de plata —pero apenas comenzando esta larga operación, pues había que romar los aguijones uno a uno—, recogí rápidamente en ese momento la espuela que cayó a mis pies, y la tiré hacia abajo, como si fuera la misma que hubiera rebotado contra las tejas, la espuela todavía afilada que tenía entre mi mano.

—¡Demonio! —exclamó el tío de las botas viendo caer la espuela otra vez a sus pies y abriendo grandes ojos—: ¿Qué cuento es éste? La recogió y se pasó otra vez la estrella de la espuela por la palma de la mano. Él no se había fijado de qué pie era la espuela que había tirado al techo. En su asombro olvidó la rabia.

—¡Cómo! ¡Pero, cómo! —murmuraba meditativo—. Pero si acabo de probarla y estaba completamente roma. ¡Y ahora está afilada! Entonces es verdad que aquí está pasando algo muy raro. En esta casa como que es verdad que hay brujerías.

—¡Juan de Dios! —gritó con voz fuerte hacia adentro del pesebre, poniendo una de sus manos junto a su cara a modo de bocina—, ensíllame ligero el caballo que yo me voy de aquí ya. ¡Pero ya!

—Cogé, tomá este medio, Eladio, para que te comprés dulces —le decía poco después el tío de las botas, dirigiéndose ya a caballo hacia la puerta de campo, que Eladio había ido a abrir para darle salida.

—¡Dios se lo pague, padrino! ¡La bendición, padrino! —chillaba Eladio servilmente para que el padrino viera que no estaba enojado por lo de los riendazos, pero frotándose todavía la espalda contra el batiente del portón.

—¡Ni amarrado vuelvo yo a esta casa! —gruñía para sí el tío de las botas yendo su camino calle arriba y puyando su caballo, por maldad, o por la rabia y el miedo que tenía dentro del cuerpo.

—¡La bendición, padrino! —gritó más alto Eladio, contento de verlo alejarse ya por la calle al pasitrote.

El caballo alzó la cola, y algo humeante y verde fue quedando, por trechos, a lo largo de la calle.

La noche de Navidad nació el conejito en mi tejado. No era blanco, ni amarillo, ni negro. Era un conejito moreno de nuestros campos y matorrales. Era suave, manso y pequeño, tan pequeño, que hubiera dado miedo metérselo entre el bolsillo, por temor de perderlo adentro. Había muchas estrellas en el cielo azulado, diáfano. Brillaban tanto, que parecían haber recibido para esa noche algún nuevo fulgor. Una estrella muy grande parpadeaba, centelleando, cambiando de color a cada destello. En las torres sonaban las campanas, en los atrios había grandes explosiones: todo el pueblo había tomado un aire de fiesta. Era noche de alegría, ¡Nochebuena! A mi lado estaba Mirzo, mirando atentamente al nuevo huésped del tejado, al nuevo niño que había venido al mundo vestido en su piel morena y suave, y que ya miraba en torno suyo con redondos ojitos penetrantes. La dulce madre estaba allí, pero no miraba en derredor, sino que contemplaba embebecida el fruto de su vientre, al que el puro amor traía a la tierra aquella noche de Navidad, y cuyo nombre se derivará del mío, porque el pequeñuelo se llama también Toñito, como yo.

¡Sí! La Navidad ha vuelto, sí; es hoy, es esta noche, en esta misma hora en que estoy aquí sobre el tejado, celebrando al nuevo niño que ha bajado sobre la tierra, y que es un manso y suave conejito moreno, esta nueva y santa vez.

—¡Dios sea loado!

Al día siguiente, muy de mañana, Mano Nacho llegó del campo con su burriquito, y dos burros más cargados de pasto para las bestias, y sabiendo que de nuevo habría de volverse la otra mañana, me resolví a poner en práctica mi viejo plan ya madurado, mi fuga. Por la noche, fui a observar la carga que Mano Nacho había puesto de lado para meter dentro de las cestas o aguaderas que tenía listas para llevar a la hacienda en la madrugada. Después bajé del tejado la jaula de los conejitos, haciéndola descender al extremo de una cabuya. Así los conejitos han quedado bajo la guarda de Ela, escondidos debajo de su cama, y comiendo tanto pasto como quieran. Mano Nacho irá a traérmelos cuando mi choza esté construida. Me los ha de traer ocultos dentro de una de las cestas del burriquillo.

Me fui a la caballeriza y me oculté debajo del malojo para los caballos, que formaba un cerro verde y perfumado en uno de los rincones del pesebre, y esperé que viniera Mano Nacho a cargar el burriquito, después de beberse a grandes sorbos el pocillo de café negro, bien caliente.

—Sin saberlo —me decía yo, hundido dentro del malojo— Mano Nacho me cargará en su burrito y me llevará hasta la hacienda, a fin de no hacerlo aparecer ante los tíos de las botas como un cómplice mío, en caso de que yo fuera descubierto.

A poco, oyéndole venir, me quedé inmóvil; por entre las barbas de las nacientes mazorcas, lo vi sacar del pesebre al burrito, ponerle la enjalma y la cabezada y el bozal, y finalmente cargó las dos grandes cestas de bejuco ahora vacías, pues no servían sino para traer frutos desde el campo para uso de la casa. Aperado y cargado el burrito, y asegurada bien la soga, fue Mano Nacho a beber su café. Yo aproveché este momento para meterme dentro de una de las cestas de bejuco, acurrucándome allí dentro y cerrando bien su tapadera de bejuco tras de mí, y haciéndome, previamente, contrapeso con una piedra que metí en la otra aguadera.

Cuál no sería mi sorpresa al ver que no era Mano Nacho, sino Eladio, el muchachejo, el que venía poco después, desamarraba el burriquito, cogía un palo para pegarle —¡cuando no!— y salía con él muy orondo, camino de la hacienda. Apenas volvía yo de mi primera sorpresa, cuando ya estábamos en marcha y saliendo a la calle por el portón de campo.

Pronto estuvimos fuera del poblado. El odioso individuo sacó la china del bolsillo y empezó a mirar dónde veía un pajarito en los estériles y tristes cujizales para tratar de matarlo. Eladio no era Mano Nacho, que caminaba alegremente, junto a su burriquito como un amigo. Cuando no estaba ocupado en cazar pajarillas, yendo a pie y mirando por el camino, Eladio iba a horcajadas sobre el burrito, le daba palos, y sus piernas colgaban a ambos lados del pescuezo, delante de los cestones.

Oí cantar un sapo, luego otro, muchos otros cantaban también. Croc, croc, croc.

Estamos llegando a los pozones —pensé— y miré hacia fuera, separando un poquito con los dedos los duros bejucos de la cesta. Era un lóbrego sitio. Algunos arbolones daban sombra al borde del agua. Allí era donde salía el espanto. Eladio se apeó del burriquito y se fue a mirar hacia las ramas con la esperanza de encontrar algo que matar. Entonces quise yo jugarle una mala pasada al muchachejo, y empecé a decir con voz cavernosa, mientras él andaba por la orilla del pozón:

—¡Arrepiéntete, Eladio! ¡Llegó la hora, Eladio! También a poner la voz así había aprendido yo en el extranjero, y tan bien lo hacía que decir yo aquello y dar un gran salto atrás Eladio todo fue uno. Pero yo no chisté más, y Eladio montó rápidamente en el burrito, le dio grandes palos para que apurara en alejarse de allí y lo sacara de aquel sitio espantoso. A poco empezó Eladio a dudar de lo que había oído, y si era real o soñada la voz que había escuchado como saliendo del fondo del pozón. Se apeó del burrito y volvió a sacar la china al ver un cardenalito posado sobre la punta de un cardón. En esto empezó a rebuznar el burrito, y dio Eladio otro gran salto creyendo que era la voz de las cavernas que volvía a empezar a hablarle. Al ver y oír que no era más que el burrito, se recobró y siguió adelante.

Cuando atravesábamos el río y su solitaria playa, que parece un cementerio con sus grandes y grises piedras esparcidas como túmulos sobre las blancas arenas a pérdida de vista, yo empecé otra vez a decir, mezclando mi voz con el rumor de la corriente del río:

—¡Eladio! ¡No matarás a los pájaros de Dios! ¡No maltrates al asno del Señor! ¡Enterrarás las escopetas de la hacienda en El Peñón! ¡A este precio la vida te será prolongada en esta hora! En el plazo de siete días enterrarás las escopetas, aunque te cueste lo que te cueste. Y a nadie revelarás este misterio mientras vivas.

Eladio había caído al agua, su cabeza asomaba fuera, chorreando por los cabellos, por todos lados, con grandes ojos desorbitados, sus quijadas castañeaban, y sus labios musitaban algo. El burrito se había parado en mitad de la corriente, y bebía agua. Por el fondo de las aguaderas entraba el agua, y yo estaba empapado casi tanto como Eladio.

Se daba golpes de pecho dentro del agua, y esto hacía subir burbujas hacia la superficie, como si allí dentro cantara un sapo. Parte del agua que le chorreaba por la cara eran sus lágrimas. Había alcanzado el perdón, o había hecho acto de contrición, entrando por las vías que le venían de lo Alto.

El burriquito continuaba parado en mitad de la corriente, con el cuello bajo, bebiendo tranquilamente agua del río. Enfrente de nosotros, al otro lado del río, se abría el callejón de la hacienda entre los tablones de caña de azúcar de variados verdes. Eladio iba ahora halando suavemente al burriquillo por el cabestro, andando a pie delante de él, sin darle palos y sin atreverse a mirar hacia atrás. Yo me di maña para abrir la tapa del cestón poquito a poco, asomé fuera y me dejé caer hacia atrás sobre la capa vegetal del callejón. Allí me estuve quietecito, pero alerta y palpitante, como una lagartija asustada, mientras Eladio seguía alejándose hacia la casa de la hacienda.

Me incorporé y apartándome del callejón que sombreaban mangos, ceibas y mijaos, empecé a caminar por el cañaveral; se extendían éstas, a pérdida de vista, a uno y otro lado del callejón que conducía a la casa y trapiche de la hacienda Esparragosa. Comencé a moverme entre las cañas y aspiraba el olor de aquella tierra y de esa vida que me había sido tan entrañable y familiar en otra época, y en cuyas vecindades había yo mismo visto la luz por vez primera. Aspiraba profundamente, y me orientaba oteando, venteando, olfateando aquel mundo verdadero, que era el mío, como quien se despierta de un sueño.

Continué caminando entre las altas cañas apretadas, apartando con el dorso de la mano y con los brazos y los codos, las largas hojas dentadas y filosas, que me rasguñaban y me herían la piel deshabituada. Me sangraban las manos y la nuca mientras las separaba con los codos; poníame al mismo tiempo las manos sobre los ojos, defendiéndome de ellas. Pero de repente olvidé esto, y a medida que andaba entre las cañas, iba sintiéndome crecer: crecía rápidamente, por momentos, por oleadas, por impulsos que me venían no sé de dónde, o desde la tierra, o desde el aire de mi universo, o desde el Sol, llevado por esa fuerza rara, como la crisálida en el instante de hacerse mariposa, dueño de mí mismo, recobrado.

De pronto volví a leer la hora en la faz del Sol, y por las nubes, por el fragmento de Luna, por la brisa y el calor, supe otra vez que al día siguiente llovería. No me cubría ya la cara con las manos, las cañas no me herían ni me estorbaban, como si ellas mismas se entreabrieran a mi paso, dejándome seguir. Sabía cómo moverme y cómo andar, e iba internándome tranquilo, seguro del terreno y del rumbo que llevaba sometiéndome a la naturaleza y a la vida, pero respetándola, venerándola y amándola en su esencia y sus criaturas, esas innumerables, fuertes y pequeñas bestias oscuras, ocultas entre las cañas de la hacienda, o en los verdes matorrales de los cerros vecinos.

Iba entre los cortes, suertes y tablones. Allá lejos, echaba humo el torreón: había molienda, y a ratos me llegaba, en las ráfagas que mecían el cañaveral, como un oleaje, el aroma del burbujeante melao en las rojizas pailas. Como el vaho de la tierra, aspiraba yo profundamente aquel dulzor que venía flotando en el aire embalsamado. Las aletas de la nariz se me ensanchaban, se estremecía mi olfato, se dilataban mis pulmones, se me revelaban y emergían mis fuerzas más recónditas. ¡Allí iba a crecer; finalmente, iba a crecer, tanto, por lo menos, como este humilde servidor podía esperarlo. Y desde entonces, los años han pasado. Un verdadero hombre soy ahora, en la flor y la fuerza de la edad. Y por las calles del pueblo, o por los lados del río, pueden a veces verme, de liqui-liqui y bigotito, en auto o a caballo, dirigiéndome al puente de la hacienda Esparragosa, o volviendo a la vieja casa y sus aleros en el pueblo. Los tíos de las botas ya murieron, y Micaela, y Mano Nacho, y muchos más. Las tías de las velas, por consiguiente. ¡Que Dios los tenga a todos en su Santa Gloria! De las tías, estoy seguro. A los tíos, ¡quién sabe dónde los tendrá! y si Allá en lo Alto tienen voz y voto animales de la tierra, tales como gallos, bueyes o venados, siervas y matacanes, ¡peor aún, no respondo!, porque yo rechacé violentamente muchas de sus salvajes costumbres y sus modos, y sus depredaciones en los montes, y la guerra despiadada que les hacían a las criaturas, a los seres indefensos e infantiles que la Naturaleza ha puesto a vivir junto a nosotros: a los conejos (los morenos conejos asustados de ojos brillantes), los cachicamos, los picures, las perdices y las torcaces o los rabipelados y los gatos monteses, a los celestiales venados sobre todo, y a sus pobres siervas y matacanes.

Una guerra, un afán de exterminio los movía, como si ellos, solo ellos, ellos nomás, tuvieran el derecho y el mandato de vivir sobre esta tierra. Yo hice respetar los matorrales y los escasos bosques que aún quedaban en los contornos de las tierras de los tíos de las botas. Traje venados y siervas de otras partes y los solté a vivir y multiplicarse de nuevo en las mesetas, en las sierras, del lado arriba de los fundos heredados en la posesión Esparragosa: la lapa volvió a reproducirse en el pantano, defendí celosamente las cabeceras y vertientes de las fuentes y el río; planté árboles, árboles y árboles, e impedí por todas partes la caza y la matanza de los pájaros.

Entre otras novedades, el caserío tiene ahora una escuela rural (el caserío que está crecido él también, ¡como no!, ¡y se llama Esparragosa!), y estoy seguro de que no se queda sin asistir ningún chiquito de las haciendas de quien él mismo lo fue por mayor tiempo del que suelen ser hijos de hombres.

Nunca he vuelto a visitar los países extranjeros, y tampoco he vuelto a meterme por la boca de Bocoy, ni a andar por los tejados. Pero tengo en mi campo muchos libros, para los ratos que me dejan sobrantes mis faenas. Como he dicho, rechacé los viejos usos y agrios modos de los tíos de las botas, y sus persecuciones a la vida, y su indiferencia con las gentes del contorno; pero si bien hice todo eso, había hecho ya las paces con el último de ellos, que aún vivía, tío Régulo; y a veces me dolía no haberme esforzado antes por romper el hielo con los tres, el no haberme aplicado a convencerlos y ganarlos a mi idea y modo de ser, en lugar de combatirlos y oponérmeles, pero este remordimiento es tardío (como quizás hubiera sido el de ellos mismos si hubieran sobrevivido ellos a mí, pues nuestra sangre era una misma).

En los últimos tiempos, pues, de mi tío Régulo, salíamos juntos: él, último representante de aquella generación que ya se extinguía, y yo, el sobrino y único descendiente de su estirpe. Íbamos calle arriba o calle abajo, en las buenas y costosas monturas de otros tiempos, él en su macho, yo en la yegua (aunque yo hubiera preferido andar en carro, pues nuestras calles ya no se prestan para bestias) y aquellas cabalgatas por las tardes, las hacía más que todo, por complacencia con «ése de las botas», y por sostener la tradición, ¿no lo recuerdan?, esta tal tradición que era en verdad uno de aquellos fardos destinados a caer sobre mis hombros, un día u otro. Ahora ya cayeron, uno tras otro, esos fardos en mi espalda, y los estoy llevando yo, creo que bien, o no muy mal, con todo el pulso que Dios me ha dado, en todo caso... De modo que si por un momento volviera a oírse el duro resonar de aquellas botas, o si el áspero tono de aquellas voces secas, con el metálico rumor de las espuelas, o si las tías de las velas, Pragedes y Eloína, volviesen a encender por un instante alguna de sus vidriosas velas mortecinas, o si pudieran revivir por un segundo el alma y las bondades de Micaela o de Juan de Dios, o del bueno de Mano Nacho, o si... Pero, no, mejor no. Dejemos eso; los ojos se me nublan y enturbian, y es mejor no hablar ya más de lo que fue y ya no es. ¡Aunque crecido y todo, yo no por eso dejo de ser quien soy! Y, para terminar, preguntaré: ¿no se acordarán tal vez ustedes de aquella alta y buena moza (demasiado linda para mí, entonces, ahora y siempre), de aquella misma que estaba en el corredor de nuestra casa el día de mi llegada vía el Bocoy? Pues bien... (mas no se extrañen, pues en el caprichoso reloj de mi existencia las horas han sonado siempre con retardo) ...un año va a ser ya que nos casamos, y puedo anunciarles que se encuentra ya en camino... ¿cómo diré...? ¡Algo así como un futuro Toñito Esparragosa!

Libros a la carta

A la carta es un servicio especializado para
empresas,
librerías,
bibliotecas,
editoriales
y centros de enseñanza;
y permite confeccionar libros que, por su formato y concepción, sirven a los propósitos más específicos de estas instituciones.

Las empresas nos encargan ediciones personalizadas para marketing editorial o para regalos institucionales. Y los interesados solicitan, a título personal, ediciones antiguas, o no disponibles en el mercado; y las acompañan con notas y comentarios críticos.

Las ediciones tienen como apoyo un libro de estilo con todo tipo de referencias sobre los criterios de tratamiento tipográfico aplicados a nuestros libros que puede ser consultado en Linkgua-ediciones.com.

Linkgua edita por encargo diferentes versiones de una misma obra con distintos tratamientos ortotipográficos (actualizaciones de carácter divulgativo de un clásico, o versiones estrictamente fieles a la edición original de referencia).

Este servicio de ediciones a la carta le permitirá, si usted se dedica a la enseñanza, tener una forma de hacer pública su interpretación de un texto y, sobre una versión digitalizada «base», usted podrá introducir interpretaciones del texto fuente. Es un tópico que los profesores denuncien en clase los desmanes de una edición, o vayan comentando errores de interpretación de un texto y esta es una solución útil a esa necesidad del mundo académico.

Asimismo publicamos de manera sistemática, en un mismo catálogo, tesis doctorales y actas de congresos académicos, que son distribuidas a través de nuestra Web.

El servicio de «libros a la carta» funciona de dos formas.

1. Tenemos un fondo de libros digitalizados que usted puede personalizar en tiradas de al menos cinco ejemplares. Estas personalizaciones pueden ser de todo tipo: añadir notas de clase para uso de un grupo de estudiantes,

introducir logos corporativos para uso con fines de marketing empresarial, etc. etc.

2. Buscamos libros descatalogados de otras editoriales y los reeditamos en tiradas cortas a petición de un cliente.